HANS-DIETER GROSSER

Die Spannungslage zwischen Verfassungsrecht und Verfassungswirklichkeit bei Vergabe von staatlichen Wirtschaftssubventionen durch die öffentliche Hand

Schriften zum Öffentlichen Recht

Band 453

Die Spannungslage zwischen Verfassungsrecht und Verfassungswirklichkeit bei Vergabe von staatlichen Wirtschaftssubventionen durch die öffentliche Hand

Von

Dr. Hans-Dieter Grosser
Richter

DUNCKER & HUMBLOT / BERLIN

CIP-Kurztitelaufnahme der Deutschen Bibliothek

Grosser, Hans-Dieter:
Die Spannungslage zwischen Verfassungsrecht und Verfassungswirklichkeit bei Vergabe von staatlichen Wirtschaftssubventionen durch die öffentliche Hand / von Hans-Dieter Grosser. —
Berlin : Duncker und Humblot, 1983.
(Schriften zum Öffentlichen Recht; Bd. 453)
ISBN 3-428-05438-5
NE: GT

Gedruckt 1983 bei Buchdruckerei A. Sayffaerth - E. L. Krohn, Berlin 61
Printed in Germany
ISBN 3 428 05438 5

Meinen lieben Eltern
zum Gedächtnis

Vorwort

Die vorliegende Abhandlung, die als rechtswissenschaftliche Dissertation in der gegenwärtigen Fassung, welche den Stand der einschlägigen Rechtsprechung und Literatur bis einschließlich April des Jahres 1982 widerspiegelt, angenommen wurde, stellt eine Untersuchung zum geltenden Recht der Wirtschaftssubventionen in verfassungsrechtlicher Sicht dar. Das Hauptanliegen dieser Studie war es, zu einer Klärung der rechtlichen Probleme der Subventionen, d. h. zu einer Klärung der Problematik, ob die heute fast ausschließlich in gesetzesunabhängigen Verwaltungsvorschriften geübte Subventionspraxis dem vom Bonner Grundgesetz aufgebauten Ordnungssystem der bestehenden Verfassung entspricht, beizutragen. Dies vor allem deshalb, als seit dem Jahre 1972 kein nennenswertes monographisches Werk zum Subventionsrecht mehr erschienen ist, welches insoweit neue Akzente gesetzt hätte. Die bis dahin erörterten Streitfragen blieben vielmehr offen. Insbesondere die subventionäre Grundsatzdebatte im Lichte der Vorbehaltsdoktrin wurde mangels neuer Argumente und Gedanken einfach abgebrochen und nicht mehr weitergeführt, obwohl der Erkenntnisstand mehr als desolat bezeichnet werden kann. Der Streit von ehedem um die Bestimmung des Verhältnisses von Gesetzgebung und Verwaltung nach dem Grundgesetz im Recht der staatlichen Subventionierung ist zugleich auch der heute anzutreffende Meinungsstand im Subventionswesen. Ob bzw. inwieweit die Diskussion diesbezüglich durch die Wesentlichkeitsjudikatur des Bundesverfassungsgerichts auf ein völlig neues Fundament gestellt oder verlagert worden ist, bleibt abzuwarten. Auf meine Ausführungen hierzu in den Bayerischen Verwaltungsblättern (BayVBl. 1983, S. 551 ff.) sei im übrigen ergänzend hingewiesen.

Angesichts der zu beobachtenden rechtswissenschaftlichen Unterbilanz im Problembereich der Vergabe staatlicher Wirtschaftssubventionen hat sich der gegenständliche Beitrag prinzipiell zur Aufgabe und zum Ziel gesetzt, diesem Mangel abzuhelfen. Er versteht sich in der gegebenen Situation als Versuch, hier eine Bestandsaufnahme vorzunehmen, überkommene Positionen zu kritisieren, wo dies erforderlich erschien, und neue Ideen zu entwickeln, so z. B. die Erfordernisse des Gesetzesvorbehalts auch im Leistungsbereich von den Grundrechten her zu bestimmen, was bisher nur ansatzweise geschehen war.

Mit der Publikation dieser Arbeit fühle ich mich meinem verehrten Lehrer, Herrn Prof. Dr. Ferdinand O. Kopp zu besonders herzlichem Dank verpflichtet und verbunden. Er hat die Dissertation betreut und war mir in den Jahren der wissenschaftlichen Studien als Wissenschaftler und Mensch in gleicher Weise von hohem Rang stets ein leuchtendes Vorbild. Er war nachhaltig um den Fortgang dieser Schrift besorgt und hat sie mit vielfältigen Hinweisen und eingehender Kritik gefördert. Dafür schulde ich ihm aufrichtigen Dank. Für wertvolle ergänzende und weiterführende Anregungen möchte ich auch Herrn Dr. Ludwig Renck, Richter am Bayerischen Verwaltungsgerichtshof, vielmals danken. Mein Dank gilt ferner dem Inhaber des Verlages Duncker & Humblot, Herrn Prof. Dr. Dr. h. c. Johannes Broermann für die Aufnahme dieser Abhandlung in die renommierte Reihe der „Schriften zum Öffentlichen Recht".

München, im Juli 1983

Hans-Dieter Grosser

Inhaltsverzeichnis

Einleitung

Erstes Kapitel

Subventionsbegriff und Konstruktionsfragen des Subventionsverhältnisses

Zweites Kapitel

Verfassungsdirektiven der staatlichen Subventionierung nach dem Bonner Grundgesetz

Drittes Kapitel

Legitimationssurrogate der staatlichen Subventionierung

Einleitung

I. Gegenstand, Ziel und Methode der Untersuchung

Nirgends sonst ist die Spannungslage zwischen Verfassungsrecht und Verfassungswirklichkeit schärfer ausgeprägt als in der staatlichen Subventionsverwaltung. Und es scheint, als ob eine Kongruenz nur wiederherzustellen sei, wenn man an beiden Enden ansetzt und sie partiell aufeinander zuführt[1].

Mit der vorliegenden Arbeit soll der Versuch unternommen werden, am Beispiel der Vergabe von Wirtschaftssubventionen durch die öffentliche Hand eine Konfliktsituation im staatlichen Bereich zu analysieren. Die gegenständliche Betrachtung zielt dabei auf eine Klärung der Problematik, ob die heute fast ausschließlich in gesetzesunabhängigen Verwaltungsvorschriften geübte Subventionspraxis dem vom Bonner Grundgesetz aufgebauten Ordnungssystem der geltenden Verfassung entspricht.

Der methodische Ansatz der Untersuchung ist getragen von einer verfassungsorientierten Betrachtungsweise, der die Aufgabe gestellt ist, das Phänomen der Subventionierung an den objektiven Grundentscheidungen und tragenden Prinzipien der geltenden Verfassung zu messen. Eine dergestalt zugrundegelegte verfassungsgemäße Verfassungstheorie im Sinne der Theorie einer konkreten Verfassung, welche von der Verfassung selbst ihren Ausgang nimmt und die Verfassung in der Wirklichkeit der Gegenwart und auf sie hin auslegt, bedarf schließlich einer wechselseitigen Ergänzung der juristischen Dogmatik aus der Erkenntnis, daß die weithin fragmentarisch und prinzipienhaft sich darstellende Verfassung als zu Recht verstandene Rahmenordnung eine grundsätzlich konkretisierte Aussage für den zu untersuchenden Problemkreis unmittelbar und explizit nicht leistet.

Geht man nun unter dem Aspekt der eben umrissenen Methode davon aus, daß die Verfassung gerade in einer spezifisch rechts- und sozialstaatlichen, demokratischen wie gewaltengeteilten Ordnung angesichts einer geistig-weltanschaulichen wie ökonomisch-pluralistischen Gesellschaft als einheitsbegründende und -gewährleistende normative Festlegung von Organisation, Zielen und Grenzen der staatlichen Hand-

---

[1] Ossenbühl, S. 550.

lungs- und Entscheidungsgewalt sowie des Grundverhältnisses von einzelnen, Gesellschaft und Staat begriffen werden muß, so lassen sowohl eine Sinnermittlung der angesprochenen und hier einschlägigen Verfassungsgrundsätze sowie eine Konkretisierung des gefundenen Sinns eine Lösung erhoffen, welche genau für den Konflikt paßt, der aufgebrochen ist. Hierbei ist zu beachten, daß es sich bei den Topoi Sozialstaat, Demokratie, Gewaltenteilung und Rechtsstaat nebst der daraus resultierenden wesentlichsten Folgerung in Gestalt der Gesetzmäßigkeit der Verwaltung[2] um komplex umschriebene Sinnprinzipien handelt, welche nur aus der im Grundgesetz vergegenwärtigten Tradition des „Verfassungsstaates" verstehbar sind[3]. Geht es also darum, die stets vorhandene Diskrepanz zwischen Verfassungsrechtssätzen älteren Ursprungs und der innerhalb einer pluralistischen Gesellschaft ständig fluktuierenden politisch-sozialen Lage in das Ordnungssystem und -verständnis der Gegenwart zu transformieren, dann ist die juristische Hermeneutik auf die Dogmatik geradezu angewiesen[4]. Allein beim Durchgang durch die Dogmatik lernt der Jurist das derzeit geltende Normverständnis als ein eigenes Erkenntnisobjekt begreifen und gegenüber seinem vorjuristischen Vorverständnis abzulösen[5]. So hat beispielsweise eine Interpretation nach Inhalt und Umfang des modernen Gesetzmäßigkeitsprinzips demzufolge mit einer Untersuchung nach seiner überlieferten Form zu beginnen und die Faktoren und Kriterien herauszustellen, die darüber Aufschluß geben, ob dieses ehemals lediglich auf Eingriffe beschränkte, staatliche Leistungen nicht berührende Institut des Verfassungsrechts nach heutigem Verfassungsverständnis noch in seiner historischen Konzeption aufrechterhalten werden kann oder ob es nicht auch zur Richtschnur gegenüber den modernen veränderten Aufgaben der staatlichen Subventionsverwaltung geworden ist. In ähnlicher Weise wird schließlich der Inhalt des grundgesetzlichen Demokratiegebotes auf seinen Legitimationsgehalt im Sinne einer subventionären Bürger-Teilhabe zu ermitteln sein.

Mit der vorstehend aufgezeigten Methode ist der Arbeitsmodus der Problembehandlung exakt abgesteckt. Zugleich ist damit eine klare Absage den Verfassungsinterpretationsmethoden erteilt, welche mehr oder weniger zum Abbau der Normativität der Verfassung beitragen und unter Übergehung der formellen und materiellen Kautelen des

---

[2] Im verwaltungsrechtswissenschaftlichen Schrifttum wird das Gesetzmäßigkeitsprinzip unterschiedlich jeweils als Element der bezeichneten Verfassungsdirektiven angesehen, vgl. hierzu 2. Kap. II. 2. c) aa), III. 3. a) bb), 3. Kap. 6 sowie die entsprechende „Funktionsanalyse" durch Kisker, NJW 1977, S. 1314 f.

[3] Vgl. Rinken, S. 242 mit Nachweisen.

[4] Vgl. Wieacker, Festschrift, S. 311 ff. und Gadamer, S. 242.

[5] Vgl. Esser, S. 91 und 133.

Art. 79 des Grundgesetzes die Tür zur Änderung der Verfassung ohne Verfassungsänderung weit öffnen[6]. Widersprochen sei bereits an dieser Stelle der *Friedrich Müller*schen These, wonach Rechtsnorm und Wirklichkeit innerhalb des Vorgangs der (Rechts-)Konkretisierung als prinzipiell gleichrangig wirksame Momente der Normkonkretisierung erscheinen[7]. Als entscheidend und wesentlich ist allemal festzuhalten, daß einer Standortfixierung und -limitierung der Verfassungswirklichkeit aus verfassungsrechtlicher Sicht die Prämisse voranzustellen ist, daß dem Verfassungsrecht durch seinen Rang, die Erschwerung seiner Änderung und die ihm innewohnende Tendenz zu dauerhaften stabilen Regelungen ein ausgesprochen statisches Element im Gegensatz zur Dynamik der ständig im Flusse befindlichen Verfassungswirklichkeit immanent ist und daß allein die geltende Verfassung das entscheidende Kriterium bietet, bestehende Widersprüche von Recht und Wirklichkeit aufzudecken und verbindlich zu beantworten[8]. Da der Verfassungswirklichkeit keine unmittelbare normative Relevanz zukommt und somit letztlich entscheidend sein muß, welche Position ihr der Verfassungsinterpret aus verfassungsrechtlichem Aspekt zuordnet, ist schließlich kritisch Stellung zu nehmen, ob die aus Kreisen der rechtswissenschaftlichen Lehre und Jurisdiktion gezeigten Bemühungen, zwischen Verfassungsrecht und Verfassungswirklichkeit zu vermitteln, fähig sind, der Lehre von der Normativität des Faktischen Eintritt in das Verfassungsrecht zu gewähren und damit ein Bindeglied zwischen Verfassungsrecht und Subventionswirklichkeit zu schaffen.

Der Problemkreis Verwaltung durch Subventionen war im Jahre 1966 zweiter Beratungsgegenstand der Tagung Deutscher Staatsrechtslehrer zu Graz. Bereits damals machten die starken Gegensätzlichkeiten in nahezu allen entscheidenden Punkten von Bericht und Mitbericht sichtbar, daß die durch die gegenwärtige Subventionsverwaltung aufgeworfenen Probleme noch lange nicht vor einer abschließenden Klärung standen, wenngleich keinesfalls der hohe Wert der Beiträge, den beide Referenten zu dieser Thematik leisteten, übersehen werden soll[9]. Selbst in der nachfolgenden Diskussion blieben viele Punkte ungelöst. So war es nicht gelungen, die Kontroverse zwischen Verfassungsrecht und Verfassungswirklichkeit bei der Vergabe von Subventionen zu entschärfen und die staatliche Wirklichkeit in diesem Teilbereich ausschließlich an der Verfassung zu orientieren. Dabei spiegeln sich hierin

---

[6] Vgl. zu dieser Problematik kritisch Böckenförde, NJW 1976, S. 2089 ff.

[7] Vgl. Müller, S. 54 ff. und 151.

[8] Vgl. Hamann / Lenz, Grundgesetz, S. 42 f.

[9] Vgl. hierzu den Bericht von Ipsen, VVDStRL 25, S. 257 ff. sowie den Mitbericht von Zacher, VVDStRL 25, S. 308 ff.

grundsätzliche Meinungsverschiedenheiten über die Funktion von Recht, Rechtspraxis und Rechtswissenschaft in unserer Verfassungsordnung[10].

Die in der vorliegenden Arbeit getroffene Aufgabenstellung rechtfertigt sich auch insbesondere deshalb, weil immer noch ganz erstaunliche Summen nichtgesetzlicher Subventionen aus Bundesmitteln zur Verfügung gestellt werden, welche Steuergelder der Allgemeinheit betreffen. Diese Untersuchung gibt dazu um so mehr Anlaß, als heute in zunehmendem Maße bedeutsame Bereiche der Wirtschaftspolitik zu den funktionellen Aufgaben der Regierung gezählt werden und das Parlament insoweit allein auf eine Kontrollvollmacht im Rahmen des parlamentarischen Regierungssystems beschränkt wird[11]. So nimmt es nicht wunder, daß bislang kein Instrument der Wirtschaftspolitik so sehr ins Kreuzfeuer der Kritik geriet als gerade der subventionierende nichtgesetzesakzessorische Administrationszweig. Dabei erscheint wohl kaum ein anderer Fragenkomplex in so hohem Maße einer exakten Lösung zu harren als der bezüglich der staatlichen Subventionsverwaltung, zumal Subventionen dem marktwirtschaftlichen System grundsätzlich fremd sind, als sie den marktwirtschaftlichen Mechanismus verfälschen und bei einer uferlosen (unkontrollierten bzw. manipulierten) Ausdehnung außer Kraft zu setzen vermögen[12].

Bei Beleuchtung des verfassungsrechtlichen Hintergrunds der Vergabe von Subventionen durch die öffentliche Hand stößt man auf mannigfaltige Kernpunkte des Verfassungs- und allgemeinen Verwaltungsrechts. So wurde insbesondere das lange Fehlen einer Kodifikation des allgemeinen Teils des Verwaltungsrechts dafür kausal, daß Wissenschaft und Rechtsprechung dem Repertoire dieses noch relativ jungen Rechtsgebietes unbedenklich die Figuren und Modelle entnahmen, die ihnen zur verfassungsrechtlichen Legitimierung der gegenwärtigen Subventionspraxis konstruierbar erschienen[13]. Ziel des nun folgenden

---

[10] Wenn Ossenbühl in Erichsen / Martens, Allgem. VerwR S. 61 konstatiert, daß „sich der Streit um die Erstreckung des Gesetzesvorbehalts im Subventionsrecht weitgehend beruhigt hat, während er in anderen politisch brisanten Bereichen (im Hinblick auf die sog. Wesentlichkeitsrechtsprechung des BVerfG, vgl. die entspr. Nachw. bei Kopp, VwGO, Anm. 46 zu § 42) mit großer Kraft neu aufgebrochen ist", so ändert dies an der Aktualität der diesbezüglich im Subventionsbereich vorhandenen gegensätzlichen Standpunkte schon deshalb nichts, als bis dato die Wesentlichkeitstheorie auf diesem Sektor ohne jeden Widerhall geblieben ist. Der Streit von ehedem um die Bestimmung des Verhältnisses von Gesetzgebung und Verwaltung nach dem Grundgesetz im Recht der staatlichen Subventionierung ist auch der augenblicklich geltende Meinungsstand im Subventionswesen.

[11] Vgl. Badura, BayVBl. 1971, S. 7; ders. in: von Münch, Bes.VerwR S. 270.

[12] Vgl. Möller, StabG, § 12 Anm. 3.

[13] Von fundamentaler Bedeutung ist somit das am 1. 1. 1977 in Kraft getretene Verwaltungsverfahrensgesetz (VwVfG), BGBl. I, S. 1253 ff., mit welchem für zentrale Teile des allgemeinen Verwaltungsrechts, nämlich das

Beitrages ist deshalb, die infolge zahlreicher Zugeständnisse an die Praktikabilität immer tiefer werdende Kluft von Verfassungsrecht und Verfassungswirklichkeit im Subventionsrecht aufzuzeigen und auf ihre Annäherung hinzuarbeiten.

II. Inhalt und Tendenz des Sechsten, Siebten und Achten Subventionsberichtes

Die staatlichen Subventionen an die Wirtschaft und die privaten Haushalte werden im Jahre 1982 insgesamt 42,8 Mrd. DM betragen. Das geht aus dem neuen Bericht der Bundesregierung über die Entwicklung der Finanzhilfen und Steuervergünstigungen für die Jahre 1979 bis 1982 gemäß § 12 des Gesetzes zur Förderung der Stabilität und des Wachstums der Wirtschaft[14] (Achter Subventionsbericht[15]) hervor, der vom Bundeskabinett am 6. 11. 1981 verabschiedet wurde.

Wie schon der Sechste Subventionsbericht[16] für die Jahre 1975 bis 1978 weist insbesondere der Siebte Bericht[17] der Rechnungsjahre 1977 bis 1980 auf die schwierige wirtschaftliche Lage hin, die staatliche Hilfen vor allem aus beschäftigungspolitischen Gründen erforderlich mache. Konnte nach Darstellung des Finanzministeriums infolge der Steuerreform und der Sparbeschlüsse des Jahres 1975 innerhalb des Zeitraumes von 1975 bis 1980 der Zuwachs insgesamt lediglich im Jahre 1978 begrenzt werden[18], so stieg die Summe der Finanzhilfen und Steuervergünstigungen in vorher noch nie beobachtetem Ausmaß im Jahre 1979 — nach Maßgabe der amtlichen Begründung ausschließlich wegen der bestehenden wirtschaftlichen Schwierigkeiten — sprunghaft auf 40,8 Mrd. DM an. Erst im Verlauf des Veranschlagungszeitraumes des Achten Subventionsberichtes ist es zum ersten Mal seit dem Jahre 1979 grundsätzlich gelungen, das Wachstum des Subventionsvolumens

---

Recht des Verwaltungsaktes und des verwaltungsrechtlichen Vertrages, die hundertjährige Epoche ungeschriebener allgemeiner Grundsätze beendet und nach langer Vorarbeit der Schritt zu einem zusammenfassenden Gesetz gewagt wurde, vgl. Götz, NJW 1976, S. 1425 ff.

[14] Gesetz v. 8. 6. 1967 (BGBl. I, S. 582), zul.g. 18. 3. 1975 (BGBl. I, S. 710).

[15] BT-Drucksache 9/986.

[16] BT-Drucksache 8/1195.

[17] BT-Drucksache 8/3097.

[18] Von 1975 bis 1978 fielen bei den Finanzhilfen 25 Positionen mit einem Volumen von 770 Mill. DM und Steuervergünstigungen in Höhe von 2,52 Mrd. DM fort. Der Abbau um 770 Mill. DM betraf vorrangig mit 390 Mill. DM die Sparförderung. Im Berichtszeitraum wurden Einkommensgrenzen geschaffen und die Prämiensätze gesenkt. Die Reduzierung im Bereich der indirekten Subventionen ging überwiegend zu Lasten der Landwirtschaft. Die schrittweise Zurücknahme des Aufwertungsausgleichs erbrachte 1,75 Mrd. DM. Eine weitere Einsparung um 500 Mill. DM resultierte aus der Streichung von Vorteilen beim Kreditgewerbe.

entscheidend zu senken. Bundesfinanzminister *Hans Matthöfer* erklärte dazu, daß mit dem jetzt vorliegenden Ergebnis, das auch die im Zusammenhang mit dem Etat 1982 beschlossenen Sparmaßnahmen berücksichtige, der Forderung nach einer Eindämmung von Subventionen Rechnung getragen worden sei.

Übersicht der Summen betr. Finanzhilfen (a) und Steuervergünstigungen (b) nach dem Sechsten, Siebten und Achten Subventionsbericht (in Mill.)

	1975	1976	1977	1978
a)	11 103	12 023,2	13 897	12 759,4
b)	21 489	22 576	22 785	23 909

	1977	1978	1979	1980
a)	13 316,1	12 668,4	12 827	13 575,5
b)	25 598	26 552	28 028	29 364

	1979	1980	1981	1982
a)	12 671	13 460	13 718	12 618
b)	27 234	29 014	29 380	30 192

Wie die Übersicht zeigt, erreicht das Gesamtvolumen der direkten Bonner Finanzhilfen[19] im Jahre 1977 mit rd. 13,9 Mrd. DM seinen Höhe-

[19] Es handelt sich hierbei um Geldleistungen des Bundes an Stellen außerhalb der Bundesverwaltung, um

a) Produktionen oder Leistungen in Betrieben oder Wirtschaftszweigen zu erhalten oder an neue Bedingungen anzupassen,
b) den Produktivitätsfortschritt und das Wachstum von Betrieben oder Wirtschaftszweigen zu fördern,
c) in wichtigen Bereichen des volkswirtschaftlichen Marktprozesses für private Haushalte bestimmte Güter und Leistungen zu verbilligen und die Spartätigkeit anzuregen.

Derartige Zuwendungen erhalten in erster Linie die Landwirtschaft, die gewerbliche Wirtschaft, der Verkehr und das Wohnungswesen. Hierzu zählen auch die staatlichen Gelder für die Spar- und Vermögensbildung. Die Schwerpunkte der Finanzhilfen des Jahres 1980 sind wie folgt festgelegt:

Förder- und Absatzbeihilfen für die Kokskohle (823 Mill. DM), Förderung des Reiseverkehrs zwischen Berlin und dem Bundesgebiet (626,3 Mill. DM), Gasölverbilligung für die Landwirtschaft (576 Mill. DM), Förderung des sozialen Wohnungsbaus (455,7 Mill. DM), Zuschüsse für Investitionen im Steinkohlebergbau (497,7 Mill. DM), Förderung der Luftfahrttechnik (410 Mill. DM), landwirtschaftliche Unfallversicherung (400 Mill. DM), Hilfen für die Werftindustrie (362 Mill. DM), Flurbereinigung (339,4 Mill. DM), einzelbetriebliche Förderung der Land- und Forstwirtschaft (315,9 Mill. DM), Zuschüsse zu Personalaufwendungen im Forschungs- und Entwicklungsbereich kleiner und mittlerer Unternehmen (300 Mill. DM). Für den Bereich des Wohnungsbaus sind diese Positionen vorgesehen: Förderung des sozialen Wohnungsbaus im Rahmen des Eigentumsprogramms (583,2 Mill. DM), Wohngeld nach dem punkt, um dann im Endjahr der Berichtsperiode des Sechsten Berichts 1978 deutlich auf rd. 12,7 Mrd. DM zurückzugehen. Zu den Aufwärtsbewegungen bis zum Jahre 1977 haben annähernd alle Arten der Finanzhilfen beigetragen. Demgegenüber stieg das Potential der Steuervergünstigungen[20] konstant seit 1975 von rd. 21,5 auf rd. 30,2 Mrd. DM.

Die im Sechsten Bericht bezeichnete Daueraufgabe des Abbaus von Subventionen, die „volkswirtschaftlich nicht mehr notwendig und sinnvoll" seien, hatte sich zunächst nicht erfüllt. Resignierend stellte der Siebte Bericht hierzu fest: „Subventionen, die ihrem Wesen nach als Mittel des Anreizes für eine Übergangszeit gedacht sind, werden heute vielfach als Teil eines wirtschaftlichen und sozialen Besitzstandes gewertet[21]. Die Subventionsmentalität zu ändern, dürfte eine Voraussetzung für eine wirkungsvollere Subventionspolitik sein."

Im Verlauf der Berichtsperiode für die Jahre 1979 bis 1982 ist auch in der Subventionspolitik immer deutlicher geworden, daß den wachsenden Anforderungen der Gesellschaft an den Staat bei gleichzeitig steigender Haushaltsenge zunehmend Grenzen gesetzt sind. Hierdurch wurde es notwendig, bei den seit Jahren durchgeführten ständigen Überprüfungen der Subventionen nunmehr wesentlich strengere Maßstäbe anzulegen. Diese neuen Maßstäbe traten deutlich zutage, als die Bundesregierung zusammen mit dem Bundeshaushalt 1981 das Subventionsabbaugesetz[22] verabschiedete. Erhebliche weitere Anstrengungen zum Subventionsabbau sind im Zusammenhang mit der Vorlage des Bundeshaushalts 1982 und der mittelfristigen Finanzplanung unternommen worden. Diese Politik bremst das Wachstum des Subventionsvolumens[23].

Wohngeldgesetz (930 Mill. DM), Prämien nach dem Wohnungsbauprämiengesetz (940 Mill. DM), Prämien nach dem Sparprämiengesetz (1,53 Mrd. DM).

20 Die gewerbliche Wirtschaft und die Spar- bzw. Vermögensförderung sind auch bei den Steuervergünstigungen die wichtigsten Posten. Auf diese beiden Bereiche entfallen ca. 43,5 % des gesamten Subventionsvolumens. Als bedeutendste Steuerminderungen für das Jahr 1980 ergeben sich bei Bund, Ländern und Gemeinden folgende Kategorien:

Erhöhte Absetzungen für Wohngebäude gemäß § 7 EStG (4,1 Mrd. DM), Befreiung der Ärzte von der Umsatzsteuer (2,7 Mrd. DM), Arbeitnehmersparzulage (2,6 Mrd. DM), Zulage für Arbeitnehmer in West-Berlin (2,2 Mrd. DM), Kürzungsansprüche bei der Umsatzsteuer nach dem Berlinförderungsgesetz (1,74 Mrd. DM).

21 Vgl. hierzu auch Martens, ZRP 1981, S. 104 ff.: „Denn Abbau von Subventionen bedeutet Konfrontation mit einem außerordentlich ausgeprägten Besitzstandsdenken ...". Vgl. ferner die „Grundsätze der Subventionspolitik" im Achten Subventionsbericht: „Versucht der Staat, Subventionen abzuschaffen oder zu beschneiden, so werden seine Bemühungen zwar global begrüßt, im einzelnen jedoch meist als Eingriff in ‚wohlerworbene Rechte' abgelehnt."

22 Gesetz v. 26. 6. 1981, BGBl. I, S. 537.

23 Vgl. S. 19 der BT-Drucksache 9/986.

III. Die Rechtsgrundlagen der heutigen staatlichen Subventionsvergabe: Subventionsgesetze und gesetzesfreie Subventionen

Den wenigen gesetzlich normierten Subventionsvergaben stehen heute fast ausschließlich Subventionierungen auf der Basis gesetzesunabhängiger Verwaltungsvorschriften gegenüber.

Aus der Natur der Subventionen als größtenteils zeit- und situationsbedingter Zweckvergaben einerseits, sowie im Hinblick auf die dadurch sich ergebenden Schwierigkeiten für eine gesetzliche Normierung dieser flexiblen Materie andererseits, könnte es verständlich erscheinen, daß der Gesetzgeber davon abgesehen hat, den größten Teil staatlicher Finanzhilfen einer ausdrücklichen gesetzlichen Festlegung zuzuführen und es deshalb vorzog, diese summarisch lediglich auf Grund der Bereitstellung der Mittel im Haushaltsplan zu vergeben. Der Gesetzgeber hat aber gelegentlich bewiesen, daß er auch im Subventionsbereich, und hier insbesondere bei den Betriebsbeihilfen, exakte Ermächtigungen bezüglich der anspruchsregelnden Normen und der Verfahrensvorschriften zu liefern durchaus imstande ist[24]. Daneben bestehen noch

---

[24] Vgl. etwa das Gesetz zur Förderung der Rationalisierung im Steinkohlebergbau v. 29. 7. 1963 (BGBl. I, S. 549, zul.g. 14. 12. 1976, BGBl. I, S. 3341), das Gesetz zur Förderung der deutschen Seeschiffahrt v. 20. 5. 1965 (BAnz. Nr. 94), das Gesetz über die Verwendung von Gasöl durch Betriebe der Landwirtschaft (Gasöl-Verwendungsgesetz-Landwirtschaft) v. 22. 12. 1967 (BGBl. I, S. 1339, zul.g. 26. 6. 1981, BGBl. I, S. 537), ferner das Gesetz zur Sicherung des Steinkohleneinsatzes in der Elektrizitätswirtschaft vom 5. 9. 1966 (BGBl. I, S. 545, g. 8. 8. 1969, BGBl. I, S. 1083, g. 13. 12. 1974, BGBl. I, S. 3473, zul.g. 19. 12. 1977, BGBl. I, S. 2750). Die beiden zuletzt genannten Ermächtigungsnormen sind Musterbeispiele vom Gesetzgeber minutiös durchdachter und sorgfältig erarbeiteter Subventionierungen und deshalb an dieser Stelle kurz zu erörtern:

Das Gasöl-Verwendungsgesetz-Landwirtschaft v. 22. 12. 1967 (geänd. durch Art. 11 des Steueränderungsgesetzes 1973 v. 26. 6. 1973, BGBl. I, S. 676; zul.g. durch das Subventionsabbaugesetz v. 26. 6. 1981, BGBl. I, S. 537) begrenzt in den §§ 1 und 2 im Wege einer enumerativen Aufzählung und Typisierung die Arten landwirtschaftlicher Betriebe im Sinne dieses Gesetzes sowie der hierbei verwendeten Maschinen zwecks Ausführung genau festgelegter Arbeiten. In § 3 ist die Höhe der Verbilligung für 100 Liter Gasöl exakt umrissen. § 4 bestimmt die Behördenzuständigkeit. Den entspr. Bezugsnachweis über das insgesamt für begünstigte und nicht begünstigte Zwecke bezogene Gasöl sowie die Verpflichtung zur Führung eines Verwendungsbuches regeln die §§ 7 und 8. Die §§ 9 und 10 enthalten schließlich die formellen Voraussetzungen für die Gewährung der Verbilligung unter Verwendung der vorgeschriebenen Vordrucke. § 12 gestattet der zuständigen Behörde eine umfassende Betriebsprüfung zur Klärung des Vorliegens der einzelnen Erfordernisse für die Anerkennung sowie für die Gewährung der Verbilligung, wobei insoweit ausdrücklich das Grundrecht des Art. 13 GG eingeschränkt ist. Darüber hinaus enthält das Gesetz Vorschriften über die Rücknahme und den Widerruf der Anerkennung sowie hinsichtlich der Rückzahlung der Verbilligung, § 11.

Das Gesetz zur Sicherung des Steinkohleneinsatzes in der Elektrizitätswirtschaft konkretisiert in §§ 1 bis 3 b nach genauer Festlegung des legislatorisch

Subventionsgesetze — zu denken sind etwa an die umfangreichen, gezielten staatlichen Förderungen der Landwirtschaft, wie z. B. die Gesetze zur Förderung der deutschen Milch-, Fett-, Eier-, Geflügel- und Fischwirtschaft, weiterhin die Maßnahmen zur Sanierung und Verbesserung der Agrarstruktur —, die sich meist nur in Globalermächtigungen an die Exekutive wenden mit der Maßgabe, mehr oder weniger genau bezeichnete Finanzhilfen zu einem nur grob umrissenen Zweck zu gewähren und die den Umfang für darauf zu verwendende Haushaltsmittel festlegen.

In der Tat werden heute aber die meisten Subventionen ohne eine spezialgesetzliche Ermächtigungsnorm durch die Verwaltung allein auf Grund von Verwaltungsanordnungen und Richtlinien der Ministerien aus im Haushalt summarisch zur Verfügung gestellten Mitteln bzw. auf Grund formloser Parlamentsbeschlüsse verteilt[25]. Die eigentliche Ermächtigung für derartige Zuschußgewährungen allein in Form der Etatisierung der Mittel im Haushaltsplan und der Feststellung dieses Plans durch das Haushaltsgesetz in Verbindung mit den ministeriellen Richtlinien, welche die materiellen Voraussetzungen für die Subventionsvergabe wie die Vorschriften betreffend das Verfahren für die Erlangung von Subventionen regeln, ist keine detailliert gesetzlich spe-

---

verfolgten Zweckes der Subvention (Erhaltung des Anteils der Gemeinschaftskohle an der Erzeugung von elektrischer Energie und Fernwärme in Kraftwerken) im Detail die einzelnen Voraussetzungen für die Gewährung des Zuschusses sowie den Kreis der hierfür in Betracht kommenden Antragsberechtigten. In diesen Bestimmungen ist zugleich das Antragsverfahren und die zuständige Verwaltungsbehörde geregelt. §§ 4 bis 5 befassen sich mit der Aufbringung der Mittel des Sondervermögens durch eine Ausgleichsabgabe sowie Zahlung, Verzinsung und Beitreibung derselben. § 10 postuliert einen aus 17 Mitgliedern bestehenden Beirat. Er berät den Bundesminister für Wirtschaft bei der Festsetzung des Prozentsatzes der Ausgleichsabgabe nach § 4 Abs. 4 und das Bundesamt für die gewerbliche Wirtschaft bei der Durchführung des Gesetzes. § 9 ermächtigt schließlich das Bundesamt für die gewerbliche Wirtschaft, von den qualifizierten Empfängern eines Zuschusses die Erteilung von Auskünften und die Vorlage von Unterlagen, insbesondere von Verträgen und Rechnungen, zu verlangen, welche erforderlich sind, um die ordnungsgemäße Durchführung dieses Gesetzes zu gewährleisten und seine Einhaltung zu überwachen. Zu diesem Zweck ist die Behörde befugt, gewerbliche Grundstücke und Geschäftsräume des Auskunftspflichtigen zu betreten, dort Besichtigungen und Prüfungen vorzunehmen und in die geschäftlichen Unterlagen Einsicht zu nehmen.

[25] Vgl. insb. BT-Drucksache 7/5248, Kap. II: Förderung kleiner und mittlerer Unternehmen durch die Bundesregierung. Kap. III: Grundsätze einer Strukturpolitik für kleine und mittlere Unternehmen. Kap. IV: Aktionsprogramm zur Leistungssteigerung kleiner und mittlerer Unternehmen. — BT-Drucksache 7/5668: Forschungs- und Informationsförderung kleiner und mittlerer Betriebe. — BT-Drucksache 7/5738: Förderung von Forschung und Entwicklung zur Abwärmenutzung aus Kraftwerken. — BT-Drucksache 8/564: Haushaltsmittel für die Gemeinschaftsaufgabe „Verbesserung der regionalen Wirtschaftsstruktur". — BT-Drucksache 8/3123: Forschungsförderung kleiner und mittlerer Unternehmen.

zifizierte Rechtsgrundlage, die Auskunft über Zweck, Voraussetzung und Form der Gewährung erteilt.

Ob bzw. inwieweit derartig fundierte Subventionierungen gegen den Vorbehalt des Prinzips positiver Gesetzmäßigkeit verstoßen, soll die gegenständliche Untersuchung klären. Aufgabe der Betrachtung ist insbesondere die Überprüfung der verfassungsrechtlichen Relevanz des aus der Gegenüberstellung und Saldierung gesetzlicher und gesetzesfreier Subventionen resultierenden Defizits. Sollte diese zu dem Ergebnis gelangen, daß die Vergabe der hier allein interessierenden nichtgesetzesakzessorischen staatlichen Finanzhilfen aus verfassungsrechtlicher Sicht zwingend einer gesetzlichen Grundlage bedürfte und sollte sich kein dem Gesetz adäquates Surrogat anbieten, so müßte die bittere Erkenntnis, in der Subventionsverwaltung einen Administrationszweig zu sehen, der in jahrelanger Praxis die Grundprinzipien des sozialen und demokratischen Rechtsstaats mißachtet hat, die unausweichliche Folge sein.

Erstes Kapitel

Subventionsbegriff und Konstruktionsfragen des Subventionsverhältnisses

I. Begriff der Subventionen aus wirtschaftswissenschaftlicher und verwaltungsjuristischer Sicht

Stellt man sich die Aufgabe, allgemeine Kriterien zur Beurteilung und Charakterisierung der Subventionen zu suchen, so hat einer Überlegung zunächst die Feststellung vorauszugehen, daß es sich hier um ein Instrument mehrerer Wissenschaftszweige handelt. Diese Zugehörigkeit zu insgesamt drei wissenschaftlichen Disziplinen bedingt naturgemäß zugleich unterschiedliche Begriffs-Definitionen als Ergebnis zahlreicher empirischer und theoretischer Untersuchungen der einschlägigen Literatur und offenbart die Relativität ihrer Subventionsbegriffe, zumal den einzelnen wissenschaftlichen Kategorien unterschiedliche Prämissen und Funktionen der Subventionierung von der jeweiligen Fragestellung her zugrunde liegen.

Während die Finanzwissenschaft den Subventionsbegriff prägte und ihren Begriffsbestimmungen jeweils als gemeinsamen Ausgangspunkt die Annahme vorausschickte, daß Subventionen allein öffentliche Staatsausgaben darstellten, weil dieses Kriterium primär allen Subventionen zu eigen sei, waren die definitorischen Bemühungen der Nationalökonomen vorrangig darauf angelegt, die Subventionen in ihrer wirtschaftspolitischen Zielsetzung unmißverständlich von anderen Mitteln der Wirtschaftspolitik abzugrenzen und nach grundsätzlicher Bejahung ihrer Vereinbarkeit mit dem in der Bundesrepublik Deutschland jeweils praktizierten wirtschaftspolitischen System auch andere der vielfältigen subventionären Erscheinungsformen einer Subsumtion unter ihre Definitionen zugänglich zu machen. Für eine wirtschaftswissenschaftliche Gesamtbeurteilung sind infolgedessen beide Aspekte gleichermaßen relevant geworden.

Da die Subventionen erst viele Jahre später das rechtswissenschaftliche Interesse fanden, blieb der Rechtswissenschaft, der es darum gehen mußte, den schon lange praktizierten Subventionstatbestand der Wirtschaftswissenschaften rechtlich zu erfassen und in Anwendung von

Rechtsnormen die Wirklichkeit der Subventionspolitik zu bewältigen, der Erfolg, die Subventionen in den Griff zu bekommen, versagt. Nachdem man erst spät dieses Phänomen der Wirtschaftspolitik im juristischen Schrifttum entdeckte und immer mehr in der Erkenntnis resignieren mußte, daß eine rechtswissenschaftliche Begriffsbildung der Subventionen noch lange auf sich warten lassen würde, weil das Wirtschaftsverfassungsrecht[1] des Grundgesetzes hierfür nicht den Weg bereitet hatte, hoffte man durch eine Anleihe bei den zahlreichen Definitionsvorschlägen der Wirtschaftswissenschaften das rechtswissenschaftliche Verständnis innerhalb dieser Materie zu fördern.

Bereits sehr bald erkannte man aber, daß der Subventionsbegriff, wie er im nationalökonomischen und finanzwissenschaftlichen Schrifttum verwendet wurde, infolge der verschiedenen Motivationen nicht ohne Vorbehalte einer Übernahme in die Rechtswissenschaft fähig war[2]. Gleichwohl erscheint es heute wegen der Strukturierung und Annäherung der Wirtschaftswissenschaften an die Jurisprudenz, bedingt durch das Ineinandergreifen gewisser Erscheinungsformen des modernen Wirtschaftsrechts, notwendig, einer noch nicht voll ausgereiften rechtswissenschaftlichen Subventionsbeurteilung eine Untersuchung aus wirtschaftswissenschaftlicher Sicht voranzustellen.

1. Die Subventionen aus wirtschaftswissenschaftlicher Sicht

Die Anfänge erster Definitionsversuche innerhalb der wirtschaftswissenschaftlichen Doktrin lassen sich auf das Jahr 1927 zurückdatieren. Nach einer näheren Untersuchung und wissenschaftlichen Auseinandersetzung bezüglich der Arten von Zahlungen des Staates an Dritte qualifiziert *Colm* die Subventionen als öffentliche Zuwendungen an Erwerbsbetriebe, private Anstalten et cetera zu Produktionszwecken[3]. Für eine Differenzierung nach dem Subventionsobjekt zwischen Erwerbsbetrieben im öffentlichen Eigentum und solchen im Privatbesitz sah er jedoch keine Veranlassung, da sie „ökonomisch als Gebilde der Marktwirtschaft angesehen werden müssen, soweit sie gemäß der privaten Kaufkraftverwendung produzieren“. Da *Colm* hingegen als Vorläufer der modernen Kreislauftheorie eine deutliche Unterscheidung hinsichtlich

---

[1] Zur Begriffsklärung und Problematik: Schmidt, Wirtschaftspolitik, S. 89 ff.; Stein, S. 185 ff.; Badura in: von Münch, Bes. VerwR, S. 260 ff. Unter einer Wirtschaftsverfassung versteht man den Inbegriff der Rechtsnormen einer Verfassung, die insb. Organisation und Ablauf des wirtschaftlichen Prozesses, kurz die Grundordnung des staatlichen Zusammenlebens im Bereich der Wirtschaft regeln. Vgl. dazu die sorgfältige Zusammenstellung der einschlägigen Rechtsnormen bei Hamann, S. 30 ff.

[2] Vgl. Schindler, S. 121 ff.

[3] So Colm, S. 47.

der staatlichen Leistungen nach Subventionen und Unterstützungen vornimmt, typisiert er die Subventionen klar als Zuwendungen der öffentlichen Hand an Produzenten zu Produktionszwecken im Gegensatz zu den Unterstützungen, die Zahlungen an Konsumenten zu Konsumzwecken ausmachen. Letztere würden nämlich nichts zum Sozialprodukt beitragen, da hier — wie im Fall der privaten Haushaltungen — primär konsumiert, nicht aber produziert werde. Den verdienstvollen Bemühungen von *Colm* war es weiter zu verdanken, daß die bislang nur als Politikum angesehenen Staatsausgaben erstmals in den Blickpunkt einer spezifisch nationalökonomischen Betrachtungsweise gerückt wurden.

Im finanzwissenschaftlichen Schrifttum finden sich erste Ansätze einer aussagefähigen Begriffsbestimmung bei *Freudenberg*[4]. Nach ihm sind Subventionen alle Ausgaben öffentlicher Körperschaften, die privaten oder öffentlichen Erwerbsbetrieben zufließen und nicht als marktwirtschaftliches Entgelt empfangener Güter und Leistungen aufzufassen sind. Der Begriff umfaßt dabei alle Förderungs- und Erhaltungsmaßnahmen, die der Staat in der Marktwirtschaft unter Einsatz finanzwirtschaftlicher Mittel vornimmt und die eine Produktionssteigerung oder Produktionserhaltung bezwecken. Mit dieser Definition wird erstmals Klarheit hinsichtlich gewisser Essentialien der Subventionen geschaffen, indem insbesondere die Momente der Unentgeltlichkeit der Erwerbswirtschaft und der zweckverfolgenden Erhaltung der Produktion herausgestellt werden. An dieser finanzwissenschaftlichen Begriffsbildung hat sich seitdem Grundlegendes nicht mehr geändert. Sie findet sich im neueren Schrifttum — von unerheblichen Verfeinerungen abgesehen — in gleicher Weise etwa bei *Boehme*[5] und *Meinhold*[6].

Die heutige moderne wirtschaftswissenschaftliche Lehre begreift sozusagen als Resümee aus Bestandteilen bisher hervorgebrachter Definitionsversuche die Subventionen als Geldbeträge, die der Staat oder ein anderes öffentliches Organ Unternehmungen öffentlicher oder privater Art oder Gruppen von erwerbswirtschaftlichen Unternehmungen ohne ökonomische Gegenleistung zuwendet[7]. Das Spektrum möglicher Arten von Subventionierungen reicht dabei von verlorenen Zuschüssen, Zuwendungen und Beihilfen aller Art bis zu Darlehen, Kreditgarantien, Ausfallbürgschaften, Steuererleichterungen und Tarifermäßigungen[8].

[4] Freudenberg, S. 20 f., 32.

[5] Boehme, S. 35.

[6] Meinhold, S. 237.

[7] Vgl. Masoin, S. 25; Sauermann, S. 128; Wessels, S. 5321; Albers, Sp. 833 ff.; Fischer, BB 1962, S. 1185 ff.; Hansmeyer, S. 31; Schmölders, S. 151.

[8] Vgl. Schmölders, S. 151.

Meinungsverschiedenheiten bestehen allerdings in der Richtung, ob die Unterstützungen der öffentlichen Hand zugunsten von qualifizierten Empfängern in Geldzahlungen bestehen müssen oder ob zum Subventionsbegriff auch der gewollte Einnahmeverzicht gehört, der im Haushaltsplan nicht in Erscheinung tritt[9]. Nach *Meinhold*[10] und der überwiegenden herrschenden Auffassung in der Literatur müssen echte Subventionen die Ausgabenseite des Fiskus belasten. Geldmäßig nicht faßbare Begünstigungen durch den Staat, auch wenn sie auf Kosten der Allgemeinheit erfolgen, sind keine echten Subventionen. Deren begriffliche Einbeziehung würde jede positive Maßnahme der staatlichen Wirtschaftspolitik zum Akt der Subventionierung machen.

Nach wirtschaftswissenschaftlichen Vorstellungen besteht der Subventionszweck primär in der Beeinflussung und Änderung des freien Zustandekommens des Sozialprodukts. Nur die Hingabe von Sonderunterstützungen an erwerbswirtschaftliche Unternehmungen zu Produktionszwecken rechtfertigt nach deren Auffassung überhaupt eine Einbeziehung in den Subventionsbegriff. Zuwendungen dagegen, die an private Haushaltungen (wie etwa Rentner, Kriegsopfer, Arbeitslose etc.) verabreicht werden, erreichen nicht die unternehmenden Glieder des Wirtschaftsprozesses. Diese sind allein sozialpolitische Unterstützungen, die einen Eingriff lediglich in die freie Verteilung des Sozialprodukts bedeuten. Für eine Klassifizierung von Subventionen nach dem diesen immanenten Zweck kommt deshalb der Tatsache eine entscheidende Bedeutung zu, daß eine nicht vorhandene produktionelle Leistungsfähigkeit dadurch geschaffen werden soll, daß der begünstigten Unternehmung Kapitalhilfen und Marktvorteile zur Stärkung der Produktionskraft eingeräumt werden.

2. Die Subventionen aus verwaltungsjuristischer Sicht

Im Gegensatz zu den Wirtschaftswissenschaften hat die Jurisprudenz keine alle Subventionsarten gleichermaßen umfassende Begriffsbestimmung hervorgebracht[11]. Zwar fehlt es nicht an entsprechenden Definitionsversuchen in Kreisen der rechtswissenschaftlichen Lehre. Viele von ihnen mußten jedoch von vornherein als unbrauchbar abgestempelt werden, soweit sie darauf angelegt waren, eine Allgemeingültigkeit beanspruchende Subventions-Definition anzubieten, und somit bereits im Ansatz deren nur relativ erreichbares Maximum möglicher Begriffsbildung übersahen. Erst mit *Ipsens* Referat auf der Staatsrechtslehrertagung 1966 in Graz wurden erstmals wieder — nachdem

9 Boehme, S. 18 ff.

10 Meinhold, S. 239.

11 Vgl. zutr. Bleckmann, S. 9 ff.

zuvor schon in die gleiche Richtung laufende Tendenzen spürbar geworden waren[12] — die Grenzen für subventionäre Begriffsbestimmungen aufgezeigt, indem deren Relativität unterstrichen und für künftige Bemühungen um tragfähige Definitionen allein eine Charakterisierung nach der Relevanz der maßgeblichen Normbereiche als allein — weil im Einklang mit der juristischen Wirklichkeit stehend — zu befriedigenden Ergebnissen führende Lösung hingestellt wurde, wenn es heißt[13]: „Da die Subventionen ein Anschauungsgegenstand verschiedener Disziplinen sind, verdient zunächst festgehalten zu werden, daß es eine übergreifende, allgemeingültige Begrifflichkeit für sie nicht gibt. Das ist erklärlich, weil etwa die ökonomische Wissenschaft mit ihrer Erfassung anderen Zwecken folgt und in ihren tatsächlichen Zusammenhängen anderes für wesentlich hält als die Rechtswissenschaft, der es — in Ermangelung eines Legalbegriffes — darauf ankommen muß, die Erscheinung der Subvention in denjenigen Merkmalen zu kennzeichnen, die in den für sie etwa maßgeblichen Normbereichen relevant sein können."

Eine solche Erkenntnis ist aus der Überlegung heraus begründet, daß zwischen einem Subventionsbegriff der Seinswissenschaften und einem Rechtsbegriff der Subvention ein grundlegender Unterschied besteht: Während nämlich der erstere der Erkenntnis faktisch bestehender Zusammenhänge mit dem Wirklichkeitsganzen, also dessen, was ist, dient, soll letzterer die Erkenntnis dessen fördern, was sein soll. Da nun aber dem menschlichen Geist immer nur eine relativ-partielle Erkenntnis des Wesens einer Lebenserscheinung möglich ist, muß für eine juristische Begriffsbestimmung als wesentlich vielmehr das angesehen werden, worauf es im jeweiligen Zusammenhang ankommt, d. h. was bedeutungsvoll und werthaft für die zu lösende Aufgabe ist[14].

Gewiß mag die Frage nach Sinn und Zweck einer rechtswissenschaftlichen Begriffsdetermination für die Subventionen überhaupt manchem Zweifel begegnen, zumal damit quasi deklaratorisch ein Lebensvorgang äußerlich mehr wirtschaftlicher Natur charakterisiert werden soll, dessen Terminus einer qualitativ gebildeten und orientierten Gesellschaft ohnehin geläufig ist. Der Wunsch nach einer exakten juristischen — wenn auch nur relativen — Begriffsbestimmung erscheint jedoch dann

[12] So Welter, BB 1962, S. 496 und Fischer, BB 1962, S. 1185.

[13] Vgl. Ipsen, VVDStRL 25, S. 276.

[14] So Sauer, S. 91; Bochénski, S. 25 ff.; Rickert, S. 25 ff.; Larenz, S. 182; Engisch, S. 65. Aus diesem Grunde vermag z. B. der durch das 1. Gesetz zur Bekämpfung der Wirtschaftskriminalität v. 29. 7. 1976, BGBl. I, S. 2034 ff., in § 264 Abs. 6 StGB legaldefinierte Subventionsbegriff für eine wirtschaftsrechtliche u. -politische Subventionsbetrachtung infolge der verschiedenen Zielsetzungen überhaupt nichts herzugeben, wie § 264 Abs. 6 n. F. durch seine Formulierung „Subvention im Sinne dieser Vorschrift" deutlich beweist.

ein dringendes Anliegen zu sein, wenn im Rechtsverkehr Subventionen von verwandten Lenkungsformen der Wirtschaftspolitik unterschieden werden sollen, weil die einschlägigen Normen an die jeweiligen Gestaltungsmittel unterschiedliche Folgerungen knüpfen. Nachdem nun diese Gesichtspunkte bei den hier zu behandelnden nichtgesetzesakzessorischen Subventionen in ähnlicher Form eine Rolle spielen, soll, angesichts der Überlegung, daß es eine allgemein anerkannte Abgrenzung des Subventionsbegriffes nicht gibt, vielmehr das Wesen der Subvention die ganze Fülle des Sinngehalts der als Subvention gezeichneten Lebenserscheinung bedeutet, einer dennoch erfolgenden Umschreibung der Bezeichnung Subvention nur die Funktion zukommen, eine Basis dafür zu schaffen, gerade den bestimmten Arbeitsbereich zu kennzeichnen, den die konkrete Arbeit ihrer Untersuchung zugrundelegt. Zuvor aber möge schwerpunktmäßig ein kurzer Überblick über die zahlreichen Definitionsversuche aus dem Kreis der Rechtsprechung und der Wissenschaft erlaubt sein.

Eine sehr stark an die finanzwissenschaftliche Terminologie angelehnte Lehrmeinung, der für die juristische Fragestellung nur ein geringer Aussagewert zukommt, vertritt *Stern*[15]. Aus seiner Sicht, daß es sich bei Subventionen um Gestaltungsmittel einer dirigistischen Wirtschaftsintervention zugunsten von Produktionsunternehmen handelt, denen das Ziel zugrunde liegt, die marktwirtschaftliche Wettbewerbslage zu verändern bzw. in einer bestimmten Richtung zu korrigieren, definiert er die Subventionen nur als von Hoheitsträger unmittelbar an Unternehmer zu Produktionszwecken gewährte finanzielle Sonderunterstützungen, die in die marktwirtschaftliche Wettbewerbslage eingreifen und eine Änderung des freien Zustandekommens von Sozialprodukt und Einkommen bewirken.

Daneben findet sich ein größerer Teil von Vertretern der wissenschaftlichen Lehre, die weniger auf das Moment einer produktionszweckfinalen Vergabemotivation abstellen, sondern auch Leistungen in ihre Begriffsbestimmungen einbeziehen, die eine Beeinflussung des allgemeinen Wirtschaftsablaufs bezwecken[16].

Mit einem sehr weiten Begriff, der sogar über die originär subventionsimmanenten wirtschaftspolitischen Zielsetzungen hinausgeht, arbeiten die obersten Bundesgerichte. Nachdem das OVG des Saarlandes[17] den Anfang zu dieser Rechtsprechung gemacht hatte, indem es die Subventionen begrifflich als unentgeltliche, für den Empfänger vermögens-

---

[15] Stern, JZ 1960, S. 518 ff., 521.

[16] Ipsen, Subventionierung, DVBl. 1956, S. 461 ff., 462 f.; Henze, S. 30; Reuß, S. 15; Hamann, DVBl. 1963, S. 486 ff., 492 f.

[17] Urteil vom 6. 5. 1959, DÖV 1959, S. 708.

steigernde Leistungen zur Erzielung eines bestimmten Interventionserfolges öffentlichen Interesses kennzeichnete, schienen die Weichen der zukünftigen Jurisdiktion gestellt. Während das Bundesverwaltungsgericht[18] wenig später sinngemäß an diese Definition anknüpfte und seitdem in ständiger Rechtsprechung die Subventionen als öffentlich-rechtliche Leistungen des Staates zwecks Erreichung eines bestimmten, im öffentlichen Interesse gelegenen Zweckes versteht, war in einer Entscheidung des Bundesgerichtshofes[19] von Stützungs- und Hilfsmaßnahmen für die Wirtschaft seitens des Staates die Rede. Auch das Bundesverfassungsgericht[20] gebrauchte in seiner Judikatur eine ähnliche Begriffsumschreibung, wenn es die Subventionen als freiwillig durch den Staat in eine bestimmte Richtung verhaltensfördernde Maßnahmen begreift, mit denen er oder einer seiner Hoheitsträger ihm wirtschafts-, sozial- oder gesellschaftspolitisch erwünschte Ziele fördert.

Freilich dürfen die wiedergegebenen Meinungen der Rechtsprechung nicht überbewertet werden, wollte man nicht übersehen, daß für sie bei der Suche nach einer tauglichen Begrifflichkeit stets primär die Klärung des jeweils zulässigen Rechtsweges im Vordergrund stand, wie das Abstellen ihrer Begriffsmodalität auf das öffentliche Interesse deutlich beweist.

In negativer Hinsicht hat sich trotz der Fülle der in der Literatur in verschiedener Weise sich unterscheidenden Subventionsbegriffe eine weitgehende Einigkeit erzielen lassen. Nachdem gemäß der allgemeinen Auffassung völlige Klarheit hinsichtlich einer Abgrenzung nach dem Subventionssubjekt bestand, konzentrierte sich das wissenschaftliche Interesse vornehmlich um eine Klassifizierung nach dem Subventionsobjekt bzw. nach der Subventionsleistung. Danach sind aus dem Subventionsbegriff i. e. S. die Unterstützungen und Hilfsmaßnahmen auszuklammern, welche die Hoheitsträger untereinander im horizontalen und vertikalen Finanzausgleich unter der Terminologie der Dotationen gewähren[21]. Hier handelt es sich nämlich allein um einen staatsfinanzwirtschaftlichen Vorgang, der von der Subventionierung der Wirtschaft durch den Staat wesentlich verschieden ist[22]. Für solche interetatären Ausgleichsmaßnahmen wäre eine Bezeichnung als Subvention insgesamt verfehlt, da hier nur Haushaltsmittel innerhalb der Verwaltung umgeschichtet werden.

---

18 Urteil vom 19. 12. 1959, NJW 1959, S. 1098.

19 Urteil vom 30. 4. 1959, DÖV 1959, S. 710.

20 Urteil vom 12. 2. 1964, BVerfGE 17, S. 210, 216.

21 Wolff / Bachof, VerwR III, § 154 I a Rz. 4 im Gegensatz zur Schweizer Rechtslehre.

22 Scheuner, VVDStRL 11, S. 1 ff.; a. A. Jesch, S. 178.

Als Subventionen i. e. S. haben weiterhin auch Zuwendungen der öffentlichen Hand auszuscheiden, soweit sie eine festgeformte, normative Gestaltung aufweisen, wie z. B. die Leistungen der Daseinsvorsorge, der Sozialhilfe, der Sozialversicherung, der Kriegsopferversorgung, der Wissenschaftsförderung et cetera. Hier wird nämlich der wirtschaftliche Zweck eindeutig von sozial-, bildungs- bzw. wissenschaftspolitischen Zielsetzungen überlagert. Ferner müssen hier auch die sog. „indirekten Subventionen" eliminiert werden, da es sich hierbei haushaltsrechtlich nicht um Ausgaben, sondern um gewollten Einnahmeverzicht handelt. Im übrigen lassen Steuer- oder Tarifvergünstigungen gerade nicht das spezifische Rechtsverhältnis entstehen, das sich als spezielles Subventionsverhältnis konstruieren ließe, sondern sie verkörpern nur rechtliche Elemente innerhalb anderer Rechtsbeziehungen sui generis[23].

Nicht zum Subventionsbegriff im hier vertretenen Sinn zählt auch die Realförderung, wie sie in Form einer Bevorzugung bei der Vergabe öffentlicher Aufträge in Erscheinung tritt[24], da hier der Hauptzweck die Deckung des Sachbedarfs der Verwaltung bleibt, so daß das Rechtsgeschäft im Ganzen gesehen nicht unmittelbar der Verwirklichung öffentlicher Belange dient[25]. Analysiert man nämlich die Problematik einer bestimmten Zielsetzung von Subventionen, so muß man die Frage nach der subventionsimmanenten Bedingtheit einer Gegenleistungspflicht des Subventionsempfängers angesichts der Tatsache, daß der Staat grundsätzlich nicht legitimiert ist, etwas zu verschenken, dahingehend beantworten, daß sich dieser in einer Weise verhält, die dem öffentlichen Interesse als Gegenleistung erscheint. Diese ist zwar nicht marktwirtschaftlich zu verstehen, auch kennzeichnet sie die Subventionierung nicht tauschwirtschaftlich[26]; sie schließt es aber aus, das Subventionieren ein staatliches Geschenkemachen zu nennen. Das Korrelat des öffentlich determinierten Zweckes der Zuwendung, ihrer Leistungsbedingtheit also, ist eine entsprechende Verhaltensweise des Subventio-

---

[23] Steuervergünstigungen, wie z. B. nach § 19 BerlinFG bzw. nach § 3 ZRFG, sind stets an eine gesetzliche Regelung gebunden und mangels eines besonderen Subventionsverhältnisses nur im wirtschaftlichen, nicht aber im rechtlichen Sinn als Subventionen anzusehen; diese Rechtsnormen unterliegen kompetenzrechtlich allein den Bestimmungen über die Finanzverfassung, zutr. Vogel, DÖV 1977, S. 837 ff., 840. Die juristische Behandlung des Subventionswesens hat ihren Platz im Wirtschaftsverwaltungsrecht, vgl. Badura, WuV 1978, S. 138.

[24] So aber Ipsen, Subventionierung, DVBl. 1956, S. 504; Eyermann / Fröhler, VwGO, § 40 Rz. 41.

[25] Vgl. Imboden, S. 54; Henze, S. 21; Hamann, DVBl. 1963, S. 492; Zuleeg, S. 16. A. A. z. B. Wolff / Bachof, VerwR III, § 154 Rz. 12 und Jarass, JuS 1980, S. 115 ff., 116, die die Realförderungen zu den Subventionen im weiteren Sinne zählen.

[26] Schindler, S. 141 ff.; Bellstedt, DÖV 1961, S. 161 ff., 169.

nierten. In Übereinstimmung mit *Zacher*[27] betont insbesondere *Kaiser*[28] die Bedeutung des Subventionszwecks als Begriffsmerkmal[29].

3. Versuch einer Definition der Subventionen als Arbeitsgrundlage

Subventionen lassen sich demzufolge rechtlich bestimmen

positiv als vom Staat oder seinen besonderen Verwaltungseinheiten zu einem öffentlichen Zweck an Privatpersonen gewährte unentgeltliche Vermögensvorteile in Form von Geldzahlungen, denen ein verdichtetes, konkretisiertes öffentliches Interesse zugrundeliegt und die beim Empfänger ein Verhalten bedingen, das dem öffentlichen Zweck als Gegenleistung erscheint,

negativ mit Ausnahme der Leistungen der sozialen Fürsorge und der Versorgung einschließlich der Wissenschaftsförderung, der sog. indirekten Zuwendungen und der sog. Realförderung.

Abschließend möge noch ein Hinweis darauf genügen, daß auch das Gemeinschaftsrecht der EWG keinen einheitlichen Subventionsbegriff kennt. Hierfür mag die Weite des dort verwendeten Beihilfebegriffs kausal dafür gewesen sein, daß sich nicht einmal eine allgemein anerkannte Typologie der Subventionen bisher herauskristallisieren konnte[30].

II. Rechtsnatur und Rechtsformen der staatlichen Subventionen

1. Analyse der Problematik

Die Bemühungen nach der Suche von Rechtsformen, mit welchen neuauftretende Lebenssachverhalte und -vorgänge in sinnvoller Weise erfaßt und bewältigt werden können, lassen oftmals ein Ergebnis erkennen, das häufig mehr pragmatischen als rechtsdogmatischen und rechtssystematischen Erwägungen folgt. Diese Erscheinung zeigte sich insbesondere als Folge der Aufgabenveränderung des Staates in diesem Jahrhundert und war gerade dann zu beobachten, wenn weder die im Zivilrecht noch die im öffentlichen Recht entwickelten Strukturen herkömmlicher Art einen neuartigen Vorgang in ihr vorgezeichnetes Schema aufzunehmen und einzureihen vermochten. Da nämlich früher der

---

[27] Zacher, VVDStRL 25, S. 318.

[28] Kaiser, Diskussionsbeitrag, VVDStRL 25, S. 408 f.

[29] Vgl. zu diesem Problem ferner Schetting, S. 8 ff. und Jarass, JuS 1980, S. 115 ff., 116.

[30] Vgl. Henze, S. 27 ff.; Götz, S. 19 ff. sowie Bleckmann, S. 155 ff.

Staat *Hegel*scher[31] Prägung als der der Gesellschaft autonom gegenüberstehende Machtinhaber begriffen wurde und demzufolge im wesentlichen aus Gründen der Aufrechterhaltung der öffentlichen Sicherheit und Ordnung nur in Eingriffen sein Verhältnis zu dieser äußern konnte, ließen sich auch nur — als Folge und Erbe des liberalen Rechtsstaats — eingriffsbezogene Lebenserscheinungen im Gefüge der Rechtsordnung systematisieren. Nachdem aber heute nicht mehr allein das Recht, von gesetzeswidrigen Eingriffen verschont zu bleiben, sondern auch in zunehmendem Maße das Recht darauf, an den Unterstützungsmaßnahmen des Staates teilzuhaben, die Verwaltungszwecke kennzeichnet, die insbesondere unter dem Begriff Daseinsvorsorge[32] ein breites Anwendungsfeld gefunden haben, begegnet es Schwierigkeiten, einzelne Bereiche der staatlichen Wirtschaftspolitik an der richtigen Stelle zu lokalisieren und dafür passende Konstruktionen zu finden.

Besitzt nun die moderne Verwaltung im gegenständlichen Bereich kein adäquates verwaltungsrechtliches Instrumentarium, dann ist sie gezwungen, im Sinn der einen oder anderen Theorie in formelle Gestaltungsformen auszuweichen, die oftmals an der juristisch erwünschten Wirklichkeit vorbeigehen. Ein Musterbeispiel hierfür bilden die staatlichen Subventionen. So haben sich im Verlauf der Entwicklung von Rechtsformen für Subventionen die Literatur und Rechtsprechung zwecks Bewältigung der durch die Subventionen aufgeworfenen Rechtsprobleme überwiegend aus Gründen der Herstellung eines wirksamen Rechtsschutzes des einzelnen gegen die Verwaltung Konstruktionen zu eigen macht, die einen Übergang von der rein privatrechtlichen zur gemischtrechtlichen bis schließlich zu einer ausschließlich öffentlichrechtlichen Betrachtungsweise erkennen lassen.

2. Inhaltliche Ausgestaltung der Rechtsbeziehungen im Verhältnis des Hoheitsträgers zum privaten Subventionsempfänger

a) Die rein privatrechtliche Rechtsform

Eine rein privatrechtliche Betrachtungsweise, welche von dem Gedanken getragen war, daß der Staat in seiner Entscheidung darüber frei sei, ob er öffentliche Förderungsmittel auf der Grundlage des privaten oder des öffentlichen Rechts vergeben wolle, sich aber regelmäßig für eine private Rechtsform entschieden habe, sofern der Gesetzgeber keine bestimmte Gestaltungsform präskribiert habe, war das Ergebnis einer langen Reichsgerichtsjudikatur[33]. Obwohl es dieser Theorie zwar

[31] Vgl. dazu Hegel, Die Grundlinien der Philosophie des Rechts (1831).

[32] Diesen Ausdruck prägte Forsthoff, in: Die Verwaltung als Leistungsträger (1938); vgl. dens., Lehrbuch, S. 368 ff., 567 ff.

[33] Vgl. dazu Fleiner, S. 126.

noch gelungen war, nach dem Zweiten Weltkrieg auch in der Literatur Eingang zu finden[34], wurde sie jedoch sehr bald als veraltetes Relikt der Fiskustheorie[35] entlarvt, nach welcher Rechtsverhältnisse zwischen Staat und Bürger, sofern sie Vermögensfragen zum Gegenstand hatten, prinzipiell und allein nach bürgerlichem Recht zu bestimmen und nur nichtvermögensrechtliche Rechtsfragen ausschließlich dem öffentlichen Recht zu unterstellen waren. Damit war zugleich auch ihr Ende vorgezeichnet. Sie wird heute in der Bundesrepublik Deutschland, von wenigen Ausnahmefällen abgesehen, nicht mehr vertreten[36].

b) Das Subventionsverhältnis aus der Sicht der Zweistufentheorie

Für die Entstehung der sog. Zweistufentheorie war die Überlegung maßgebend, das noch nicht ausreichend mit Instituten versorgte Verwaltungsrecht durch eine Anleihe bewährter Rechtsformen des bürgerlichen Rechts in seiner Entwicklung zu fördern. Insbesondere im Bereich der Wirtschaftsverwaltung waren derartige aus Elementen des öffentlichen und bürgerlichen Rechts zusammengesetzte Institute nicht selten zu beobachten, da man bestimmte Rechtserscheinungen erst unter Heranziehung bürgerlicher Rechtsformen überhaupt erfassen und einer Klärung näherbringen konnte, zumal das öffentliche Recht wirtschaftliche Vorgänge systematisch noch nicht einzugliedern vermochte. Daneben spielten die Gedankengänge der Fiskustheorie eine entscheidende Rolle, um dem Bürger gegenüber dem Handeln der staatlichen Interventionsverwaltung einen gewissen — wenn auch nur schwachen — Rechtsschutz zu gewährleisten.

34 Deren Hauptvertreter waren Römer, BB 1950, S. 97; Kegel, JZ 1951, S. 385; zuletzt wohl Flessa, NJW 1954, S. 538; ders., DVBl. 1957, S. 127.

35 Zum Inhalt der Fiskustheorie: O. Mayer, Verwaltungsrecht I, S. 47 ff.; Zeidler, VVDStRL 19, S. 221 ff.; Forsthoff, Lehrbuch, S. 112 ff.

36 Während bei Götz, S. 59 nur noch vereinzelt gewisse Ansatzpunkte einer rein privatrechtlichen Auffassung zu finden sind, wenn er glaubt, zumindest die staatliche Kreditvergabe und Bürgschaftsübernahme noch dem Privatrecht unterstellen zu müssen („Die öffentlichen Kredite sind wirtschaftlich und rechtlich zivilrechtliche Kredite; die Benützung der zivilrechtlichen Form ist richtig und legitim"), versucht beispielsw. Meister, DVBl. 1972, S. 593 ff. die Subventionierung wieder ganz auf dem Boden des Privatrechts zu rechtfertigen. Indem er die Interessentheorie als anerkanntes Unterscheidungskriterium des öffentlichen vom privaten Recht verwirft, und im Verhältnis Staat — Bürger die Verwaltungsanordnung als maßgebliche Vertragsordnung für entstehende Beziehungen anerkennt, sind freilich die Weichen dafür gestellt, im bürgerlichen Recht Form und Maß staatlicher Betätigung für den Subventionssektor zu sehen. Auch Badura in: von Münch, Bes. VerwR S. 241 ff. erkennt in der Subventionsvergabe einen Zweig der öffentlichen Verwaltung in privatrechtlicher Form, d. h. Verwaltungsprivatrecht. Vgl. ferner die Verhandlungen des 2. Österreichischen Juristentages (1964), Bd. II, 7. Teil, S. 52 in Wien, wo die Subventionsverwaltung ausschließlich der nichthoheitlichen Privatwirtschaftsverwaltung zugerechnet wurde.

Ipsen, auf den die Zweistufenlehre zurückzuführen ist, zerlegt das gesamte Subventionsrechtsverhältnis, das mit der Initiative des Subventionspetenten in Form des Antrags beginnt[37, 38] und mit der vollständigen Abwicklung der Subvention seine Erledigung nimmt, in zwei Phasen, von denen die erste dem öffentlichen, die zweite dem bürgerlichen Recht angehören soll. Diese Konstruktion vermag selbstverständlich nur dort einen Anwendungsbereich zu finden, wo ein zweistufiges Vorgehen der Verwaltung überhaupt möglich ist[39].

Den Entstehungsakt erster Stufe kennzeichnet ein zustimmungsbedürftiger Verwaltungsakt, der die Entscheidung darüber trifft, ob, an wen, wie und unter welchen Bedingungen überhaupt subventioniert wird. Dieser realisiert zugleich den Inhalt des nachfolgenden privatrechtlichen Rechtsgeschäfts zweiter Stufe, bringt aber nicht unmittelbar die zivilrechtlichen Rechtsbeziehungen zwischen den Beteiligten zustande. Vielmehr bedarf es hierzu erst noch des Abschlusses eines verwaltungsprivatrechtlichen Vertrages, der sich regelmäßig aus mehreren Vertragstypen des Bürgerlichen Rechts zusammensetzt. Auf den Inhalt dieses privatrechtlichen Vertrages selbst kann der Petent jedoch meist nicht mitbestimmend einwirken, da regelmäßig der Inhalt des vorangegangenen Verwaltungsakts samt Bedingungen und Auflagen in den privatrechtlichen Vertrag übernommen werden. Durch Begründung des letzteren werden allerdings die originär öffentlichrechtlichen Beziehungen zwischen der subventionierenden öffentlichen Hand und dem Subventionierten nicht beendet, da sowohl die öffentliche wie die private Stufe wechselseitig verschränkt sind[40].

Auch wenn man nicht so weit gehen will wie *Imboden*[41], der die Zweistufentheorie als Scheinkonzept bezeichnet, begegnet die Zweckmäßigkeit und Richtigkeit dieser Lehre seit Jahren in zunehmendem Maße

---

[37] Die 1. Stufe wird von dem Grundsatz „omnis subventio est voluntaria" beherrscht, da niemandem gegen seinen Willen eine Zuwendung aufgedrängt werden soll, vgl. dazu Ipsen, Subventionierung, DVBl. 1956, S. 603; ebenso Maunz, BayVBl. 1962, S. 1 ff., 3.

[38] Nicht gefolgt werden kann Götz, S. 32, wenn er dafürhält, daß das Subventionsverhältnis schon dann entstehe, wenn das Unternehmen die in Subventionsnormen (Gesetzen oder Verwaltungsvorschriften) vorgesehenen Bedingungen für die Berücksichtigung bei der Subventionierung erfüllt, und deshalb der Antragstellung nur verfahrensrechtliche Bedeutung beimißt.

[39] Ipsen, Rechtsgutachten 1951, S. 5 ff. entwickelte seine Theorie zwar zunächst für die Filmproduktionsbürgschaften, dehnte sie allerdings in seiner 1956 erschienenen Monographie „Öffentl. Subventionierung Privater" auch über den primären Anwendungsfall der Darlehen, Bürgschaften und Refinanzierungen auf andere Subventionstypen aus, mit Ausnahme der verlorenen Zuschüsse, auf welche die Zweistufentheorie schon logischerweise überhaupt nicht anwendbar sein kann.

[40] Reuß, S. 53 f.

[41] Imboden, ZSR 77, S. 160 a ff.

Zweifel[42]. Dabei soll keinesfalls ihre Bedeutung für die Entwicklung des Verwaltungsrechts geleugnet werden, zumal auch die Rechtsprechung[43] sowie führende Vertreter der Wissenschaft[44], ja sogar der Gesetzgeber[45], sich diese Lehre vereinzelt zu eigen gemacht haben. Sie darf jedoch heute für das Recht der staatlichen Wirtschaftssubventionen als Übergangslösung deklariert und zum Abtreten verurteilt werden[46].

Soweit *Ipsen* das sog. erste Stadium der Subventionierung dem öffentlichen Recht zuordnet, ist seiner Theorie widerspruchslos zu folgen. Dies gilt insbesondere, soweit seine Gedankenführung den Schluß von der originär administrativen Aufgabenerfüllung zu einer subventionär hoheitlichen Ausgestaltung erkennen läßt[47]. Wo nämlich die Verwaltung Aufgaben erfüllt bzw. über Gegenstände verfügt, die ihr durch das öffentliche Recht zugewiesen sind, spricht hinsichtlich der Abgrenzung von öffentlichem und privatem Recht im Zweifel eine Vermutung für öffentlichrechtliches Administrieren. Das besondere Problem der h. M., die Alternative Verwaltungsakt oder privatrechtlicher Vertrag, kann heute als überwunden gelten. Denn richtig gesehen handelt die Verwaltung bei ihrer Aufgabenerfüllung grundsätzlich öffentlichrechtlich[48].

Soweit allerdings die Zweistufenlehre die 2. Phase der Subventionierung dem Privatrecht anheimstellt[49], kann sie sowohl in rechtssystema-

---

42 Die Kritik an der Zweistufenlehre ist inzwischen unübersehbar, vgl. hierzu insb. Bethge, JR 1972, S. 139 ff., Schetting S. 311 ff. sowie Bleckmann, S. 89 ff. (jeweils mit umfassenden Nachweisen).

43 Angefangen mit BVerwGE 1, S. 308 und seitdem in ständ. Rspr.; interessant hierzu sind insb. die Entscheidungen BVerwGE 13, S. 52 und E 14, S. 65, wo sich das Bundesverwaltungsgericht eindeutig und unmißverständlich zur Zweistufentheorie bekennt. Vgl. zum Ganzen Kopp, VwGO, Rz. 20 zu § 40 mit ausführlichen Nachweisen.

44 Als Hauptverfechter gelten insb. Dürig (Maunz / Dürig, GG-Komm., Art. 1 Rz. 137) und Siebert, DÖV 1959, S. 733 ff., 736.

45 Vgl. etwa § 102 Abs. 1 und 2 des Zweiten Wohnungsbaugesetzes vom 27. 6. 1956 i. d. F. vom 1. 9. 1965 (BGBl. III, S. 2330 - 2).

46 Ein wesentlicher Beitrag u. a. zur Klärung der Frage, welche Rechtsnatur die Entscheidung der Behörde, mit einem Bürger oder einem sonstigen Partner einen verwaltungsrechtlichen Vertrag abzuschließen, hat, resultiert aus den Grundgedanken der Zweistufentheorie, vor allem auch mit deren Zweck, den Bürger zu schützen, vgl. Kopp, VwVfG, Vorbem. 12 zu § 54 u. 13 zu § 35.

47 Ipsen, Subventionierung, DVBl. 1956, S. 604.

48 Renck, JuS 1971, S. 82. Ebenso ausdrücklich der BGH, Urteil vom 12. 10. 1971, DVBl. 1972, S. 611: „In der Regel ist anzunehmen, daß sich eine Behörde bei Erfüllung einer ihr aufgetragenen öffentlichen Aufgabe öffentlichrechtlicher Maßnahmen bedient und sich nicht auf das Gebiet des Privatrechts begeben will." Er kann dabei auf seine ständ. Rspr. verweisen; vgl. hierzu auch BVerwGE 31, S. 279.

49 Man hat sich dabei offensichtlich von dem funktionell wesentlich andersgearteten sog. privatrechtsgestaltenden Verwaltungsakt leiten lassen, der nur privatrechtliche Beziehungen zwischen Privatpersonen zustande

tischer wie in rechtsdogmatischer Hinsicht nicht mehr befriedigen. Entspricht es seit *Walter Jellinek*[50] der herrschenden Auffassung, daß jedes Rechtsverhältnis dem Grundsatz der Einheitlichkeit des Rechtsverhältnisses folgt, wonach die einzelnen aus ihm resultierenden Rechtsbeziehungen einer einheitlichen Rechtsfolge zu unterwerfen sind, so hat die Zweistufentheorie nie zu erklären vermocht, aus welchen Überlegungen heraus ein öffentlich-rechtliches Verpflichtungsgeschäft zu einem zivilrechtlichen Erfüllungsgeschäft führen soll. Legt man nämlich im Subventionsbereich hinsichtlich ihrer Eingruppierung ins öffentliche oder private Recht die auf *Ulpian*[51] zurückgehende Interessentheorie[52] zugrunde, die insbesondere im Fall der ohne spezialgesetzliche Ermächtigung agierenden Verwaltung weiterhilft, da sie darauf abstellt, ob der Zweck, den der Hoheitsträger mit der betreffenden Maßnahme zu verwirklichen sucht, unmittelbar dem Interesse der Öffentlichkeit dient oder nicht, so kann logischerweise ein auf das gleiche Interesse abzielendes Verwaltungshandeln nicht zugleich zur unterschiedlichen Behandlung eines einheitlichen Rechtsverhältnisses in ihren Rechtsfolgen führen[53], noch dazu, wenn man für den Charakter des gesamten Rechtsverhältnisses den Begründungsvorgang entscheidend sein läßt[54].

Geht man heute dennoch von der dualistischen Auffassung *Ipsens* aus, so begegnen in großer Anzahl schwierige Rechtsfragen, die im Ergebnis in der prinzipiell anders gearteten Strukturierung von öffentlichem und privatem Recht wurzeln. Ihre Fehlerhaftigkeit tritt insbesondere dann klar zu Tage, wenn im Verlauf der ersten bzw. zweiten Stufe Mängel auftreten und die Frage einer Klärung bedarf, welche Wirkungen diese auf die Wirksamkeit der anderen Stufe ausstrahlen[55].

Gehörte es ursprünglich zur Sinngebung der Zweistufentheorie, den Rechtsschutz des Bürgers sicherzustellen, so hat sich dieses Ziel heute

---

bringt. Die an einem solchen Verhältnis beteiligte öffentliche Hand tritt hier kompetenzmäßig lediglich in ihrer Funktion als Fiskus auf.

50 W. Jellinek, S. 50.

51 Ulpian, Dig. I 1, 1 § 2: „Publicum ius est quod ad statum rei Romanae (= publicae) spectat, privatum quod ad singulorum utilitatem."

52 Insb. Nawiasky, Allgemeine Rechtslehre, S. 294 und Menger, VerwArch Bd. 53 (1962), S. 394 wollen dieser Theorie im Leistungsbereich eine sichere Abgrenzungsfunktion zuweisen. Nicht ganz so eindeutig hingegen Bleckmann, S. 95. Letzlich zum gleichen Ergebnis führt auch die von Kopp unter Ablehnung der Interessentheorie befürwortete sog. Sonderrechtstheorie, vgl. Kopp, VwGO, Anm. 11 zu § 40.

53 Vgl. Zuleeg, S. 51: „Es ist schlecht vorstellbar, daß der Hoheitsträger dem Bürger zuerst hoheitlich gegenübertritt und als Übergeordneter einen Verwaltungsakt erläßt, um sich dann in derselben Angelegenheit zur Durchführung des Verwaltungsaktes auf den Boden des Privatrechts zu begeben."

54 Zuleeg, S. 47.

55 Vgl. zu diesem Problem Bleckmann, S. 89 ff., 117 ff.

genau in ihr Gegenteil verkehrt. Die Zweistufenlehre erfüllt derzeit alle Voraussetzungen, den gerichtlichen Rechtsschutz durch Aufgliederung ein und desselben Rechtsvorgangs in verschiedene Rechtswege zu erschweren und in seiner Effektivität zu hemmen[56].

Überhaupt vermögen heute Argumente des gerichtlichen Rechtsschutzes für eine Daseinsberechtigung der Zweistufentheorie in keiner Weise mehr zu zählen[57]. Mit zunehmendem Fortschritt und steigender Verfeinerung und Differenzierung auf dem Gebiet des öffentlichen Rechts wuchsen mehr und mehr auch die rechtsstaatlichen Sicherungen der Individualrechtssphäre, wie die Konzeption der Grundrechte deutlich beweist. Im übrigen vermag heute die Findung von Recht und Gerechtigkeit angesichts der im Verfassungs- und Verwaltungsprozeß weithin ausgeprägten Inquisitionsmaxime in viel höherem Maße als möglich erscheinen als in einer prinzipiell von der Dispositionsmaxime ausgehenden relativen Ziviljurisdiktion.

c) Das Subventionsverhältnis als rein öffentlich-rechtliches Rechtsverhältnis

Hatten die Erfahrungen gezeigt, daß weder die rein privatrechtliche noch die zweistufig gemischte Konstruktion entsprechend der Lehre von *Ipsen* die im Rahmen von Subventionen auftretenden Rechtsfragen vollends zu klären vermochten, da zum einen auf die Dauer Zweckmäßigkeits- und Praktikabilitätserwägungen den rechtssystematischen Überlegungen nicht mehr standhalten konnten[58], zum andern mit diesen Theorien ein wirksamer Rechtsschutz des einzelnen gegen die Verwaltung nicht herzustellen war, so muß der noch verbleibenden Alternative zur Klärung der zwischen subventionierendem Hoheitsträger und Subventionierten entstehenden Probleme, nämlich der rein öffentlich-rechtlichen Betrachtungsweise, schon heute eine aussichtsreiche Zukunft

---

[56] Siebert, Festschrift, S. 238; Haas, DVBl. 1960, S. 303 ff.; Schlichter, DVBl. 1966, S. 738 ff., 739; Bethge, JR 1972, S. 139 ff., 142 f. Erörterungen, ob diesem Dilemma seitens des Gesetzgebers de lege ferenda dadurch wirksam begegnet werden kann, daß die Rechtswegfrage nur noch in erster Instanz zur Diskussion gestellt werden darf oder dem zuerst angegangenen Gericht kraft Sachzusammenhangs eine umfassende Zuständigkeit einzuräumen ist, erübrigen sich wohl am besten, indem man von der Zweistufentheorie endgültig Abstand nimmt und eine andere Rechtsform der staatlichen Subventionierung zugrunde legt, vgl. 1. Kap. II. 2. c) cc).

[57] Die Zweistufenlehre dient allenfalls dem Drittschutz, vgl. Bleckmann, S. 89.

[58] Dieses Moment übersieht offensichtlich Götz, S. 61, wenn er ausführt: „Solange diese Rechtsbeziehungen (Vergabe öffentl. Kredite u. Übernahme öffentl. Bürgschaften) nicht durch Gesetz oder andere Rechtsnormen aus dem Privatrecht herausgenommen und öffentlich-rechtlich geordnet sind, ist das Verhältnis zwischen Kreditgeber (Bürgen) und Kreditnehmer (Bürgschaftsschuldner) privatrechtlich."

prognostiziert werden[59]. Inspiriert durch eine in der Schweiz seit langer Zeit auf der Basis des öffentlichen Rechts geübten und allein zu befriedigenden Ergebnissen führenden Subventionspraxis läßt sich im deutschen Rechtsleben ein zunehmender Trend zu einer rein öffentlichrechtlichen Auffassung[60] des Subventionsverhältnisses nicht mehr leugnen, zumal bei dieser Betrachtungsweise gerade die Probleme nicht auftreten, welche sowohl die Wissenschaft wie die Rechtsprechung vor schier unlösbare Aufgaben gestellt haben. Die Eingruppierung der Wirtschaftssubventionen als Instrument der Wirtschaftspolitik in den Bereich des öffentlichen Wirtschaftsrechts förderte immer mehr die Erkenntnis, daß durch die Subventionierung zwischen dem Staat und dem Antragsteller Beziehungen geschaffen werden, in deren Verlauf die öffentliche Hand nicht als Fiskus an der Verwaltung von Finanzvermögen beteiligt ist, sondern in ihrer spezifischen Eigenschaft als im öffentlichen Interesse handelnder und primär Ziele der Wirtschaftssteuerung erfüllender Hoheitsträger[61].

Mit der Feststellung, daß das öffentliche Recht heute subventionäre Dauerschuldverhältnisse ebenso wie einmalig temporäre Beziehungen in jeder Hinsicht tauglich zu regeln in der Lage ist, ist freilich über die Modalität der öffentlich-rechtlichen Gestaltung noch keine Aussage getroffen, nachdem sich als Ausführungsmodus der Verwaltungsakt in gleicher Weise wie der verwaltungsrechtliche Vertrag anbietet. Diese Frage ist deshalb innerhalb der öffentlich-rechtlichen Theorie auch der strittige Punkt geblieben. Bei näherer Analyse der hierzu vertretenen Lehrmeinungen eröffnen sich dem Betrachter dabei alle drei logisch denkbaren Variationsmöglichkeiten.

aa) Das subventionäre öffentlich-rechtliche Leistungsverhältnis auf der Grundlage eines Verwaltungsakts

Nach einer subtilen Auseinandersetzung und Sondierung rechtssystematisch unbefriedigender Konstruktionsformen versucht *Zuleeg*[62] zwar zunächst das Subventionsverhältnis mit dem Rechtsinstitut des verwaltungsrechtlichen Vertrages in Berührung zu bringen, läßt diesen aber daran scheitern, daß im Regelfall der Subventionierung für den Gesichtspunkt der — wenn auch nur beschränkten — Gestaltungsfreiheit

59 Vgl. Kopp, VwGO, Rz. 20 zu § 40 und Bleckmann, S. 96.

60 So insb. Haas, DVBl. 1960, S. 307; Schaumann, JuS 1961, S. 111; Menger, VerwArch Bd. 62 (1961), S. 315; Maunz, BayVBl. 1962, S. 3; Eyermann / Fröhler, VwGO, § 40 Rz. 46; Rüfner, S. 330; ebenso BVerwG, Urteil vom 31. 8. 1961, BVerwGE 13, S. 47 und Urteil vom 23. 1. 1962, BVerwGE 13, S. 307.

61 A. A. dennoch Meister, DVBl. 1972, S. 593 ff., obwohl das BVerwG in E 31, S. 279 sowie der HessVGH, Urteil vom 6. 9. 1967, DVBl. 1968, S. 259 ausdrücklich hierauf hingewiesen haben.

62 Zuleeg, S. 59 f., 61 f.

und dem Gedanken der Koordination als angebliches Essentiale des verwaltungsrechtlichen Vertrags kein Raum mehr bliebe[63]. Nach seiner Auffassung handelt es sich deshalb bei den Subventionen generell um rein öffentlich-rechtliche Leistungsverhältnisse auf Grund Verwaltungsakts[64].

bb) Der verwaltungsrechtliche Vertrag als Gestaltungsform des Subventionsverhältnisses

So bedeutend dieser Versuch *Zuleegs* war, die öffentliche Subventionierung in den Blickpunkt einer rein öffentlich-rechtlichen Betrachtungsweise zu rücken, so konnte seine Lösung zunächst nicht überzeugen, solange man noch von der überholten Annahme ausging, daß das Wirtschaftsrecht der Leistungsverwaltung seiner Natur nach mehr Koordinations-, denn Subordinationsrecht sei, daß es deshalb zu verzerrt wirkenden Lösungen führen müsse, wenn zwischen Verwaltung und Bürger ein Verwaltungsakt geschaltet würde[65]. Die Modalität eines verwaltungsrechtlichen Vertrags zur Erfassung des gesamten Subventionsbereichs hat allerdings innerhalb der Wissenschaft und Rechtsprechung zunächst nur wenig Anklang gefunden[66]. Vielmehr standen Lehre und Judikatur einer Einführung dieses Rechtsinstituts in das Subventionsrecht ablehnend gegenüber, wenngleich innerhalb der modernen Rechtstheorie hinsichtlich der Zulässigkeit des verwaltungsrechtlichen Vertrags weitestgehend Einigung bestand. In der Tat mußte vom Standpunkt dieser Lehre aus der verwaltungsrechtliche Vertrag im Subventionsrecht so lange suspekt erscheinen, als man bestrebt war, das *gesamte* Subventionsverhältnis mit ihm konstruktiv zu erfassen. Nur für den Fall einer fehlenden normativen oder unvollkommen normierten Re-

---

[63] Aus diesem Grund verwirft Giacometti, S. 448 prinzipiell den verwaltungsrechtlichen Vertrag außerhalb ausdrücklicher gesetzlicher Ermächtigung.

[64] Auch in der höchstrichterlichen Rechtsprechung des Bundesverwaltungsgerichts finden sich vereinzelt Entscheidungen, in denen die Subventionsvergabe als reiner Verwaltungsakt qualifiziert wurde, vgl. z. B. Urteil vom 31. 8. 1961, BVerwGE 13, S. 47 ff. oder Urteil vom 28. 6. 1968, JZ 1969, S. 69 f. Daß sich allerdings für einmalig temporäre Beziehungen (z. B. Gewährung eines — verlorenen — Zuschusses) die Rechtsform des Verwaltungsakts geradezu anbietet, sollte selbstverständlich sein, vgl. Jarass, JuS 1980, S. 115 ff., 117 sowie Bleckmann, S. 86 (mit entsprechenden Nachweisen).

[65] Vgl. Krüger, DVBl. 1955, S. 451 f.

[66] Einen einheitlichen verwaltungsrechtlichen Vertrag für die gesamte Subventionierung bejahen Baur, JZ 1963, S. 44 und Imboden, ZSR 77, S. 160 a ff. sowie Kopp, VwGO, 21 Anh. zu § 42 mit Nachweisen. Diese Auffassung verdient auch aus einem anderen Aspekt besondere Beachtung: Das BVerwG (Urteil vom 13. 2. 1976, DÖV 1976, S. 353) und das OVG Münster (Urteil vom 25. 1. 1977, DVBl. 1977, S. 903) negierten infolge Bestehens eines die Subventionsparteien in toto verbindenden Verwaltungsvertrags die Zulässigkeit des nichtgesetzesakzessorischen Leistungsbescheides. Dies war für Menger, VerwArch Bd. 69 (1978), S. 93 ff. Grund genug, im Subventionsrecht eine einheitliche Gesamtregelung durch öffentlich-rechtlichen Vertrag zu befürworten.

gelung bei verlorenen Zuschüssen hielt man eine vertragliche Ausgestaltung für unbedenklich[67]. Dieselbe Tendenz war auch dann zu beobachten, wenn die öffentliche Hand im Verein mit dem Bürger einmal beim Eingehen des Subventionsverhältnisses einverständlich die Konditionen festlegte[68]. Sobald aber der Hoheitsträger — wie im Regelfall — ausschließlich seine Bedingungen einseitig diktierte, mußte dieser öffentlich-rechtliche Vertragstypus versagen.

Die gegen die Einführung des verwaltungsrechtlichen Vertrages in den staatlichen Subventionsbereich vorgetragenen Einwände können selbst bei Zugrundelegung der herkömmlichen Doktrin einer kritischen Untersuchung nicht standhalten. Sie fordern deshalb ganz entschieden zum Widerspruch heraus.

Der Ansatz für eine Kritik hat zunächst bei der These anzusetzen, daß eine verwaltungsvertragliche Subventionierung nur dann bejaht werden könne, wenn ein beiderseitiger Parteiwille das Rechtsverhältnis gleichermaßen konstitutiv mitgestaltet hat, wofür allerdings allein die Möglichkeit des privaten Vertragspartners, Wünsche und Anregungen vorzubringen, als nicht ausreichend zu qualifizieren sei[69]. Diese Behauptung leidet insbesondere daran, daß sie lediglich den Idealfall des Vertragsrechts schlechthin auf der Basis einer beiderseits voll gewährleisteten Abschluß- und Gestaltungsfreiheit als alleinige Ausgangsgrundlage kontraktlich zulässiger Beziehungen gelten läßt. Keiner würde heute in Kreisen der Jurisprudenz noch ernsthaft Gehör finden, verneinte er den Vertragscharakter einer Rechtsbeziehung mit dem Hinweis, daß die volle Gestaltungsfreiheit eines Kontrahenten weitestgehend eingeschränkt war. Die ständige Rechtsprechung der Zivilgerichte zu den Allgemeinen Geschäftsbedingungen und die von ihnen bis an die Grenze der Sittenwidrigkeit für rechtmäßig befundenen einseitig diktierten Klauseln im Wirtschaftsleben[70] kennzeichnen deutlich die augenblickliche Lage der Einflußnahme an Gestaltung wirtschaftlich ungleicher Partner[71].

---

[67] Vgl. Ipsen, Subventionierung, DVBl. 1956, S. 605.

[68] Ein solcher Sachverhalt lag den Urteilen des BVerwG vom 19. 12. 1958, DVBl. 1959, S. 573 und des OVG Saarland vom 6. 5. 1959, DÖV 1959, S. 708 zugrunde. Dies sind aber gerade die atypischen Fälle.

[69] Die Gleichheit an Einflußnahme der Partner als Voraussetzung des verwaltungsrechtlichen Vertrags hat schon Apelt, Vertrag, S. 55 f. eindrucksvoll widerlegt.

[70] Eine Vergleichsbasis ist dadurch geschaffen, daß auf verwaltungsrechtliche Verträge die Grundsätze des zivilrechtlichen Vertragsrechts subsidiäre Anwendung finden, vgl. § 62 Satz 2 VwVfG sowie die Nachweise bei Kopp, VwVfG, Vorbem. 11 vor § 54.

[71] Die Schutzgrundsätze des neuen AGB-Gesetzes v. 9. 12. 1976 (BGBl. I, S. 3317) gelten nach § 1 Abs. 1 nur für Allgemeine Geschäftsbedingungen und nicht für Individualvereinbarungen, für die dach der weiterhin geltenden

Man braucht zur Erhärtung dieser Erkenntnis nicht sehr weit auszuholen, um die obige These zu widerlegen: Zwei Beispiele echter zweiseitiger synallagmatisch konzipierter Vertragsbeziehungen des Zivilrechts, welche de facto soziale Abhängigkeitsverhältnisse verkörpern, mögen genügen, zu beweisen, wie prinzipiell andersartig die beiderseitige Ausgangsposition und folglich die Mitwirkungschance bei Vertragsabschluß häufig ist, deren Wirksamkeit aber niemand bestreitet.

Angesichts der in den verschiedenen Bundesländern bestehenden Wohnungsknappheit haben sich die Balancen im Miet- und Wohnrecht zugunsten des Vermieters so weit verschoben, daß dem Mieter auch nicht nur ein Restgehalt an Gestaltung verblieb. Seine Vertragsfreiheit besteht heute vielfach nur noch ausschließlich in der Abschlußfreiheit, wenngleich selbst diese häufig noch fragwürdig ist. Ein anderer Typus einer getarnten koordinationsrechtlichen Beziehung begegnet im Arbeitsrecht. Sogar in Zeiten der normalen Wirtschaftslage läßt die latent drohende Gefahr rezessionsbedingter Arbeitsplatzverringerung die beiderseitigen Positionen im Verhältnis der Subordination erscheinen. War es nicht gerade *Nipperdey* in seiner Funktion als damaliger Präsident des Bundesarbeitsgerichtes, der dieses Phänomen als erster erkannte, und konsequenterweise aus dem Gedanken, daß dem Bürger nicht erlaubt sein könne, was dem Staate verwehrt ist[72], für die These der unmittelbaren Drittwirkung der Grundrechte auch im Privatrechtsverkehr plädierte[73].

Nach der derzeitigen Rechtslage[74] bestehen gegen die Ausgestaltung des Subventionsverhältnisses in der Rechtsform des verwaltungsrechtlichen Vertrages selbst dann nicht die geringsten Bedenken, wenn man den öffentlich-rechtlichen Subventionsvertrag insgesamt als subordinationsrechtlichen Verwaltungsvertrag begreift[75]. Vielmehr enthält das Vertragsrecht alle Möglichkeiten funktionsgerechter Rechtsformen zur Bewältigung subventionsrechtlicher Probleme.

Rechtsprechung allein die weniger einschränkenden Bestimungen der §§ 134, 138 BGB in Betracht kommen.

72 Argumentum: Maius minus continet.

73 Zur besonderen Bedeutung der aktuellen Verfassungsrechtsgeltung innerhalb des Arbeitsrechts, vgl. Küchenhoff, Festschrift, S. 317 ff.; hins. der eminenten Bedeutung der Drittwirkungslehre in bezug auf die Wirtschaftspolitik, vgl. Schmidt, Wirtschaftspolitik, S. 245 f.

74 Insbesondere seit Inkrafttreten des Verwaltungsverfahrensgesetzes (BGBl. I, S. 1253; zul.g. 2. 7. 1976, BGBl. I, S. 1749) zum 1. 1. 1977, zumal § 54 VwVfG sowohl den koordinations- wie den subordinationsrechtlichen Verwaltungsvertrag regelt, vgl. Kopp, VwVfG, Anm. 17 zu § 54 und Eichler, VwVfG, Anm. zu § 54.

75 Vgl. Bleckmann, S. 122.

cc) Die Subventionierung nach der gemischt-rechtlichen Theorie

Die konstruktive Erfassung des Subventionsverhältnisses in der Form des Verwaltungsvertrages mag einer Verwaltung, die einerseits eine sich mehr und mehr differenzierende Gegenwart zu betreuen hat und die zum anderen für eine Zukunft Vorsorge treffen muß, deren pluralistische Gesellschaft sie in erhöhtem Umfange mit der Bewältigung ihrer Probleme konfrontieren wird, gewiß ein brauchbares und zuweilen notwendiges Instrument zu bieten. Diese Überlegungen waren sicher auch dafür ausschlaggebend, daß der verwaltungsrechtliche Vertrag im Subventionsrecht Eingang gefunden und dort in der Tat seine Bewährungsprobe bestanden hat. Gleichwohl darf nicht übersehen werden, daß der Vertrag im Verwaltungsrecht insbesondere dann, wenn mit ihm nichtgesetzesakzessorische Lebenssachverhalte erfaßt werden sollen, ein Quantum an illegaler Funktion besitzt, zumal die Verwaltung den Vertrag als das technische Mittel schätzt, sogar bei gesetzlich ausdrücklich normierten Sachbereichen flexiblen Vereinbarungen im Einzelfall den Vorrang einzuräumen[76].

Eine wirklich befriedigende Lösung der potentiellen Ausgestaltungsart einer Subventionierung kann nur dann gefunden werden, wenn sich ihr Ansatzpunkt prinzipiell von dem Faktum bestimmen läßt, zwischen dem Akt der Subventionsgewährung und dem sich daran anschließenden Vollzugsgeschäft eine deutliche Differenzierung vorzunehmen[77]. Nur so vermag das Recht mit der Subventionswirklichkeit in Einklang zu stehen. Erst dann wird nämlich offensichtlich, daß sich das Stadium, in welchem die primäre Rechtsbeziehung zwischen dem Staat und dem Subventionierten begründet wird, in keiner Beziehung von dem Vorgang unterscheidet, wo jemand öffentliche Fürsorge beantragt[78]. Die über den Antrag des Bürgers seitens der Verwaltungsbehörde ergehende stattgebende bzw. ablehnende Entscheidung genügt allen an einen Verwaltungsakt zu stellenden Anforderungen[79]. Die Besonderheit

---

[76] Vgl. Renck, NJW 1970, S. 737 ff.

[77] So zutreffend Henze, S. 19, 43 ff.; Maunz / Dürig, GG-Komm., Art. 1 Abs. 3 Rz. 137. Bleckmann, S. 87 ff., hat zudem zu Recht darauf hingewiesen, daß die Interessen des Dritten — ungeachtet der Annahme eines privatrechtlichen oder eines öffentlich-rechtlichen Vertrages bzgl. des sekundären Erfüllungsgeschäftes — nur dann hinreichend geschützt sind, wenn diesen Verträgen ein Verwaltungsakt vorgeschaltet wird.

[78] Vgl. Eyermann / Fröhler, VwGO, § 40 Rz. 45.

[79] Vgl. hierzu die Legaldefinition des Verwaltungsaktes zum einen in der Verordnung Nr. 165 für die britische Zone v. 15. 9. 1948 (VOBl. BZ 1948, S. 263), zum anderen in der ab 1. 1. 1977 geltenden Fassung des § 35 VwVfG. Diese Auffassung kann heute als die h. M. bezeichnet werden, vgl. insb. die sorgfältige Zusammenstellung betr. Begriff des Verwaltungsaktes, Merkmale, Beispiele bei Kopp, VwGO, Anh. zu § 42; ders., VwVfG, Anm. 21 zu § 35 sowie Eyermann / Fröhler, VwGO, Rz. 44, 45 zu § 42.

eines solchen Verwaltungsakts besteht in der Qualifikation als ein Rechtsgeschäft, mit welchem die Verwaltungsbehörde ein Verwaltungsrechtsverhältnis zu dem Betroffenen verbindlich festlegt, begründet, verändert oder aufhebt[80]. Eine derartige Äquivalenz im Ergebnis ist unabhängig davon, ob eine etwaige positive Entscheidung über einen Fall normativer Subventionierung durch verlorenen Zuschuß, d. h. einer Beziehung nur vorübergehender Art ergeht bzw. ob sie eine nichtgesetzesakzessorische Dauerbeziehung, wie sie etwa eine Darlehenshingabe oder eine Bürgschaftsübernahme darstellt, entstehen läßt oder im Fall eines negativen Bescheids die Entstehung eines Subventionsrechtsverhältnisses überhaupt verhindert[81].

Hat die Subventionsbehörde den Antrag unter den Voraussetzungen geprüft, unter denen dem Petenten die Subvention in bestimmter Form zu gewähren ist oder doch gewährt werden kann, so legt sie zugleich einseitig autoritär in ihrem positiven Bescheid die Konditionen für die Gewährung der Mittel fest, ohne dem privaten Empfänger — so jedenfalls im Regelfall — auch nur eine geringe Mitwirkungs- und Gestaltungschance zu belassen. Derartige Klauseln samt Auflagen, die gewöhnlich den Subventionszweck sicherstellen wollen, sind zweifellos die hoheitlich diktierte conditio sine qua non der staatlichen Subventionsvergabe überhaupt. Selbst ein nach außen gezeigter mangelnder Wille des Bewerbers, auf diese Bedingungen einzugehen, wäre irrelevant, nachdem die Behörde in diesem Stadium allein durch einseitigen Akt entscheidet.

In Kreisen der Befürworter einer öffentlich-rechtlichen Theorie begegnete lange Zeit die mögliche Gestaltungsform des sekundären Erfüllungsgeschäftes Schwierigkeiten, sofern man zutreffend von einem zweiaktigen Subventionstatbestand ausging. Der Versuch von *Maunz*[82], diese Phase in das Gewand des verwaltungsrechtlichen Vertrags zu kleiden, fand nicht den Widerhall, den diese Ansicht an sich verdient hätte[83]. Eine ähnliche Richtung hatte schon früher *Stern*[84] eingeschlagen, wenn er ausführt: „Der Abschluß öffentlich-rechtlicher Verträge im Bereich der Subventionsverwaltung scheint jedoch dann denkbar, wenn es sich nicht um die (subordinationsrechtlich zu entscheidende) Bewilligung einer Subvention handelt, sondern um mehr technisch-zweckmäßig zu lösende Fragen ihrer Auskehrung, der Zahlungsmodalitäten und der-

80 Siehe Salzwedel, Lehre vom Verwaltungsakt, S. 197 ff., 199.

81 So der BGH im Urteil vom 16. 12. 1971, DVBl. 1972, S. 613 im Einklang mit der h. M.; a. A. Meister, DVBl. 1972, S. 593 ff.

82 Maunz, BayVBl. 1962, S. 1 ff., 3.

83 Auch Zuleeg, S. 11 f., 62 hat die aus Verwaltungsakt und verwaltungsrechtlichem Vertrag gemischte Theorie sehr treffend erkannt und diese in seine Betrachtung miteinbezogen.

84 Stern, JZ 1960, S. 562.

gleichen. Hier kann man koordinationsrechtliche Beziehungen annehmen ... Für die auf dem Boden der Überordnung zu treffende Entscheidung, ob überhaupt subventioniert werden kann und darf und wer als Subventionsempfänger in Frage kommt, ist der Verwaltungsakt nicht nur das sinnvollere und bessere, sondern auch das rechtsstaatlich gebotene Gestaltungsmittel."

Unter dem Aspekt der sich aus Verwaltungsakt und verwaltungsrechtlichem Vertrag zusammensetzenden Theorie von *Maunz* und *Stern* können gegen den Subventionsvollzug auf der Basis des verwaltungsrechtlichen Vertrags nicht einmal die früher gehörten Bedenken mehr angemeldet werden, da hier zweifellos die Voraussetzungen echter zweiseitiger kontraktlicher Koordination gegeben sind. Auch vermag diese Lehre am meisten den Interessen beider Subventionspartner gerecht zu werden: Indem der Hoheitsträger zunächst unbeeinflußt von dem jeweiligen Antragsteller allein die Bedingungen für die Unterstützung festlegt, ist eine ziel- und systemkonforme Vergabe wirtschaftspolitischer Mittel mit hoher Wahrscheinlichkeit gewährleistet. Diese Überlegung wird noch dadurch untermauert, daß diesbezügliche Klauseln generell für die einzelnen Subventionstypen zur Wahrung des Gleichheitssatzes festgelegt werden können. Geht es dagegen um die außerhalb dieser Festlegungen regelungsbedürftigen Punkte des Vollzugsakts, so bietet der verwaltungsrechtliche Vertrag hierfür alle Voraussetzungen für kontraktliche Vereinbarungen. Dies ist insbesondere dann von Vorteil, wenn im Einzelfall schwierige und verwickelte Fragen einer sinnvollen Regelung bedürfen.

Zum anderen ist nach dieser Betrachtungsweise auch der Rechtsschutz des Bürgers auf optimale Weise sichergestellt, da seine Klage, ganz gleich ob sie gegen den Verwaltungsakt erster Stufe oder gegen den nachfolgenden Vertrag gerichtet ist, nach § 40 Abs. 1 VwGO als nicht anderweit bundesgesetzlich zugewiesene öffentlich-rechtliche Streitigkeit nichtverfassungsrechtlicher Art einheitlich den Weg zu den allgemeinen Verwaltungsgerichten eröffnet[85].

Die häufig gehörte Kritik, daß die Verwaltung durch den Vertrag in nicht ungefährliche Bindungen gezwängt werde, konnte bereits auf Grund der bislang unbestrittenen und herrschenden Meinung hinsichtlich der Anerkennung einer ausgedehnten Anwendbarkeit der aus dem Zivilrecht übernommenen clausula rebus sic stantibus für den Verwal-

[85] Die Subventionierung auf der Grundlage eines Verwaltungsakts als Begründungsmoments und eines nachfolgenden ö.-r. Vertrags bejahte auch der BGH mit Urteil vom 12. 10. 1971, DVBl. 1972, S. 611, indem er den aus dem Vertrag erwachsenen Streit der Parteien auf den Verwaltungsrechtsweg verwies, insoweit im Gegensatz zur Auffassung der Vorinstanz, die an der Zweistufentheorie festgehalten hatte.

tungsvertrag nicht aufrechterhalten werden[86]. Verträge im Verwaltungsrecht sind jeweils auf der Grundlage eines konkludenten Vorbehalts des Inhalts, daß sich die bestehenden Verhältnisse nicht wesentlich ändern, abgeschlossen[87]. Der Behörde ist es daher bei einer Veränderung der Umstände und auch zwecks Verhütung wie Beseitigung schwerer Nachteile für das Gemeinwohl jederzeit möglich, den Vertrag an die geänderten Verhältnisse anzupassen oder ihn durch einseitige Erklärung aufzukündigen.

86 Apelt, Vertrag, S. 217 ff.; W. Jellinek, S. 254.

87 Vgl. hierzu nunmehr die ab 1. 1. 1977 gültigen normativen Bestimmungen der §§ 59, 60 VwVfG, die praktisch nur deklaratorisch den Stand der bislang h. A. im Verwaltungsrecht widerspiegeln.

Zweites Kapitel

Verfassungsdirektiven der staatlichen Subventionierung nach dem Bonner Grundgesetz

I. Verfassungsaussagen zur Zulässigkeit und Zuständigkeit im Hinblick auf die Vergabe staatlicher Subventionen

1. Verfassungsrechtliche Legitimation der staatlichen Subventionsvergabe

Das Bonner Grundgesetz enthält positiv keine Ermächtigungsgrundlage, welche staatliche Maßnahmen der Wirtschaftslenkung in der speziellen Form der Subventionierung erlaubt. Die Ursachen hierfür liegen einerseits darin, daß der Gesetzgeber bislang noch keine Wirtschaftsverfassung kodifiziert hat, aus der alleine sich die Frage der Zulässigkeit der staatlichen Subventionsvergabe von selbst beantworten würde. Andererseits sind diese in der weitgehenden Zurückhaltung des Grundgesetzes zu Fragen der Wirtschaftsgestaltung, ferner in dem fehlenden Bekenntnis des Grundgesetzes zu einem bestimmten Wirtschaftssystem und einer bestimmten Sozialordnung i. S. einer sozialen Marktwirtschaft sowie in der wirtschaftspolitisch neutralen Grundgesetzkonzeption begründet[1]. Deshalb erscheint es auch durchaus nicht selbstverständlich, daß der Staat von sich aus ein Recht zur Subventionsvergabe hat.

Staatliche Subventionen gab es aber bereits seit dem Beginn des 16. Jahrhunderts als Mittel einer merkantilistischen Wirtschaftspolitik und sie erwiesen sich auch später als ausgeprägtes Mittel zu Maßnahmen der Wirtschaftslenkung und des Wirtschaftsinterventionismus, so daß heute trotz des Fehlens einer ausdrücklichen Regelung im Grundgesetz von der grundsätzlichen Zulässigkeit der staatlichen Subven-

[1] Vgl. BVerfGE 4, S. 18; 7, S. 400; 12, S. 363. Die seit dem Investitionshilfeurteil des BVerfG die Praxis beherrschende These von der wirtschaftspolitischen Neutralität des Grundgesetzes bedingt eine zur fortdauernden Verwirklichung des sozialen Rechtsstaatsgedankens unabdingbare Gestaltungsfreiheit des Gesetzgebers, vgl. Badura, AöR Bd. 92, S. 382; ders. in von Münch, Bes. VerwR, S. 261 ff.

tionierung ausgegangen werden kann. Auch lassen einige Artikel des Grundgesetzes erkennen, daß den staatlichen Subventionsvergaben nicht der Wille des Gesetzgebers entgegensteht[2]. Wenn *Henze*[3] die Berechtigung des Bundes zur Subventionierung aus dem Gedanken der Florierung einer gesunden Wirtschaftsordnung herleitet, so verneint er dabei zu Unrecht die Existenz einer verfassungsrechtlichen Norm, die die staatlichen Leistungen rechtfertigen kann. Im übrigen wird die Notwendigkeit der Erhaltung eines gesunden Wirtschaftssystems wohl kaum für sich ein Recht zur Subventionierung begründen, zumal diese These mehr auf einem wirtschaftspolitischen Postulat als auf einer rechtlichen Erwägung beruht. Man wird der Frage nach der verfassungsrechtlichen Zulässigkeit von Subventionen deshalb nur dann näherkommen können, wenn man sich darüber Klarheit verschafft hat, daß der Verfassungsgesetzgeber mit seinem Bekenntnis zur Sozialstaatlichkeit, die er in den Art. 20 Abs. 1 GG und Art. 28 Abs. 1 S. 1 GG zu einem Fundamentalsatz der Verfassung erhoben hat, nicht nur eine leere Deklamation ähnlich einem Programmsatz, sondern einen unmittelbar rechtlich verbindlichen und aktuellen Rechtsgrundsatz in die Verfassung aufnehmen wollte, aus dem sich mittelbar auch die Frage der Zulässigkeit staatlicher Subventionierung beantworten läßt[4].

Das Bundesverwaltungsgericht hat in seinen Urteilen vom 21. 3. 1958[5] und 19. 12. 1958[6] die Zulässigkeit des Staates zu sozialgestaltender Staatstätigkeit und Maßnahmen der Subventionierung unter anderem aus dem Wesen des Sozialstaats abgeleitet. Diese Urteile verdienen uneingeschränkt Zustimmung, soweit sie in prononcierter Form gleichsam deklaratorisch der Tatsache Ausdruck verleihen, daß das Bekenntnis des Grundgesetzes zur Sozialstaatlichkeit nicht mehr nur ein Verfassungsprogramm ohne Aktualisierung wie ehedem, sondern eine unmittelbar rechtlich verbindliche Entscheidung enthält. Während nämlich zur Zeit der Weimarer Verfassung die Aufgaben der Sozialpolitik allein in der Sicherung eines existentiellen Minimums des einzelnen lagen[7], auf das aber kein Rechtsanspruch bestand[8], hat man nach 1949 mit Rücksicht auf das Sozialstaatsprinzip einen Rechtsanspruch allgemein bejaht[9]. Zu

---

[2] Vgl. etwa die Bestimmungen der Art. 74 Nr. 11 und 17, 91 a, 104 a GG.

[3] Henze, S. 23.

[4] Diese Auffassung entspricht der h. M. Eine davon abweichende Ansicht vertritt Forsthoff, VVDStRL 12, S. 8 ff. (27 f., 36). Nach ihm bedeutet das Bekenntnis der Verfassung zum Sozialstaat allein eine an das Ermessen gerichtete und für die Gesetzesauslegung verbindliche Staatszielbestimmung.

[5] BVerwGE 6, S. 282 ff., 287 = NJW 1958, S. 1153 ff. = DÖV 1959, S. 706.

[6] NJW 1959, S. 1098 ff. = DVBl. 1959, S. 573 ff.

[7] Vgl. Art. 151 Abs. 1 der Weimarer Verfassung.

[8] Vgl. die Fürsorgepflichtverordnung v. 13. 2. 1924 (RGBl. I, S. 100).

[9] Das BSHG v. 18. 9. 1969 (BGBl. I, S. 1688) i. d. F. der Bekanntmachung v.

überlegen bleibt allerdings, welchen Inhalt die Sozialstaatsklausel ihrem Wesen gemäß verkörpert.

Während das Grundgesetz in Art. 20 Abs. 1 GG den Ausdruck „sozialer Bundesstaat“, dagegen in Art. 28 Abs. 1 S. 1 GG den Begriff „sozialer Rechtsstaat“ wählt und damit das Bekenntnis zum Sozialstaat in einer sprachlich und logisch nicht gerade glücklichen Weise vornimmt, was darüber Unklarheit geschaffen hat, ob die Sozialstaatlichkeit nur einen programmatischen Grundgedanken enthält oder eine für alle staatlichen Organe verbindliche Staatszielbestimmung realisiert bzw. ob mit dieser Terminologie ein innerer Zusammenhang zwischen Sozialstaatlichkeit, Bundesstaatlichkeit und Rechtsstaatlichkeit hergestellt werden soll, lassen auch hier die Länderverfassungen klar erkennen, daß es sich bei dem Bekenntnis zur Sozialstaatlichkeit um eine Synthese von der Achtung der Menschenwürde mit dem Gedanken des Gemeinwohls handelt[10]. In der Tat kommt also dem Verfassungsauftrag der Sozialstaatlichkeit unbestrittenermaßen[11] die Funktion der Gestaltung des ökonomischen und menschenwürdigen Daseins[12] sowie die Aufgabe zu, den einzelnen in seiner Freiheit vor materiell-existentieller Not zu sichern[13]. Diese Aufgabe zeigt sich vor allem in der nunmehr anspruchsbegründenden[14] Wirkung des Sozialstaatsprinzips, die von der Erwägung ausgeht, daß hier das Schwergewicht auf die konkrete Situation des Einzelmenschen gelegt ist[15]. Zu diesen sozialen und nützlichen Leistungen gehören auch die Subventionen[16].

Art. 20 GG konkretisiert damit Art. 1 Abs. 1 GG, dem das Grundgesetz eine überragende Stellung als tragendes Konstitutionsprinzip und Ausgangspunkt allen objektiven Rechts einräumt[17] und der deshalb die Annahme rechtfertigt, daß nach dem Verständnis des Grundgesetzes der Staat um des Menschen willen da ist und nicht der Mensch um des Staates willen geschaffen wurde. Um nun die nach Art. 1 Abs. 1 GG ob-

13. 12. 1976 (BGBl. I, S. 289, ber. BGBl. I, S. 1150) normiert in § 4 Abs. 1 S. 1 ausdrücklich einen Rechtsanspruch auf Sozialhilfe.

10 Vgl. z. B. Art. 3 BayVerf., Art. 27 HessVerf., Art. 1 Abs. 2, 26 B.-Württ.-Verf.

11 Seit den Referaten von Forsthoff und Bachof auf der Bonner Staatsrechtslehrertagung 1953 zum Thema „Begriff und Wesen des sozialen Rechtsstaats“, VVDStRL 12.

12 BVerfGE 40, S. 121 ff., 133.

13 Diese Interpretation erfüllt teilweise den Art. 22 der „Allgemeinen Erklärung der Menschenrechte“ der Vereinten Nationen und Art. 1 - 10 der Europäischen Sozialcharta.

14 Vgl. zum Problem Starck, JuS 1981, S. 237 ff., 240 ff. und Bleckmann, S. 33 ff.

15 Vgl. dazu Marcic, S. 417.

16 Vgl. Bachof, VVDStRL 12, S. 55 und Forsthoff, Lehrbuch, Vorb. zu § 20.

17 BVerfGE 6, S. 32 ff., 36.

liegende Schutzpflicht zu erfüllen, kommt einem sozialen Staat die Aufgabe zu, die oftmals gegenläufigen Interessen der Bürger in gleichem Umfang auszugleichen und auf sie Rücksicht zu nehmen. Weiterhin spezifiziert Art. 20 GG den Art. 2 Abs. 1 (allgemeines Grundrecht der freien Persönlichkeitsentfaltung[18]), Art. 2 Abs. 2 (Recht auf ökonomische Existenz[19]), Art. 3 (Grundrecht der Gleichheit, aus dem sich eine verfassungsrechtliche Pflicht zur Subventionierung ergibt[20]), Art. 12 (Grundrecht der Berufsfreiheit), Art. 14 (Eigentumsgarantie) und Art. 15 (Vergesellschaftung von Grund und Boden, Naturschätzen und Produktionsmitteln).

Der Sozialstaatsauftrag tendiert auf eine soziale Gerechtigkeit und verkörpert jenes Verteilungsprinzip, das jeder Schicht oder Gruppe in der Bevölkerung die ihr zukommenden Rechte einräumt, insbesondere die wirtschaftliche und kulturelle Lebensfähigkeit auf einem angemessenen Niveau[21]. Der Begriff „sozial" verweist auf den Vorgang des Teilens, Verteilens und Zuteilens[22], oder anders ausgedrückt läßt sich die Sozialstaatsklausel in bezug auf das Problem der gesamten Subventionswirtschaft mit der von *Carl Schmitt* geprägten Formel „Nehmen, Teilen, Weiden" verstehen[23]. Unter einem sozialen Staat muß man deshalb einen Staat begreifen, der die wirtschaftliche bzw. kulturelle Unterdrückung oder schwere Benachteiligung einer Schicht oder Gruppe ablehnt, bekämpft und zu beheben sucht. Um nun diese Ziele der Sozialpflichtigkeit zu verwirklichen, muß man dem Staat auf Grund des Sozialstaatsprinzips eine sozialordnungsgestaltende Berechtigung und Befugnis einräumen, Leistungen in Form von Subventionen zur Sicherstellung einer angemessenen Existenz des Staatsbürgers zu erbringen[24].

Kann somit festgestellt werden, daß sich die verfassungsrechtliche Zulässigkeit der Subventionsvergabe aus der Sozialstaatlichkeit ergibt, wenn auch nur in Form einer nicht konkretisierten Globalermächtigung, dann ist die Frage nach der Zulässigkeit des Staates zur Subventionierung beantwortet. Damit ist aber noch keine Aussage darüber getrof-

---

18 Art. 2 Abs. 1 GG begründet keinen Anspruch des einzelnen gegen den Staat auf allgemeine Leistungen bzw. angemessene Versorgung, da Art. 2 Abs. 1 GG im status negativus angesiedelt ist, vgl. BVerfGE 1, S. 97 (Leitsatz 4) und Ossenbühl, NJW 1976, S. 2105 ff., 2107.

19 Art. 2 Abs. 2 GG beinhaltet das Recht auf ökonomische Existenz insofern, als das Existenzminimum gewährleistet sein muß, vgl. BVerwGE 1, S. 159, 162.

20 Ein Recht auf Subventionen gewährt die Verfassung mit Ausnahme von Art. 3 GG nicht, vgl. v. Münch, AöR Bd. 85, S. 270 ff., 287.

21 So Maunz, Wirtschaftsverwaltungsrecht, S. 704 f.

22 Vgl. Forsthoff, VVDStRL 12, S. 25 (jedoch einschränkend S. 84).

23 C. Schmitt, S. 489 ff.

24 Vgl. Forsthoff, Verfassungsprobleme, S. 10.

fen, welchen Umfang die Ermächtigung aus dem Verfassungsauftrag der Sozialstaatlichkeit hat. Festzuhalten ist jedenfalls, daß sich dieser angesichts der Vielzahl der nicht vorhersehbaren Fälle, die eine Unterstützung rechtfertigen, aus der Sozialzielbestimmung des Art. 20 GG nicht ergeben kann. Des weiteren ist zu bedenken, daß auch das reichlich strapazierte[25] Sozialstaatsprinzip keine unbeschränkte Ermächtigung zur Gestaltung der Wirtschaftsordnung verleiht, da diese sonst das Gleichheitsgebot auflösen würde[26].

Um nun einen faßbaren Gehalt von Mittel und Ausmaß der zulässigen Subventionierungsmaßnahmen zu gewinnen, muß man die soziale Bindung und die individuelle Freiheit durch die den sozialen Rechtsstaat begründenden Verfassungssätze in eine angemessene Relation setzen, und insbesondere der Auslegung der im Grundgesetz aufgeführten wirtschaftlichen Grundrechte nach Maßgabe der Sozialstaatlichkeit die entscheidende Bedeutung zuerkennen. Weiterhin ist es notwendig, dem staatlichen Subventionieren durch das als naturrechtlicher Grundsatz entwickelte[27] Subsidiaritätsprinzip[28] die Verfassungsgrenzen aufzuzeigen. Die Annahme einer zu weitgehenden Zulässigkeit der Subventionierung i. S. einer zu Unrecht verstandenen Gemeinwohlförderung würde leicht Gefahr laufen, das gesunde Wirtschaftsbild durch inflationäre Zustände bzw. einer Zentralverwaltungswirtschaft zu erset-

---

[25] Vgl. Gerber, AöR Bd. 81, S. 1 ff., 34 ff., 40 ff.; Scheuner, VVDStRL 11, S. 21; ders., DÖV 1956, S. 65 ff., 70.

[26] Maunz, Wirtschaftsverwaltungsrecht, S. 704 f.

[27] Vgl. Isensee, S. 12. Wolff (VerwR III, § 138 II, 3. Aufl. 1973) interpretierte das Subsidiaritätsprinzip als allgemeinen Rechtsgrundsatz aus dem von ihm eingeführten Begriff des Rechtsprinzips und bezeichnete es als Bestandteil des Rechtsstaatsprinzips der Art. 20, 28 GG. Zur sedes materiae des Subsidiaritätsprinzips grundsätzlich, vgl. insb. Zuck, S. 50 ff. und S. 55 ff. seine Kritik an den bestehenden Auffassungen. Ferner Isensee, S. 264 ff.

[28] Vgl. zum Begriff und zum Problem u. a.: Herzog, S. 399 ff.; v. Münch, JZ 1960, S. 303 ff.; Link, S. 12; Zuck, S. 2 ff.; Isensee, S. 14 ff.; zutr. ders., S. 276: „Das Subsidiaritätsprinzip erzwingt, daß die für den Bürger bequeme Lösung staatlicher Subvention grundsätzlich unzulässig ist, wo Selbsthilfe möglich ist, denn das Leitbild ist die eigenverantwortliche mündige Persönlichkeit, deren Initiativfreudigkeit gefördert werden muß und die nicht zur Rentnermentalität korrumpiert werden darf, wenn der Sozialstaat nicht die Quelle seiner eigenen Leistungskraft versiegen lassen will."

Zur abschließenden Klärung der entscheidenen Frage nach dem verfassungsrechtlichen Regulativ des Verhältnisses von Staat und Gesellschaft entsprechend der Rangordnung der Werte hat auch das sog. Jugendwohlfahrtsurteil des 2. Senats des Bundesverfassungsgerichts vom 18. 7. 1967 (E 22, S. 180 ff.) nicht beigetragen. Das höchste Verfassungsgericht erwähnte nicht mit einem Wort das Subsidiaritätsprinzip, auch dort nicht, wo es auf die entsprechenden Argumente der Beteiligten eingegangen ist (vgl. E 22, S. 209) und hat letztlich die bestehende Kontroverse innerhalb der rechtswissenschaftlichen Diskussion nicht entschärft. Diese weise Zurückhaltung erklärt sich wohl daraus, daß die Streitfrage selbst in concreto nicht zur Entscheidung des Gerichts gestellt war.

zen. Dabei ist zu bedenken, daß es hier nicht um das Subsidiaritätsprinzip im üblichen sozialethischen Sinne, sondern um das Verhältnis von Staat und Wirtschaft und damit um ein in Art. 2 GG verankertes wirtschaftsverfassungsrechtliches Subsidiaritätsprinzip geht[29]. Weitere Verfassungsschranken ergeben sich zum einen insbesondere aus den Grundrechten[30] bzw. aus den Grundsätzen der Verhältnismäßigkeit und der Erforderlichkeit als Bestandteile der verfassungsmäßigen Ordnung[31] sowie aus der faktischen Beschränkung auf vorhandene Mittel[32], ferner aus Art. 92 EWGV, wonach Subventionen unzulässig sind, die zu einer Verfälschung[33] des Wettbewerbs innerhalb der Mitgliedstaaten führen. Schließlich ist noch Art. 4 c EGKSV zu erwähnen, demzufolge eine nationale Subventionierungskompetenz — weil kontraktwidrig — gem. Art. 5 Abs. 2 Z. 3 EGKSV unzulässig ist, da für die Beihilfevergabe nur die Instanzen der Gemeinschaft zuständig sind[34].

2. Die Gesetzgebungskompetenz für die Subventionsvergabe im Bereich von Bund und Ländern

Im geltenden Bundesverfassungsrecht existieren nur wenige Normen für den Erlaß von Gesetzen, welche sich mit der staatlichen Subventionierung Privater befassen. Gleichwohl hat das Grundgesetz den Bund umfassend mit Zuständigkeiten zu wirtschaftspolitischer Gesetzgebung ausgestattet, um innerhalb der Bundesrepublik Deutschland die Wirtschaftseinheit zu gewährleisten (Art. 72 Abs. 2 Nr. 3 GG).

Art. 74 Nr. 11[35] GG i. V. m. Art. 72 Abs. 2 GG enthält für den Bund im Rahmen der konkurrierenden Gesetzgebung zur Regelung des Rechts der Wirtschaft eine Gesetzgebungskompetenz, die zugleich die formelle Grundlage für die Bundesgesetze auf dem Gebiet der Wirtschaftsintervention darstellt[36]. Als spezielle Subventionierungszuständigkeitsbestimmung verdient ferner Art. 74 Nr. 17 GG hervorgehoben zu werden,

---

29 Stern, VVDStRL 25, S. 437.

30 Wolff / Bachof, VerwR III, § 154 III b 5.

31 Dazu grundlegend Lerche, Übermaß (1961).

32 Vgl. BVerfGE 33, S. 303 ff., 333 sowie Starck, JuS 1981, S. 237 ff., 241.

33 Vgl. auch Art. 91 EWGV, der das Dumping auf dem Gebiet der gewerblichen Wirtschaft (nicht Landwirtschaft wegen Art. 42) verbietet. Art. 91 Nr. 2 sieht als Gegenmaßnahme das sog. Redumping vor, d. h. die Wiederausfuhr der Dumping-Waren in das Dumping-Land.

34 Vgl. Urteil des Europäischen Gerichtshofs v. 23. 2. 1961, RS 30/59 (Bergmannsprämie), Bd. VII, S. 43 ff. Das Recht der Europäischen Gemeinschaft verwendet den Begriff Beihilfe (aide, aiuto, steunmaatregel) neben dem Ausdruck subvention, der auf eine französische finanzwissenschaftliche Begriffsvorstellung zurückgeht, vgl. Art. 4 c des Subventionsverbots im EGKS-Vertrag.

35 Vgl. auch Art. 74 Z. 1, 6, 7, 10, 13, 17, 19 a, 21, 22, 23 GG.

36 Hamann, DVBl. 1963, S. 486 ff.; Bellstedt, DÖV 1961, S. 162.

der dem Bund die Förderung der Landwirtschaft in Form von Subventionen zuweist. Auf Grund dieser umfassenden Subventionierungskompetenzvorschrift hat der Bund am 5. 9. 1955 das Landwirtschaftsgesetz nebst EWG-Anpassungsgesetz vom 9. 9. 1965[37] als Basis des sog. „Grünen Berichts“[38] und des „Grünen Plans“[39] erlassen, das Art und Umfang der Subventionsvergaben in der Landwirtschaft genau fixiert[40]. Des weiteren sind noch die durch das Finanzreformgesetz vom 12. 5. 1969[41] neugeschaffenen Kompetenznormen der Art. 91 a[42] und Art. 104 a GG zu erwähnen, die das Recht des Bundes begründen, den Ländern Finanzhilfen zu Subventionszwecken zu gewähren und dabei die Subventionsbedingungen festzulegen.

Außer den genannten Bestimmungen finden sich keine weiteren Bundesgesetzgebungskompetenzen für die Vergabe von Subventionen. Insbesondere kann Art. 15 GG keinesfalls als Ermächtigungsnorm zu Maßnahmen der Subventionierung herangezogen werden[43]. Das ergibt sich schon allein daraus, daß die Ausdrücke Sozialisierung und Subventionierung de facto und rein begrifflich von entgegengesetzten Prämissen ausgehen und auf Grund der zwischen beiden Begriffen bestehenden Antinomie sowohl im Ziel wie im Ergebnis zwangsläufig andere Zwecke verfolgen. Tendiert nämlich die Sozialisierung auf eine Überführung der privaten Wirtschaftsgüter in Gemeineigentum oder in andere Formen der Gemeinwirtschaft[44] durch unmittelbaren Ausspruch des Gesetzgebers zwecks Umwandlung der überkommenen Wirtschaftsstruktur, so soll mit der Subventionierung gerade die Wirkung erzielt werden, das private Eigentum durch Unterstützungsmaßnahmen in Krisenzeiten noch zu retten und zu erhalten, es dagegen in Zeiten einer Wirtschaftshochkonjunktur aus Gründen der Konkurrenzfähigkeit im Vergleich zur Vermögenslage der Konkurrenten zu nivellieren und zu fördern.

---

[37] BGBl. I, S. 1201.

[38] Vgl. § 4 LWG (BGBl. I, S. 565).

[39] Vgl. § 5 i. V. m. § 1 LWG.

[40] Vgl. hierzu vor allem das Marktstrukturgesetz v. 16. 5. 1969 (BGBl. I, S. 423).

[41] 21. Gesetz zur Änderung des Grundgesetzes (BGBl. I, S. 359).

[42] Als wichtiges zu Subventionierungen global ermächtigendes Bundesgesetz ist das gem. Art. 91 a GG ergangene Gesetz zur regionalen Wirtschaftsförderung v. 6. 10. 1969 (BGBl. I, S. 1861) hervorzuheben.

[43] So aber Ipsen, Öfftl. Subv. Privater, S. 13; vgl. jedoch dens. einschränkend in VVDStRL 25, S. 293: „Daß aber Art. 15 GG im Konfliktfall für gesetzgeberische und wirtschaftspolitische Erwägungen eine Art Rangordnung der Subventionswürdigkeit abgeben kann, sollte ihm (jedenfalls) schon entnommen werden“.

[44] Unter Gemeinwirtschaft versteht man die Unterstellung der wirtschaftlichen Unternehmen unter die öffentliche Wirtschaftsplanung, die eine weitere private Initiative unmöglich macht.

Neben den Gesetzgebungskompetenzen des Bundes bestehen im Bereich der staatlichen Wirtschaftspolitik noch zahlreiche Bestimmungen in den Länderverfassungen, die den Bereich der lenkenden Staatstätigkeit weit differenzierter und ergiebiger regeln als das Grundgesetz. Zu nennen sind — um nur einige Beispiele aufzuzählen[45] — vor allem die Art. 28 der Verfassung von Nordrhein-Westfalen, Art. 39 Abs. 1 der Bremer Verfassung, Art. 51 Abs. 2 der Verfassung von Rheinland-Pfalz sowie Art. 152 der Bayerischen Verfassung, der von einer geordneten Herstellung und Verteilung der wirtschaftlichen Güter durch den Staat ausgeht. Diese Kompetenzverteilung zur Gesetzgebung im Bereich der Wirtschaftslenkung gewährleistet dennoch eine einheitliche Ausgestaltung zu Maßnahmen der Wirtschaftspolitik trotz der nicht ausschließlichen Bundeszuständigkeit im Subventionsbereich, da die Wirtschaftsverfassung des Bundes für die Wirtschaftsverfassung der Länder oberste Richtschnur und unüberschreitbare Grenze ist[46].

3. Die Verwaltungskompetenz für die Subventionsvergabe im Bereich von Bund und Ländern

Nach den Art. 30, 83 - 85 GG ist die verwaltungsmäßige Gewährung der Subventionen auch beim Vollzug der bundesgesetzlich geregelten Subventionierungen Länderangelegenheit[47], sofern sich nicht der Bund in analoger Anwendung des Art. 87 Abs. 3 S. 1 GG die Verwaltungskompetenz auf Grund eines Gesetzes vorbehalten hat[48]. Für den letzteren Fall existiert dann in den Bereichen, in denen der Bund kraft eines Bundesgesetzes bundeseigene Verwaltungsträger für die Subventionsvergabe ernannt hat, keine ländereigene verwaltungsmäßige Subventionszuständigkeit mehr.

---

[45] Vgl. die sorgfältige Zusammenstellung bei Hamann, S. 25 f.

[46] Im übrigen darf nicht übersehen werden, daß den landesverfassungsrechtlichen Kompetenzbestimmungen in praxi nicht allzu große Bedeutung zukommt, vgl. Hamann, S. 23 ff.

[47] Im Fall des § 104 a Abs. 3 GG bestimmt sich die Art der Ausführung der Bundesgesetze durch die Länder nach dem Ausmaß der Finanzverantwortung. Die Länder führen die Gesetze entsprechend Art. 85 GG dann im Auftrag des Bundes aus, wenn der Bund die Hälfte der Ausgaben oder mehr trägt (Art. 104 a Abs. 3 S. 2 GG). Art. 84 GG hingegen ist dann einschlägig, d. h. die Bundesgesetze werden durch die Länder als eigene Angelegenheit vollzogen, wenn diese die Finanzierungsmasse der Subventionen stellen.

[48] Weitere Ausnahmen können sich ferner (vgl. hierzu das sog. Fernsehurteil des 2. Senats des Bundesverfassungsgerichts v. 28. 2. 1961 — E 12, S. 205 ff., 246 ff. —) aus den ungeschriebenen Regeln des Bundesverfassungsrechts (ungeschriebene Verwaltungszuständigkeiten kraft Sachzusammenhangs oder aus der Natur der Sache) ergeben. Von besonderer Bedeutung für den Sektor der subventionierenden Öffentlichen Hand ist hierbei die Bundeskompetenz aus der Natur der Sache (vgl. BVerfGE 12, S. 205 ff., 251 f. sowie insb. E 22, S. 180 ff., 215 f. und den Postarbeiterbeschluß des 2. Senats des BVerfG v. 10. 5. 1960, E 11, S. 89 ff., 98 f.).

Der Bund hat aber von der Möglichkeit, für Angelegenheiten, welche seiner Gesetzgebungskompetenz unterliegen, selbständige Bundesoberbehörden und neue bundesunmittelbare Körperschaften und Anstalten des öffentlichen Rechts zu errichten, verhältnismäßig wenig Gebrauch gemacht[49], so daß vorwiegend die Länder im Bereich des Subventionswesens die Verwaltungsträger darstellen. So beweist auch die Subventionspraxis, daß die Länder vielfach in eigener Angelegenheit die Subventionsgesetze des Bundes vollziehen. Die Verwaltungszuständigkeit des Bundes beschränkt sich dann in der Regel nach Art. 84 GG meist nur in einem Aufsichtsrecht.

Ein Musterbeispiel dafür bildet die Subventionsvergabe im Rahmen des „Grünen Plans“ gemäß den §§ 5, 1 LWG. Die Subventionierung selbst erfolgt in landeseigener Verwaltungszuständigkeit, wobei für die Gewährung der Aufforstungsbeihilfen zur Förderung forstlicher Vorhaben die Richtlinien des Bundesministers für Ernährung, Landwirtschaft und Forsten im Rahmen der Maßnahmen zur Verbesserung der Agrarstruktur vom 23. 12. 1962 i. d. F. vom 8. 1. 1964 gelten, die nicht nur die materiellen Voraussetzungen der Subventionsvergabe, sondern auch das Verfahren hierfür regeln. Auf Grund dieser Bundesrichtlinien, dessen Abs. 1 von Nr. 4 Verfahrensbestimmungen enthielt und mit Erlaß vom 8. 1. 1964 ersatzlos gestrichen wurde, bestimmte das Bayer. Staatsministerium für Ernährung, Landwirtschaft und Forsten mit Entschließung vom 25. 3. 1964 ergänzend das Landwirtschaftsamt als kompetente Subventionsvergabebehörde.

In der Vielzahl der nichtgesetzesakzessorischen Subventionsvergaben beziehen und erfüllen die Länder ihre Verwaltungskompetenz aus dem Verfassungsauftrag des Art. 30 GG, der sowohl für die gesetzesakzessorische wie für die „gesetzesfreie“ Erfüllung staatlicher Aufgaben gilt[50]. Da nun Art. 30 GG auch ungeschriebene Kompetenzen des Bundes aus der Natur der Sache zuläßt, muß diese Art der Bundeskompetenz durch den Gesetzgebungskatalog der Art. 73 ff. GG limitiert sein; denn die Verwaltungskompetenz des Bundes kann nicht weiter reichen als seine Gesetzgebungskompetenz[51], wobei darauf hinzuweisen ist, daß neben den geschriebenen Gesetzgebungszuständigkeiten des Bundes keine ungeschriebenen Gesetzgebungszuständigkeiten existieren.

Wenn demgegenüber das Bundesverwaltungsgericht[52] und der VGH Kassel[53] eine Verwaltungskompetenz für die nicht gesetzlich determi-

[49] Maunz / Dürig, GG-Komm., Art. 87 Rz. 75 ff., 89.

[50] BVerfGE 12, S. 205 ff., 246.

[51] BVerfGE 12, S. 205 (s. Leitsatz 5: „Nach der Systematik des Grundgesetzes bezeichnet die Gesetzgebungskompetenz des Bundes die äußerste Grenze für seine Verwaltungsbefugnisse“.).

[52] VerwG, Urteil vom 19. 12. 1959, NJW 1959, S. 1098 ff.

nierten Subventionsvergaben infolge des Schweigens des Gesetzgebers aus Art. 74 GG abgeleitet haben, so scheint diesen Gerichten entgangen zu sein, daß Art. 74 GG überhaupt nur eine Gesetzgebungskompetenz zu wirtschaftspolitischen Maßnahmen, niemals aber eine Ressortkompetenz begründen kann[54].

Als Ergebnis läßt sich bereits schon jetzt festhalten:

Die Tatsache, daß man heute dennoch nur auf eine verhältnismäßig geringe Anzahl von Subventionsgesetzen sowohl des Bundes als auch der Länder zurückblicken kann, ist weniger in der bundesstaatlichen Kompetenzverteilung noch in der mangelnden Gesetzgebungskompetenz der zuständigen Organe begründet als vielmehr darin, daß man einen nicht unerheblichen Teil der Wirtschaftsverwaltung der verwaltungsinternen Regelungsvollmacht der Exekutive in Gestalt von Richtlinien und ähnlichen Verwaltungsvorschriften überlassen zu müssen glaubt. So wird ein entscheidender Teil der staatlichen Wirtschaftspolitik funktionell der Regierung zugewiesen und das Parlament allein auf ein Aufsichtsrecht beschränkt. Wichtige Gebiete des Wirtschaftsrechts, wie die Wirtschaftsplanung und die Konjunkturpolitik, werden somit unter Berufung auf naturbedingte und sachlogische Gegebenheiten primär zur Realisierung und Konkretisierung dem Aufgabenbereich der Regierung überantwortet. Die Verwaltung fungiert in weiten Bereichen praktisch als Gesetzgeber.

Die gegenwärtige Subventionspraxis fordert deshalb zu einer kritischen Untersuchung der nichtgesetzesakzessorischen, häufig allein in der Rechtsform der Planung agierenden Wirtschaftsverwaltung auf dem Boden von Verwaltungsvorschriften unter verfassungsrechtlichen Aspekten heraus, zumal hiermit das Problem gestellt ist, ob ehemals notwendige, heute aber längst überkommene Instrumente der Exekutive zur Zeit der konstitutionellen Monarchie der Aktualisierung einer modernen Wirtschaftspolitik und -verwaltung überhaupt noch dienen können oder ob ein demokratischer und sozialer Rechtsstaat hierfür nicht andere Mittel fordert.

---

53 VGH Kassel, Urteil vom 21. 12. 1956, ESVGH 6, S. 231 ff.

54 Wie alle Bestimmungen der Art. 70 ff. GG, die im VII. Abschnitt des Grundgesetzes unter der Überschrift „Gesetzgebung des Bundes“ stehen.

II. Verfassungsschranken der staatlichen Subventionierung nach der traditionellen Lehre vom Gesetzesvorbehalt

1. Die Fondswirtschaft und Fondsverwaltung als Vorläufer der heutigen Subventionsverwaltung

Nach Vorbild und in Analogie der sogenannten Fondswirtschaft und der sich als Sonderform der Bewirtschaftung von Haushaltsmitteln in Verfolgung wirtschafts- und sozialpolitischer Ziele darstellenden Fondsverwaltung, die ohne einer vom Gesetzgeber geschaffenen Ermächtigung nach Maßgabe verfügbarer Haushaltsmittel finanzielle Hilfen allein aus den für diesen Zweck bereitgestellten Fonds gewährte[55], scheint sich heute bei den derzeit von Bund und Ländern zahlreich verteilten Subventionen im Fall der Bewirtschaftung präsenter Haushaltsmittel durch die Exekutive eine gewisse Parallelität anzubahnen. In gleicher Weise nämlich, wie die Fondsverwaltung und Fondswirtschaft heute trotz ihrer von Verfassungsprinzipien weit entfernten Schöpfung der Staatspraxis als bedeutendes Instrumentarium und Mittel nichtgesetzesakzessorischen Administrierens nun einmal Verfassungswirklichkeit ist, die angeblich normativ nicht mehr eingefangen werden kann[56], soll diese Entwicklung auch für die administrative Subventionspraxis richtungsbestimmend sein. Diese Überlegung beruht jedoch auf einem Trugschluß.

Wenn man heute die nichtgesetzlich geregelte Fondswirtschaft, der begriffsnotwendig dem allgemeinen Etat gegenüber separate und verselbständigte Fonds als Sondervermögen zugrunde liegen und deren Verteilung nur ausnahmsweise eine Fondsverwaltung notwendig macht, als vorkonstitutionelles Relikt in der Form der herkömmlichen Prägung hinzunehmen bereit ist, weil sie sich im Einklang zur Auffassung der traditionellen Doktrin von der Kompetenzzuweisung des Budgets als reine Verwaltungsangelegenheit unter Beachtung der sich aus dem Haushaltsplan ergebenden Zweckbindungen für praktikabel erwiesen hat und auch während der Weimarer Verfassung als Finanzierungskompetenz des Reiches zu öffentlichen Aufgaben, zu denen auch Subventionierungsmaßnahmen zwecks Wahrnehmung reichswichtiger Aufgaben zählten, kraft ungeschriebenen Rechts anerkannt wurde, dann heißt das nichts anderes, als daß allein Praktikabilitätserwägungen gegenwärtig die Realität dieses Verwaltungszweigs beherrschen, deren Faktizität außerhalb der positiven Gesetzmäßigkeit steht. Mögen also bei einer solchen Betrachtung der Fondsverwaltung die Überlegungen

[55] Vgl. zur Komplementärerscheinung der budgetrechtlichen Einnahme- und Ausgabenseite bei Gründung eines neuen Fonds im vorigen Jahrhundert M. v. Heckel, S. 197.

[56] Vgl. Rupp, NJW 1966, S. 1097.

eine Rolle gespielt haben, daß überkommene, heute nicht mehr verfassungskonforme Verwaltungspraktika keinesfalls als rechtswidrig qualifiziert werden dürfen, zumal das geltende Verfassungsrecht auch heute keineswegs von dem Prinzip einer streng gesetzesakzessorischen Verwaltung ausgeht, so lassen selbst die Befürworter[57] dieser Auffassung keinen Zweifel offen, daß die sich in progressiver Aufblähung befindliche Fondsverwaltung eindeutig die heutige Verfassungsrechtslage unterwandert, wobei insbesondere das EWG-Recht[58], das unbelastet aller verfassungsgeschichtlicher Traditionen die Fondsverwaltung neuerdings praktiziert, diese Entwicklung gefördert hat.

Während die bisherigen Verfassungsbestimmungen hinsichtlich des Sondervermögens des Bundes überhaupt nichts besagten und das früher in Art. 110 GG noch streng gehandhabte Annuitätsprinzip, wonach einschlägige Vorhaben alljährlich neu zu bewilligen waren, der Kontinuität der Fondsverwaltung, die regelmäßig längerfristige Planungen zum Inhalt hat, keinesfalls förderlich war, hat im Zuge der Finanzreform das 20. Gesetz zur Änderung des Grundgesetzes[59] vom 12. 5. 1969 gegenüber dem früheren Zustand als Änderungen u. a. die Klarstellung bezüglich der für Sondervermögen geltenden Ausnahmen vom haushaltsrechtlichen Einheits- und Vollständigkeitsgrundsatz sowie eine Auflockerung des Jährlichkeitsgrundsatzes bewirkt. Aber selbst durch die Aufweichung des traditionellen Annuitätsprinzips wird der Fondsverwaltung nicht gedient sein, zumal Art. 110 Abs. 2 S. 1 GG am Trennungsprinzip für die einzelnen Rechnungsjahre festhält und deren Improvisationen deshalb weiterhin spekulativ sein müssen, da sie regelmäßig auf einer fluktuierenden Wirtschaftsentwicklung und auf Schätzung basieren[60], was im Fall einer Kürzung der verplanten Haushaltsmittel bei der Neubewilligung für das jeweilige Rechnungsjahr nach wie vor zwangsläufig und unvermeidbar die Folge politischer Auseinandersetzungen sein wird.

---

[57] Köttgen, S. 18, 35 f.

[58] Vgl. vor allem die Art. 40 Abs. 4 und 123.

[59] BGBl. I, S. 357.

[60] Gewisse Einnahmen und Ausgaben werden auch in einem modernen Wirtschaftsstaat nur im Wege der Schätzung zu ermitteln sein, wie insb. die Zuwachsrate zum Sozialprodukt. Durch die mittelfristige Finanzplanung, die gem. § 9 Abs. 3 des Gesetzes zur Förderung der Stabilität und des Wachstums in der Wirtschaft v. 8. 6. 1967 (BGBl. I, S. 582, zul.g. 18. 3. 1975, BGBl. I, S. 710) jährlich der Entwicklung anzupassen und fortzuführen ist, ist jedoch eine konkretere Basis für künftige Planungen geschaffen. Die neue Regelung macht eine längerfristige Finanzplanung möglich, zumal § 9 StabG ebenso wie die §§ 50 ff. HGrG eine fünfjährige Finanzplanung der Haushaltswirtschaft zugrunde legen, vgl. dazu Möller, StabG, 1. Aufl. 1968, S. 122 ff.

Die durch Art. 110 Abs. 1, 2. Hs. GG neu eingeführte Regelung, wonach bei Sondervermögen nur die Zuführung oder die Ablieferung im Haushaltsplan eingestellt zu werden braucht, brachte allerdings nur Licht in das Dunkel einer bisher uneinheitlichen haushaltsrechtlichen Behandlung des Sondervermögens. Während früher nach § 5 Abs. 4 LAG alle veranschlagten Einnahmen und Ausgaben des Ausgleichsfonds in einer Anlage zum Haushaltsplan nachzuweisen waren und somit vom Parlament bewilligt werden mußten, galten für die Bundesbahn und Bundespost Sonderbestimmungen hinsichtlich der Aufstellung ihrer Haushalte. So war nach § 17 Postverwaltungsgesetz[61] vom 24. 7. 1953 der Voranschlag der Bundespost nur dem Bundestag zur Kenntnis vorzulegen. In gleicher Weise bestimmte § 30 Abs. 4 Bundesbahngesetz[62] vom 13. 12. 1951, daß der Haushalt der Bundesbahn nicht durch Gesetz des Bundes, sondern — wie im Falle der Bundespost — unter Zugrundelegung des damals geltenden Art. 110 Abs. 4 GG durch Beschluß des zuständigen Verwaltungsrats aufzustellen sei. Nach § 7 des Gesetzes zur Verwaltung des ERP-Sondervermögens[63] vom 31. 8. 1953 und nach § 4 Abs. 3 S. 1 des Gesetzes über Bildung und Verwaltung eines Sondervermögens für berufliche Leistungsförderung in der Wirtschaft[64] war für alle Einnahmen und Ausgaben des Sondervermögens im Einvernehmen mit den jeweils beteiligten Bundesministerien ein Wirtschaftsplan aufzustellen, der in Einnahmen und Ausgaben auszugleichen war.

Mit der Feststellung des neueingeführten Art. 110 Abs. 1, 2. Hs. GG, daß die separate Haushaltsführung der Sondervermögen nicht dem Grundsatz der Haushaltseinheit widerspricht und der Bestimmung des § 110 Bundeshaushaltsordnung[65] vom 19. 8. 1969, wonach aus Gründen einer nach Einnahmen und Ausgaben des Haushaltsplans unzweckmäßigen Wirtschaftsführung der Fonds ein Wirtschaftsplan aufgestellt werden kann, ist allerdings nur den Gesichtspunkten der bisherigen Praxis weitestgehend Genüge getan. Zwar ist damit zugleich die Entscheidung darüber gefallen, daß die Fondsverwaltung haushaltsrechtlich anders als die Subventionsverwaltung zu behandeln ist. Unbeantwortet blieb indes auch weiterhin die Frage, inwieweit ein Wirtschaftsplan die Funktion einer Ermächtigungsnorm übernehmen könne. Vielmehr haben deren Aufgabe in der Praxis regelmäßig die Dotationsauflagen zu erfüllen, die besagen, daß die Fonds nur für einen bestimmten Zweck, nur innerhalb einer bestimmten Zeit, für bestimm-

---

[61] BGBl. I, S. 676. Vgl. hierzu die §§ 15 ff.

[62] BGBl. I, S. 955. Vgl. hierzu die §§ 28 ff.

[63] BGBl. I, S. 1312.

[64] Leistungsförderungsgesetz v. 22. 4. 1965 (BGBl. I, S. 341).

[65] BGBl. I, S. 1284, zul.g. 23. 12. 1971, BGBl. I, S. 2133.

te Personen und unter bestimmten Voraussetzungen verwendet werden dürfen.

Subventionierungsmaßnahmen lassen sich heute in den meisten Fällen allein auf einen Ansatz im Haushaltsplan zurückführen. Diese Form der Begründung konnte als Rechtfertigung eines historischen Phänomens, das Subventionsvergaben den Fondszuweisungen in ihrer Funktion nahezu gleichsetzte, noch akzeptiert werden. Nachdem aber das Subventionswesen heute — im Gegensatz zur Fondsverwaltung — auf Grund seiner spezifisch wirtschaftslenkenden und konjunkturpolitischen Intention eine ungeahnte Bedeutung erlangt hat und auch das Haushaltsgesetz sowie der Haushaltsplan auf Grund der Notwendigkeit einer neuen staatsrechtlichen Betrachtung, bedingt durch den Wandel der Verfassungsstruktur, einer veränderten Bewertung zu unterwerfen sind, ist die Diskussion bezüglich der Vereinbarkeit exekutiver Subventionierung allein auf der Basis der Bereitstellung verplanter Mittel im Haushalt mit dem Verfassungsgrundsatz der positiven Gesetzmäßigkeit nicht mehr zur Ruhe gekommen.

2. Der Vorbehalt des Gesetzes im Bereich der subventionsgewährenden Verwaltung

a) Der Vorrang des Gesetzes (negative Gesetzmäßigkeit)

Vom Vorbehalt des Gesetzes zu trennen und nicht zu verwechseln ist das Prinzip der negativen Gesetzmäßigkeit, der Vorrang des Gesetzes. Dieser Grundsatz ist in Art. 20 Abs. 3 GG ausdrücklich niedergelegt und beinhaltet die dem (formellen) Gesetz eigentümliche Überlegenheit im hierarchischen Gesetzesaufbau der Bundesrepublik gegenüber allen Akten einer rangniedrigeren Normstufe. Des weiteren enthält er neben seiner Derogationsfunktion auch das Verbot des Handelns contra legem, d. h. kein Verwaltungshandeln darf gegen das Gesetz oder gegen eine gesetzesgleiche Vorschrift verstoßen. Wenn und soweit nun ein Gesetz besteht, das die Materie regelt, innerhalb derer die Verwaltung handeln will, vollzieht sich die Verwirklichung der Interessen der Öffentlichkeit nur dadurch, daß das Gesetz befolgt wird. Der wertende Ausspruch des Gesetzgebers bewirkt, daß die öffentliche Verwaltungstätigkeit insofern immer Rechtspflege darstellt, als sie der Verwirklichung des positiven Rechts dient.

b) Der Vorbehalt des Gesetzes im allgemeinen nach Sinn und Zweck seiner Konzeption (positive Gesetzmäßigkeit)

Zur Kennzeichnung des Prinzips der positiven Gesetzmäßigkeit der Verwaltung hat sich heute in Rechtslehre, Rechtsprechung und Verwaltungspraxis für das gesamte Verwaltungshandeln, soweit es den Erlaß von Rechtsverordnungen oder Einzelrechtseingriffen betrifft, der von *Otto Mayer*[66] geprägte Begriff „Vorbehalt des Gesetzes" erhalten. Er besagt, daß gewisse unter dem Gesetz stehende Staatsakte bestimmten Inhalts nur dann rechtmäßig sind, wenn sie auf Grund eines Gesetzes oder durch untergesetzliche Staatsakte auf der Basis einer gesetzlichen Ermächtigung geregelt sind.

Die dogmengeschichtliche Grundlage der Lehre vom Vorbehalt des Gesetzes entstammt der naturrechtlichen Doktrin von den Menschenrechten sowie der von *Aristoteles*[67] aufgebrachten Idee der Gewaltenteilung und dem Prinzip der Volkssouveränität. Bekanntgeworden ist auch jener zu Beginn der Neuzeit geprägte Ausspruch von *Nikolaus Cusanus*[68]: „Frei ist der Mensch erst, wenn er nicht mehr Menschen, sondern den Gesetzen zu gehorchen hat[69]". Insbesondere dem staatsphilosophischen Schrifttum[70] des 17. und 18. Jahrhunderts aber war es zu verdanken, daß die Idee der „Freiheit und Eigentum"-Formel in das Verfassungsrecht und in die Verfassungswirklichkeit des deutschen Volkes eingedrungen ist[71]. Eine erste verfassungsrechtliche Niederlegung dieses Gedankens in Deutschland fand auf Grund der unermüdlichen Bemühungen des *Freiherrn von und zu Stein*[72] in der Verfassung des Herzogtums Nassau vom 1./2. 9. 1814 seinen Ausdruck, wo es in § 2 heißt: „Das Eigenthum, die persönliche Freiheit und die Verfassung betreffenden neuen Landesgesetze dürfen nicht ohne den Rath und die Zustimmung der Landstände eingeführt werden."

Von der Konzeption der „Freiheit und Eigentum"-Klausel in der Ausprägung durch Praxis und Lehre des 19. Jahrhunderts sollte jegliche Aktionsform der Verwaltung, sofern sie die Freiheits- bzw. Eigentumssphäre des Bürgers tangierte, einem förmlichen Gesetz unterstellt sein. Der historische Sinn dieser Klausel war somit, dem Bürger einen umfassenden Schutz gegenüber der Omnipotenz des Staates zu garantieren, und durch Teilhabe am Staat einen gegen eigenmächtige Ein-

[66] Vgl. O. Mayer, Verwaltungsrecht I, S. 70.

[67] Aristoteles (384 - 322 v. Chr.), Philosoph und Naturforscher der alten Griechen, stellt in seinen acht Büchern „Schriften zur Politik" das Prinzip der Gewaltenteilung vor, versteht darin jedoch lediglich ein organisatorisches Element, vgl. Störig, S. 116 ff.

[68] N. Cusanus (1401 - 1464), bedeutendster Philosoph der Frührenaissance, gilt heute als der eigentliche Begründer der neueren Philosophie.

[69] N. Cusanus in seinem bekanntesten Werk „De docta ignorantia".

[70] Vgl. John Locke (1632 - 1704), Two treatises of government (1690); Montesquieu (1689 - 1755), De l'esprit des lois (1748) — „que le pouvoir arrete le pouvoir" —; Rousseau (1712 - 1778), Discours sur les arts et les sciences bzw. Contrat social.

[71] Vgl. Rosin, S. 15 ff.; Böckenförde, Gesetz, S. 21 ff.; Jesch, S. 102 ff.

[72] Freiherr von und zu Stein (1757 - 1831).

griffe der Exekutive geschützten Individualbereich zu gewährleisten in der Form eines Mitwirkungsrechts an der Gesetzgebung, soweit sie sich auf diesen Individualbereich erstreckte[73]. Erst darin erblickte man einen wirksamen Rechtsgüterschutz. Seit der Zeit der konstitutionellen Monarchie haben sich aber die ökonomischen und politischen Verhältnisse grundlegend verändert, was einerseits die Vorstellungen der staatsbürgerlichen Freiheit gegenüber dem Staat geändert, andererseits zugleich Auswirkungen auf die Akzentuierung im Schwergewicht auf Seiten der Exekutive und der Gesetzgebung gezeigt hat.

Die Väter des Bonner Grundgesetzes scheinen indes übersehen zu haben — jedenfalls lassen die Materialien des Grundgesetzes keine dezidierte Überprüfung dieses Phänomens erkennen —, daß sich seit der Staatsauffassung des liberalen Bürgertums eine Hinwendung zu einer egalitär-sozialstaatlichen Denkweise und damit eine wesentliche Veränderung der Auffassungen über die Stellung des einzelnen zu der im Staat verkörperten Gesamtheit vollzogen hatte[74], was die Grenzen des Gesetzesvorbehalts verschoben und diesen Vorbehalt auf neue Bereiche ausgedehnt haben könnte. Der Verfassungsgesetzgeber scheint weiter die Problematik nicht erkannt zu haben, daß der existenzbegründende und der existenzerhaltende Staat der Leistungsverwaltung und Daseinsvorsorge nicht nur in die Sozialordnung, sondern auch in die persönliche Sphäre des Bürgers eingreifen kann wie ehedem der eingreifende und reglementierende Staat der klassischen Sicherheits- und Ordnungsverwaltung[75]. So blieb und bleibt mit Zunahme der leistenden Staatstätigkeit die Kernfrage bestehen, ob nur der in Freiheit und Eigentum des Bürgers eingreifende, oder auch der an den Bürger leistende Staat zwingend einer gesetzlichen Ermächtigung bedarf[76]. Bereits im Jahre 1920, d. h. in einer Zeit, in der Subventionen selbstverständlich frei von einer gesetzlichen Grundlage waren, konnte *Nawiasky*[77] feststellen, daß die herkömmliche Beschränkung des Gesetzesvorbehalts auf Eingriffe in Freiheit und Eigentum mit der heutigen rechtsstaatlichen Grundauffassung nicht vereinbar sei; sie erweise sich bei näherer Betrachtung als ein überholtes Relikt des Polizeistaates.

Die Diskussion nach Sinn und Zweck einer Untergliederung der Leistungsverwaltung mit dem Ziel der Wirtschaftslenkung unter den Gesetzesvorbehalt wurde nach dem Zweiten Weltkrieg von *Krüger*[78]

---

[73] Vgl. hierzu G. Jellinek, S. 224.
[74] BVerfGE 8, S. 167.
[75] Vgl. Kisker, NJW 1977, S. 1313 ff., 1316.
[76] Dazu im einzelnen Wolff / Bachof, VerwR III, § 154 V a; Jesch, S. 102 ff.
[77] Nawiasky, Grundgedanken, S. 107.
[78] Vgl. Krüger, VVDStRL 11, S. 137 ff., 138; ders., DVBl. 1955, S. 450 ff.

und *Köttgen*[79] wieder aufgenommen. In der Wissenschaft und in der Rechtsprechung ist bis heute noch keine klare Linie zu erkennen, so daß festzustellen bleibt, daß die von der Jurisdiktion und Literatur auf diese Frage gegebene Antwort in Ergebnis und Begründung differenziert ist wie selten bei einer verfassungs- und verwaltungsrechtlichen Problematik von Rang.

c) Die Behandlung des Gesetzesvorbehalts im Bereich der subventionsgewährenden Verwaltung durch Literatur und Rechtsprechung

aa) Materiellrechtliche Problematik

Trotz langjähriger Bemühungen und Suche nach überzeugenden Argumenten von Vertretern des staats- und verwaltungsrechtlichen Schrifttums, die sich zum einen für den Gesetzesvorbehalt im staatlichen Subventionsbereich ausgesprochen haben, zum anderen eine gesetzliche Grundlage für Subventionen entbehrlich halten, kann heute nach Gegenüberstellung des gegenwärtigen Streitstandes angesichts der von beiden Teilen vorgetragenen gewichtigen Stellungnahmen noch nicht von der Prädominanz einer Meinung gesprochen werden. Die beiderseitige Diskussion im Lichte der dogmatischen Vorbehaltsproblematik äußert sich aber nicht in kontradiktorischen Gegensätzen. Die wissenschaftliche Untersuchung konzentriert sich vielmehr auf die primäre Frage, welches Hoheitsorgan jeweils im Subventionsbereich *aus eigenem Recht* die erforderliche Grundlage für die Vergabe zu setzen hat.

Ein Teil der in der Literatur vertretenen Lehrmeinungen betrachtet den Vorhalt des Gesetzes noch ganz im Sinne der klassischen Eingriffsverwaltung und glaubt, daß das Grundgesetz mangels entgegenstehender Äußerungen die „Freiheit- und Eigentum"-Klausel ohne Vorbehalte in ihrer ursprünglichen Sinngebung übernommen habe. Die besondere Art der Subventionsverwaltung mit ihrer Richtlinienpraxis als rein begünstigende Wirkung ausstrahlendes Institut lasse sich demzufolge von der Regelung des Grundgesetzes her ohne Bedenken rechtfertigen[80]. Als Hauptargumente werden überwiegend vorgebracht, daß der Gesetzesvorbehalt für die eingreifende und leistungsspendende Verwaltung nicht gleichermaßen gelten könne und daß im Verhältnis der Exekutive zum Parlament ein verfassungsrechtlicher Vorbehaltsbereich der Verwaltung jedenfalls in der Richtung anzuerkennen sei, der Subventionsverwaltung sozusagen als „Hausgut" eine Richtlinien-

[79] Köttgen, DVBl. 1953, S. 485 ff.

[80] So insb. Peters, Festschrift, S. 206, 214; Friesenhahn, S. 239 ff., 250; Ballerstedt, S. 34 f.; Bullinger, S. 93 ff.; Ipsen, VVDStRL 25, S. 291 ff.; Eyermann, WuV 1978, S. 151 ff.; Jarass, JuS 1980, S. 117.

kompetenz mit der Maßgabe zu konzedieren, allgemeinverbindliche Normen in Form von Verwaltungsvorschriften und Richtlinien mit Außenwirkung zu erlassen[81]. Die Negation einer normativen Grundlage im Subventionsbereich erfolgt dabei nur aus der Überlegung, die Exekutive aus eigener Kompetenz, d. h. ohne eine gesetzliche Ermächtigung für berechtigt zu erklären, die jeweils von Fall zu Fall notwendigen Normen zu setzen.

Untersucht man jedoch die näheren Hintergründe dieser Literaturmeinung, so basiert deren Theorie hauptsächlich auf der Erwägung, daß einer Vergesetzlichung der modernen Leistungsverwaltung mehr oder weniger enge Grenzen gesetzt sind[82], daß deshalb eine Verweisung der Exekutive mit ihren Richtlinien auf den Weg des Art. 80 GG nicht geboten sei, weil man aus praktischen Überlegungen auf eine allgemeine Regelung durch die Verwaltung nicht verzichten könne. Die Vertreter dieser Ansicht sind sich allerdings darüber vollkommen einig, daß die Grundsätze der rechtsstaatlichen Ordnung und ihrer Fortentwicklung nebst der Wahrung der politischen Führungsaufgaben des Parlaments es erfordern, die moderne Leistungsverwaltung mit wirtschaftspolitischen Zielsetzungen zumindest de lege ferenda am Prinzip positiver Gesetzmäßigkeit zu messen und sie folglich — wenn auch nur global — gesetzlich durchzunormieren. Diesen Gedanken unterstrich insbesondere *Ipsen*[83] in seinem Grazer Grundsatzreferat über die Verwaltung durch Subventionen, als er ausführte: „Aller Erörterung der Legalitätsfrage sei indes der Satz vorangestellt, daß eine gesetzliche oder dem Art. 80 GG genügende Normierung des Subventionswesens rechtsstaatlich und demokratisch zu befördern und zu begrüßen ist, wo die Materie dies nur irgend gestattet." Aus seiner Sicht müsse man aber derzeit in Korrektur der *Laband*schen Betrachtungsweise folgerichtig dem mit dem Haushaltsgesetz zu einer rechtlichen Einheit verschmolzenen Haushaltsplan nicht nur haushaltsrechtliche Bedeutung beimessen. Dieser sei vielmehr in seiner politischen Funktion als verbindliche Richtschnur für das Verwaltungshandeln zu begreifen, so daß die Verwaltung nach der augenblicklichen Rechtslage hieraus die rechtliche Legitimation für ihr Handeln empfange[84]. Diese veränderte Auffassung habe nämlich überhaupt zu der Frage Veranlassung gegeben, ob nicht das Haushaltsgesetz als zum Erlaß von Subventionsverordnungen stillschweigend ermächtigendes Gesetz i. S. von Art. 80 Abs. 1 GG

---

81 Vgl. hierzu die Referate von Vogel, VVDStRL 24, S. 124 ff., 155, 158 ff., 165 und Herzog, VVDStRL 24, S. 183 ff., 189.

82 So Mallmann, VVDStRL 19, S. 193, 269 f.; Bachof, VVDStRL 24, S. 244 ff.; vgl. insb. Ipsen, VVDStRL 25, S. 411: „Was anderes sollte in einem Subventionsgesetz stehen?"

83 Ipsen, VVDStRL 25, S. 290.

84 Ipsen, VVDStRL 25, S. 291 ff., 292.

aufgefaßt werden könne, was weder dem Wortlaut des Art. 80 Abs. 1 GG noch dem vom Bundesverfassungsgericht im Parteifinanzierungsurteil[85] angesehenen Charakter des Haushaltsgesetzes als eines nur formellen, ausschließlich zwischen Parlament und Exekutive Rechtswirkungen erzeugenden Gesetzes zwingend entgegenstehen würde. Aus Gründen einer verfassungsrechtlichen Absicherung ihrer Theorie sieht sich diese Meinung gezwungen, die im Haushaltsgesetz ungeschriebene Ermächtigung zum Erlaß von Richtlinien mit dem Hinweis zu rechtfertigen, daß die Art. 110 ff. GG insoweit als leges speciales den Art. 80 GG verdrängen.

Auch die Rechtsprechung des Bundesverwaltungsgerichtes teilt im Ergebnis diese von einem Teil der Lehre vertretene Auffassung, demzufolge das Etatrecht des Grundgesetzes schlechthin eine besondere Ausformung des Prinzips positiver Gesetzmäßigkeit für den speziellen Fall der Leistungsverwaltung in Form der Subventionierung darstellt und wonach die in Verbindung mit der Haushaltsermächtigung administrativen Richtlinien nicht der von Art. 80 GG geforderten Legitimation unterworfen sind, nachdem diese als eine weitere zulässige Form zur Regelung der Vergabemodalitäten vom Verfassungsgesetzgeber anerkannt worden seien[86]. So stellte das Bundesverwaltungsgericht in seiner Entscheidung betreffend den Preisausgleich für Ölmühlen vom 21. 3. 1958 klar[87], daß nach seiner Auffassung für Subventionierungsmaßnahmen eine gesetzliche Ermächtigung keinesfalls zwingend sei, daß vielmehr anstelle von dieser auch jede andere parlamentarische Willensäußerung, insbesondere etwa die etatmäßige Bereitstellung der zur Subventionierung erforderlichen Mittel als eine hinreichende Legitimation verwaltungsmäßigen Handelns angesehen werden könne. Das Gericht führte weiter aus, es sei nicht einzusehen, wieso eine an Gesetz und Recht gebundene Verwaltung (Art. 20 Abs. 3 GG) unter allen Umständen zur Begründung eines Subventionsanspruches an einen Privaten einer gesetzlichen Legitimation bedürfe; vielmehr könne der Gesetzesvorbehalt für diesen Bereich nur ausnahmsweise dann gefordert werden, wenn die Subventionierung in einer untrennbaren Wechselbeziehung zu der Auferlegung von Belastungen stehe, wie etwa im Fall der Ausgleichsvergütungen und Ausgleichsabgaben. Im Urteil vom 19. 12. 1958, wo das Bundesverwaltungsgericht über vertraglich vereinbarte Subventionen der Verwaltung an bestimmte Margarinefabriken in Hessen zu befinden hatte[88], die ohne jede spezialgesetzliche Ermäch-

---

85 BVerfGE 20, S. 56 ff.

86 Urteil vom 17. 3. 1977, DVBl. 1978, S. 212 bzw. Urteil vom 26. 4. 1979, NJW 1979, S. 2059.

87 BVerwGE 6, S. 282 ff., 287.

88 NJW 1959, S. 1098 ff.

tigung gewährt waren, verwies es zur Begründung seiner Entscheidung auf das obige Ölmühlen-Urteil und erkannte erneut, daß es zur Entstehung eines Subventionsanspruches keiner gesetzlichen Grundlage bedürfe, sofern die Mittelvergabe nicht in Wechselbeziehung zu einer Belastung stünde. Seitdem hält das hohe Gericht in ständiger Rechtsprechung an seiner Auffassung fest[89]. Auch der VGH Kassel[90] und der BayVGH[91] haben sich dieser Judikatur angeschlossen.

Weiterhin steht nach der Rechtsprechung des Bundesverwaltungsgerichtes nichts dagegen, in den Richtlinien der Exekutive nicht nur Verwaltungsemanationen mit allein behördeninterner Bindungswirkung zu sehen, sondern ihnen auf Grund ihrer Außenwirkung zu Dritten, wo sie doch die materiellen Voraussetzungen für die Subventionsvergabe enthalten, echte Rechtssatzqualität zuzuweisen[92]. Mit Hilfe des Gleichheitssatzes hat bekanntlich diese Judikatur nach der gegenwärtigen Verfassungswirklichkeit im Verhältnis zu dem begünstigten Dritten außerhalb des Ermächtigungsrahmens von Art. 80 Abs. 1 GG Regelungsbefugnisse der Verwaltung sanktioniert[93], wobei als Begründung für ihre Rechtsbindung die durch die Verwaltungspraxis geschaffene Selbstbindung kraft Rechtsanwendung angeführt wurde[94]. Nachdem diese Rechtsprechung dem Bundesverwaltungsgericht immer mehr den Vorwurf der Duldung grundgesetzwidriger Usurpation einer Verwaltungsautonomie eingebracht hatte, bereicherte *Ipsen*[95] diese Problematik mit dem Hinweis, daß die Subventionsrichtlinie alle in der Subventionsverwaltung zuständigen Organe als Rechtssatz kraft Rechtserzeugung und nicht erst kraft Anwendung binde, wenn es heißt: „Mit Nachdruck sollte der Rechtsnormcharakter auch solcher genereller Ver-

---

[89] Vgl. z. B. Urteil vom 18. 10. 1960, NJW 1961, S. 137 ff., 138; Urteil vom 19. 6. 1963, DVBl. 1963, S. 859 ff.; Urteil vom 30. 10. 1963, BVerwGE 17, S. 111, 115; Urteil vom 12. 6. 1964, BVerwGE 18, S. 352 ff.; Urteil vom 15. 10. 1964, Az.: VIII C 65/64 (nicht veröffentlicht); Urteil vom 28. 6. 1965, BVerwGE 21, S. 270 ff.; Urteil vom 21. 9. 1966, BVerwGE 25, S. 72 ff., 76; Urteil vom 28. 6. 1967, BVerwGE 27, S. 245 ff.; Urteil vom 28. 6. 1968, DVBl. 1969, S. 665 ff. sowie insb. die sorgfältige Zusammenstellung dieser Entwicklung bei Sendler, WuV 1978, S. 156 ff.

[90] Urteil vom 29. 11. 1962, DVBl. 1963, S. 443 ff.

[91] Urteil vom 25. 4. 1962, BayVBl. 1962, S. 247 ff.

[92] Vgl. zu dieser Rechtsprechung Bachof, Festschrift, S. 293, 304 f.; ders., VVDStRL 24, S. 228; insb. Rupp, S. 104, 121 ff.; Selmer, VerwArch Bd. 59 (1968), S. 114 ff.

[93] Vgl. z. B. Urteil vom 18. 10. 1960, NJW 1961, S. 137; Urteil vom 30. 4. 1962, DVBl. 1963, S. 182; Urteil vom 30. 10. 1963, BVerwGE 17, S. 111; Urteil vom 25. 6. 1964, BVerwGE 19, S. 48 und seitdem in ständ. Rspr.

[94] An dieser höchstrichterlichen Judikatur hat sich bis heute nichts geändert, wie die jüngeren Entscheidungen hierzu des BVerwG vom 28. 4. 1978, NJW 1979, S. 280 f. und vom 26. 4. 1979, NJW 1979, S. 2059 f. zeigen.

[95] Ipsen, VVDStRL 25, S. 296.

haltensregeln der Verwaltung bejaht werden, die sie in anderer als der von Art. 80 GG vorbehaltenen Weise selbst erzeugt. Ihre Selbstbindung an ihre Richtlinie begründet die Subventionsverwaltung deshalb kraft ihrer Setzung, nicht erst kraft ihrer Durchsetzung ... Was diese von einer Rechtsverordnung unterscheidet, ist (allein) ihre Erzeugungsregel."

Der bisher dargestellten traditionellen Lehre und Rechtsprechung steht eine heute langsam im Vordringen befindliche, als rechtsnormative Verwaltungsrechtslehre zu qualifizierende Literaturmeinung gegenüber, die für die aktuelle Geltung des Gesetzmäßigkeitsgrundsatzes im Bereich der subventionsgewährenden Verwaltung mit unterschiedlicher Begründung eintritt[96]. Ausgehend vom Schweizer Vorbild[97], dem die ersten dogmatischen Ansätze des Subventionswesens überhaupt zu verdanken sind, und wo der Grundsatz des Gesetzesvorbehalts für das administrative Eingreifen in Freiheit und Eigentum des Bürgers auf alle anderen Verwaltungsfunktionen in konsequenter Fortführung des Gewaltenteilungsprinzips übertragen wird, stützt ein Teil der Befürworter des Gesetzesvorbehalts seine These auf Folgerungen aus der Verfassungsstruktur der parlamentarischen Demokratie[98] mit der weiteren unabdingbaren Konsequenz, daß für jedes Verwaltungshandeln ein demokratisch erzeugtes Gesetz Selbstverständlichkeit ist. Andere dagegen beziehen ihre Argumente aus dem Gedanken des Rechtsstaatsprinzips[99] sowie aus dem Gewaltenteilungspostulat[100]. Schließlich werden noch den Momenten eines effektiven Bürgerrechtsschutzes[101] und der verfassungsrechtlich verankerten Gleichheit[102] aller Staatsgenossen vorbehaltsfordernde Funktionen zugedacht.

Innerhalb dieser Lehrmeinung vertritt die wohl größte Gruppe fast einhellig die Auffassung, daß das Grundgesetz die „Freiheit- und Eigentum"-Klausel zwar formell übernommen habe, dennoch aber für den Subventionsbereich eine gesetzliche Grundlage zu fordern sei in der

---

[96] So insb. Stern, JZ 1960, S. 521 ff.; ders., DÖV 1961, S. 325 ff., 329; Giacometti, S. 18, 242 ff.; Imboden, S. 18, 41; Bellstedt, DÖV 1961, S. 161 ff.; Spanner, S. 6 ff.; Zeidler, S. 321 ff.; Ule, DVBl. 1962, S. 190; F. Mayer, Festschrift, S. 193; Jesch, S. 151 ff., 162 ff.; Rupp, S. 113 ff.; Bleckmann, S. 54 ff.

[97] Vgl. hierzu Imboden, S. 18 ff. sowie Giacometti, S. 249 ff., 251 (mit weiteren umfassenden Nachweisen).

[98] Allen voran Jesch, S. 173, 205.

[99] Rupp, S. 113 - 146; Menger, DVBl. 1960, S. 303 f.

[100] F. Mayer, Festschrift, S. 192 ff.

[101] Menger, VerwArch Bd. 52 (1961), S. 196 ff.

[102] Fleiner, S. 134 ff.; Schilling, BayVBl. 1962, S. 196; Schaumann, JZ 1966, S. 721 ff.

Erwägung, daß die Begriffe Freiheit und Eigentum angesichts der wirtschaftspolitischen und wettbewerbslenkenden Funktion gewisser Zweige der Leistungsverwaltung einem veränderten Verständnis zu unterwerfen sind, da die vom Staat geleisteten Finanzhilfen regelmäßig in einer untrennbaren Wechselbeziehung zu einer Belastung stünden[103]. Dieser insbesondere von *Imboden*[104] eingeleitete Gedanke der Interdependenz von Eingriff und Leistung, wonach im Bereich der staatlichen Interventionsverwaltung eine Begünstigung automatisch das korrespondierende belastende Element in sich vereine und folglich das Etatrecht in der jetzigen Form den notwendigen Gesetzesvorbehalt nicht ersetzen könne, sowie die von *Giacometti*[105] und *Fleiner*[106] erhobenen Postulate, die Verwaltung überhaupt nur als gesetzesvollziehendes Organ zu betrachten und ihr eine von der Verfassung und einem Gesetz unabhängige autonome Kompetenz prinzipiell abzusprechen, finden ihre Grundlage in einer extensiven Auslegung über das Wesen der Volkssouveränität und richten sich beim näheren Hinsehen gegen die traditionelle Vorbehaltslehre des deutschen Verwaltungsrechts, die im Gegensatz zur Schweizer Auffassung den Gewaltenteilungsgrundsatz nicht streng durchführt.

Nach der Rechtsprechung des VG Berlin[107] bzw. OVG Berlin[108] ist spezifisch im Fall der Pressesubventionierung eine gesetzliche Grundlage erforderlich, da hier der Gewährleistungsbereich eines Grundrechtes (Art. 5 GG) ganz besonders betroffen werde. Eine nichtgesetzliche, originär exekutive Subventionierung der Presse brächte die Gefahr mit sich, daß einseitig bestimmte (der Verwaltung genehme) Meinungen begünstigt, andere hingegen benachteiligt würden. Damit wäre aber insbesondere die institutionelle Garantie der Presse und folglich der Kernbereich der Pressefreiheit ernsthaft gefährdet[109].

Innerhalb der höchstrichterlichen Verfassungsjudikatur hat sich die Auffassung verdichtet, daß die von der konstitutionellen, bürgerlich-liberalen Staatsauffassung des 19. Jahrhunderts geprägte Formel, ein

---

103 Insb. Flehinghaus, S. 80 ff.; Badura, DÖV 1966, S. 630; Friauf, DVBl. 1966, S. 736 ff.; Pfeffer, BayVBl. 1967, S. 254.

104 Imboden, S. 18 ff.

105 Giacometti, S. 226.

106 Fleiner, S. 130 ff.

107 Urteil vom 15. 5. 1974, DVBl. 1975, S. 268.

108 Urteil vom 25. 4. 1975, DVBl. 1975, S. 905.

109 Jarass, JuS 1980, S. 115 ff., 117, der für die Vergabe von finanziellen Leistungen aus Mitteln des Haushalts keine besondere gesetzliche Ermächtigung fordert, es vielmehr für ausreichend erachtet, „wenn das Parlament irgendwie sein Einverständnis kundgetan hat", hält allerdings für den Teilaspekt der Verteilung von Pressesubventionen eine gesetzliche Grundlage für nötig, die die Vergabebedingungen regelt.

Gesetz sei nur dort erforderlich, wo „Eingriffe in Freiheit und Eigentum“ in Rede stehen, dem heutigen Verfassungsverständnis nicht mehr voll gerecht werde[110]. Spätestens seit dem Beschluß des 2. Senats vom 28. 10. 1975[111] ließ das Bundesverfassungsgericht nicht mehr den geringsten Zweifel offen, daß das Rechtsstaats- und Demokratieprinzip auch für den Bereich der leistungsgewährenden Verwaltung das Postulat enthalte, daß die grundlegenden Fragen, die den Bürger unmittelbar betreffen, durch Gesetz zu regeln seien. Welche Bereiche das im einzelnen sind, lasse sich aus Art. 20 Abs. 3 GG nicht unmittelbar erschließen. Insoweit müsse vielmehr auf die jeweils betroffenen Lebensbereiche und Rechtspositionen des Bürgers und die Eigenart der Regelungsgegenstände insgesamt abgestellt werden. Die Grundrechte mit ihren speziellen Gesetzesvorbehalten und mit den in ihnen enthaltenen objektiven Wertentscheidungen gäben dabei konkretisierende, weiterführende Anhaltspunkte.

Zusammenfassend läßt sich feststellen, daß unter den Anhängern der wissenschaftlichen Lehre darüber Einigkeit besteht, daß auch die subventionsgewährende Verwaltung zwingend einer gesetzlichen Ermächtigung bedarf, die zumindest in Gestalt einer Rechtsverordnung Inhalt, Zweck und Ausmaß der verplanten Mittel festlegen muß. Gleichwohl wollen insbesondere *Jesch*[112] und *Rupp*[113], die als führende Autoren dieser Ansicht aus dem geltenden Verfassungsrecht einen totalen Gesetzesvorbehalt für das gesamte Verwaltungshandeln folgern, die gegenwärtige subventionsbezogene Richtlinienpraxis als eine in Kauf zu nehmende Übergangslösung, über deren Laufzeit keinerlei Klarheit besteht, bis zu einer Neuregelung dieser Materie durch den Gesetzgeber hinnehmen. Damit ist aber der entscheidende Punkt erreicht, wo unter anderem Vorzeichen wiederum der Ausgangspunkt der Diskussion erreicht ist und die Verfassungswirklichkeit auf Kosten des Verfassungsrechts protektioniert zu werden beginnt.

bb) Verfahrensrechtliche Problematik

Ausgehend von der Lehre der Einheit der Staatsgewalt im gewaltenteilenden Staat und dem Erfordernis nach einer einheitlichen Ausgestaltung der Subventionsverwaltung gibt die Frage Anlaß zu einer Untersuchung und Klärungsbedürftigkeit, ob die Zuständigkeitsregelung bzw. Aufgabenübertragung für eine staatliche Maßnahme an eine Verwaltungsbehörde funktionell den Hoheitsbefugnissen der Legislative

---

[110] BVerfGE 8, S. 155 ff., 167; 40, S. 237 ff., 249.

[111] BVerfGE 40, S. 237 ff.

[112] Jesch, S. 234 ff.

[113] Rupp, S. 127 f.

oder der Exekutive originär zugeordnet ist. Mit anderen Worten, es geht um die Frage, ob im Subventionsbereich eine von der Verfassung sanktionierte nichtgesetzesakzessorische autonome Initiativ-Rechtszuständigkeit der Verwaltungsbehörden dahingehend existiert, daß das oberste Exekutivorgan befugt ist, im Rahmen seiner Richtlinienkompetenz etwa in der Form einer Ministerialentschließung die Subventionsvergabeämter als für die Entscheidung über Anträge auf Gewährung der Subvention zuständige Stelle zu bestimmen, ohne dabei Art. 80 bzw. Art. 84 oder Art. 87 GG zu verletzen. Zur verfahrensrechtlichen Problematik gehört ferner auch noch die Frage nach der ministeriellen Subventionierungskompetenz in der Richtung, inwieweit sich der Bund die Verwaltung der Subventionsmittel vorbehalten kann oder diese den Ländern überlassen muß.

Die hierauf gegebenen Antworten von seiten der Wissenschaft und Rechtsprechung sind im Ergebnis konträr wie oftmals dann, wenn zwar eine gesetzgeberische Äußerung in einem Gesetz niedergelegt ist, dieses aber nicht ohne weiteres eine ähnliche Sachlage präjudizieren kann, weil der Gesetzgeber bei Schaffung dieser Norm es versäumt hat, sich klarer auszudrücken. So gestattet Art. 87 Abs. 3 S. 1 GG, der sich allein im Grundgesetz mit der Errichtung neuer Behörden befaßt, keinesfalls zwingend die Folgerung, daß Verwaltungsaufgaben an schon bestehende Behörden nur kraft eines formellen Gesetzes übertragen werden können.

Rasch[114] hat anhand der historischen Entwicklung in Deutschland überzeugend nachgewiesen, daß das Errichten neuer Behörden und das Aufgabenverteilen an schon bestehende Behörden ehedem originär das Privileg und Hausgut der Verwaltung war. Nach seiner Auffassung können deshalb auch Bestimmungen, die eine Delegationsmöglichkeit hinsichtlich der Errichtung von Behörden der Legislative zuweisen, prinzipiell nicht erweiternd ausgelegt werden.

Maunz[115] gibt zunächst zu verstehen, daß angesichts der Weite der Begriffe „Einrichtung der Behörden" und „Verwaltungsverfahren" in Art. 84 GG zwar eine restriktive Auslegung geboten sei. Aus dem Wortlaut des Art. 84 Abs. 1 GG folgert er aber weiter, daß im Bereich der Behördeneinrichtung und des Verwaltungsverfahrens ausschließlich entweder die Länder oder der Bund regelnd eingreifen können, nicht aber die Bundesregierung durch Verwaltungsvorschriften nach Art. 84 Abs. 2 GG. Indem er den Nachweis dafür zu erbringen versucht, daß dem Gesetzgeber mit den Begriffen der Errichtung in Art. 87 Abs. 3 S. 1 GG und der Einrichtung nach Art. 84 GG eine sprachliche Ungenauig-

---

114 Rasch, VerwArch Bd. 50 (1959), S. 38 ff.

115 Maunz, in: Maunz / Dürig, GG-Komm., Art. 84 Rz. 17 - 21.

keit unterlaufen ist[116], glaubt er unter die Terminologie der Behördeneinrichtung nach Art. 84 Abs. 1 GG sowohl die Entscheidung über die Existenz als auch die über ihr näheres Aussehen subsumieren zu müssen, mit der weiteren Folge, daß der Bund durch zustimmungsbedürftiges Bundesgesetz auch zur Errichtung von Behörden im Kommunalsektor befugt ist. Da nun aber die Errichtung einer Behörde und die Zuweisung der Aufgaben wie die Abgrenzung der Zuständigkeiten so eng zusammenhängen, könne man nicht annehmen, daß das Grundgesetz sie einer differenzierenden Regelung unterwerfen wollte.

Kratzer[117], der schon frühzeitig auf den gewichtigen Unterschied der Begriffe Einrichtung und Errichtung hingewiesen hat, nachdem das Grundgesetz in mehreren Vorschriften sehr genau zwischen beiden Vorgängen differenziert[118], bejaht dagegen eine Länderzuständigkeit zur Errichtung von Behörden, da die nicht mit der Errichtung zu identifizierende Einrichtung der Behörden in Art. 84 Abs. 1 GG abschließend geregelt ist und es deshalb hinsichtlich des Tatbestands der Errichtung eines Zurückgreifens auf Art. 83 GG bedarf.

Im Gegensatz zur Vorauflage zählt jetzt auch *Hamann*[119] zu den das innere Gefüge der Behörde betreffenden Maßnahmen die Bestimmungen deren Zuständigkeit, da andernfalls die Regelung der Behördeneinrichtung als Mittel einer möglichst einheitlichen Ausführung von Bundesgesetzen weitgehend an Bedeutung verlieren würde. Aus denselben Erwägungen hält *Lerche*[120] eine durch den Wortlaut des Art. 84 GG möglicherweise gebotene enge Auslegung des Begriffs Einrichtung auf rein technische Fragen wie etwa die Art und Weise der kollegialen Ausgestaltung und ihrer personellen Besetzung für nicht mehr vertretbar, da zugunsten einer zentralen Steuerung der Begriff der Behördeneinrichtung insbesondere auf die Errichtung von Behörden einschließlich der damit verbundenen Kompetenzausstattung zu erstrecken ist.

Die verwaltungsgerichtliche Rechtsprechung, die überwiegend das Etatrecht des Grundgesetzes als eine spezielle Ausgestaltungsform des Gesetzmäßigkeitsprinzips für den Subventionsbereich betrachtet und in der Haushaltsermächtigung sowie in den in Verbindung mit ihr gesetzten Verwaltungsrichtlinien einen weiteren vom Verfassungsgesetzgeber sanktionierten, dem Gebot des Art. 80 GG nicht unterliegenden Weg zur Regelung der Vergabevoraussetzungen erkennt, glaubt aus dem Erfordernis einer einheitlich praktizierten Subventionsverwaltung als einer

---

[116] Maunz (Anm. 115), Rz. 21 im Anschluß an Schneider, AöR Bd. 83, S. 18 f.

[117] Kratzer, AöR Bd. 77, S. 266 ff. (insb. S. 268 ff.) u. DÖV 1950, S. 529 ff.

[118] So — abgesehen von Art. 84 u. 87 — in den Art. 85 I, 86 S. 2, 95 I, 96 I u. IV GG.

[119] Hamann, in: Hamann / Lenz, Grundgesetz, Art. 84 B 3.

[120] Lerche, BayVBl. 1965, S. 145 ff.

besonderen im Bundesverfassungsrecht begründeten Verwaltungsart auch an die Verfahrens- und Zuständigkeitsregelung in diesem Rahmen keine höheren Anforderungen stellen zu dürfen als an die materiellen Regelungen. Diese Judikatur, die durch den Beschluß des Bundesverfassungsgerichts[121] vom 6. 5. 1958 entscheidend genährt wurde, entspricht heute der ständigen Gerichtspraxis des BayVGH[122]. Danach sind die Verwaltungsrichtlinien des zuständigen Bundesministers an das ressortmäßige Länderorgan des Inhalts, daß dieses die mit dem Sachbereich der Subventionierung vertraute Behörde als jeweilige Mittelvergabestelle ernennen kann, aus verfassungsrechtlichen Erwägungen heraus nicht zu beanstanden. Diese der Eigenart der Subventionsverwaltung verfassungskonforme Handhabung sei aus der Notwendigkeit einer raschen Anpassung und Orientierung in Verfolgung wirtschaftspolitischer Ziele mit der exekutiven Subventionsgewährung gerechtfertigt und gestatte es, in Form von Richtlinien das Verfahren ebenso wie die Zuständigkeit an Behörden zu übertragen mit der Maßgabe, Anträge der Subventionspetenten entgegenzunehmen und diese unter Beachtung des Vorrangs der richtlinienmäßigen Regelungen zu verbescheiden.

In zwei anderen Entscheidungen stellte das Bundesverfassungsgericht klar heraus, daß Art. 30 GG ebenso wie Art. 87 Abs. 3 S. 1 GG für die gesetzesakzessorische und die gesetzesfreie Erfüllung staatlicher Aufgaben Anwendung finden, wenngleich der von Art. 30 GG normierte Grundsatz durch anderweitige Bestimmungen des Grundgesetzes wieder durchbrochen werden könne[123]. Nachdem nun der BayVGH sich diese These zu eigen gemacht hatte[124], erkannte er gerade in der vom zuständigen Bundesminister auf dem Vollzug des Bundeshaushalts gemäß den Art. 110 ff. GG richtlinienmäßig initiierten Subventionsverwaltung, die — wie im Regelfall — nach Bundesrecht zu beurteilen ist, einen Paradefall einer vom Grundgesetz gewollten und getroffenen „anderen Regelung“ i. S. des Art. 30 GG, die einmal vom Vorrang der Hoheitsrechte der Länder eine Ausnahme gestatte mit der weiteren Folge, daß auch die Art. 83 ff. GG keine Beachtung fänden. Zur Begründung dieser Entscheidung führte er weiter aus, daß hier nicht der Vollzug

---

[121] Vgl. BVerfGE 8, S. 155 ff., 163, 167. Danach enthalte das Bundesverfassungsrecht keinen allgemeinen ungeschriebenen Gesetzesvorbehalt für die Regelung des Verfahrens und der Zuständigkeiten der Verwaltungsbehörden im Bereich der leistungsgewährenden Verwaltung. Vielmehr können diese Gegenstände durch Verwaltungsvorschriften geregelt werden, soweit nicht Gesetz oder Rechtsverordnungen entgegenstünden.

[122] Vgl. bspw. den Leitsatz des Urteils vom 29. 7. 1970, BayVBl. 1971, S. 408 f.: „Bei einer materiellen Regelung im Subventionsbereich durch Richtlinien kann auch die Zuständigkeit durch Richtlinien bestimmt werden.“

[123] BVerfGE 12, S. 205 ff., 245; 22, S. 180 ff., 216.

[124] Vgl. das rechtskräftige Urteil vom 20. 7. 1967, VerwRspr. 1968, Nr. 92, S. 347 ff.

von Bundesgesetzen durch die Länder als eigene Angelegenheit, sondern allein der Vollzug von Bundesrichtlinien in Frage stünde, wenn es heißt[125]: „Erkennt aber der Bundesgesetzgeber durch die Billigung einer richtlinienmäßigen Regelung durch die Exekutive ... die Notwendigkeit einer ‚gesetzesfreien‘ Verwaltung an und läßt, wie ausgeführt, das Bundesverfassungsgericht eine solche Regelung zu, dann kann diese Entscheidung des Bundesgesetzgebers nicht durch Landesverfassungsrecht dahin abgewandelt werden, daß die ihrer Verwirklichung dienende Regelung der Bundesregierung ... im Ergebnis in einen materiellen, nicht gesetzesakzessorischen und einen verfahrensrechtlichen, streng gesetzesakzessorischen Teil aufgespalten wird.“

In der Folgezeit häuften sich die Entscheidungen des Bundesverfassungsgerichts[126], deren Trendwendung zum Totalvorbehalt unter Hinweis auf das Rechtsstaats- wie Demokratieprinzip unverkennbar ist. Spezifisch im Beschluß vom 28. 10. 1975[127] hat der 2. Senat dieses hohen Gerichts — noch einmal an BVerfGE 8, S. 155 ff., 167 anknüpfend — deutlich gemacht, daß der Grundsatz des Vorbehalts des Gesetzes in vollem Umfang (d. h. auch bezüglich der Regelung des Verfahrens und der Zuständigkeit der Verwaltungsbehörden) auf die Leistungsverwaltung zu erstrecken sei.

Einen davon verschiedenen, methodisch grundsätzlich anderen Weg gehen *Ipsen*[128] und *Bellstedt*[129]. *Ipsen*, der eine verfahrensrechtliche, ungeschriebene Subventionskompetenz der Exekutive etwa aus Amtsauftrag oder Organisationsgewalt in gleicher Weise wie eine verwaltungsinterne Behördenkompetenzzuweisung ablehnt, glaubt in strenger Abkehr von der Theorie der sog. selbständigen Fondszuständigkeit, wie sie zur Zeit der Weimarer Verfassung für die bundesstaatliche Zuordnung von Ober- und Gliedstaaten mit der Möglichkeit einer Unterwanderung der föderativen Kompetenzverteilung ihren Ausdruck fand, die Entscheidung der zuständigen Subventionsvergabebehörde allein dem Gesetzgeber vorbehalten zu müssen. Für *Bellstedt* dagegen ergibt sich das Postulat nach einer gesetzlich normierten Zuständigkeits- und Aufgabenzuweisungsregelung an die kompetente Subventionsverwaltungsbehörde als Ergebnis der Auslegung eines möglicherweise bestehenden, jedenfalls im Grundgesetz nicht speziell geregelten Initiativrechts der Exekutive im Subventionsbereich. Nach einer genauen Untersuchung der möglichen autonomen Verwaltungsaufgaben gelangt er

---

[125] Siehe VerwRspr. 1968, S. 357.

[126] Vgl. etwa den Beschluß des 1. Senats vom 9. 5. 1972 (E 33, S. 125 ff., 157 f.) bzw. das Urteil des 1. Senats vom 18. 7. 1972 (E 33, S. 303 ff., 346).

[127] BVerfGE 40, S. 237 ff., 248 ff.

[128] Ipsen, Öfftl. Subv. Privater, S. 41; vgl. dens., VVDStRL 25, S. 290.

[129] Bellstedt, DÖV 1961, S. 161 ff.

zu dem Ergebnis, daß trotz der zum Teil inhaltlich verschiedenen exekutiven Funktionen als gemeinsame dogmatische Basis allein die mit der Gerechtigkeitsverwirklichung zu identifizierende Rechtsverwirklichung zugrundeliege. Da man aber nicht davon ausgehen dürfe, daß die Verwaltung den Gerechtigkeitsmaßstab selbst ermitteln könne, müsse die Entscheidung der zur Subventionierung befugten Behörde dem Gesetzgeber überlassen bleiben.

3. Fragen der Publizitätswirkung bei der heutigen Subventionierung

Den meisten gesetzlich nicht geregelten Gesamtsubventionierungen fehlt heute ebenso wie den Einzelvollzugssubventionsvergaben jegliche Publizitätstendenz[130]. So werden weder die Einzelpläne in der durch Art. 82 Abs. 1 S. 1 GG für alle Gesetze vorgeschriebenen Form noch die Subventionsrichtlinien — so jedenfalls im Regelfall — im Bundesanzeiger oder in den amtlichen Verkündungsblättern der Ministerien veröffentlicht. In der Praxis erfährt sie ein außerhalb des Kreises der potentiell sachlich Empfangsberechtigten nicht, hingegen der qualifizierte Empfänger auch nur in seiner Verbandszeitschrift oder frühestens nach Aushändigung eines entsprechenden Antragsformulars, auf deren Rückseite nach Art von Allgemeinen Geschäftsbedingungen im Wirtschaftsverkehr die einschlägigen Klauseln abgedruckt sind. Die Gründe dieser usancemäßigen Verkehrssitte[131] sind einleuchtend: Die Chance, von der öffentlichen Hand Vorteile zu empfangen, scheut das Licht. So korrumpiert die Rechtsgemeinschaft sich selbst. In einer unüberschaubaren Vielzahl von Situationen vor und in der staatlichen Organisation wird so die Möglichkeit des Rechts utilitaristisch preisgegeben[132].

Sellmann[133], der den Einzelplänen des Haushalts rein gesetzestechnisch die Funktion einer sachlich nach Zweck und Inhalt bestimmten und begrenzten Legitimationsquelle für die staatliche Subventionsvergabe zuweist[134], läßt ihren Ermächtigungscharakter allein daran scheitern, daß nur der Gesamt-Haushaltsplan mit den Schlußzahlen der Einzelpläne publiziert werde[135]. Diesem Gedanken ist allerdings das

---

130 Jahr, S. 206.

131 Vgl. hierzu Gallois, NJW 1954, S. 293 ff.

132 Zacher, VVDStRL 25, S. 310.

133 Sellmann, S. 116.

134 A. A. Götz, S. 301, der dafürhält, daß selbst die Einzelpläne den Mindestanforderungen an gesetzlicher Konkretisierung nicht gerecht werden.

135 Diese Auffassung kann in ihrer Konsequenz nicht beanstandet werden. Nicht gefolgt werden kann deshalb Zacher, VVDStRL 25, S. 358, der es sogar als falsch bezeichnet, den rechtsstaatlichen Wert der Publizität so an den Gesetzesvorbehalt zu binden, daß er mit ihm preisgegeben wird.

Bundesverfassungsgericht im Parteifinanzierungsurteil[136] vom 19. 7. 1966 entgegengetreten, wenn es ausführt, daß das trotz der Neuregelung des Grundgesetzes noch stark traditionelle Charakterzüge aufweisende Haushaltsrecht gemäß einer verfassungskonformen Auslegung des Art. 82 Abs. 1 GG vom strengen Publizitätserfordernis der gesetzlich festgestellten Einzelpläne im Bundesgesetzblatt freizustellen sei. Allein die haushaltsgesetzliche Verweisung auf die Einzelpläne und deren tatsächliches Zugänglichmachen an die Öffentlichkeit müsse kraft herrschender Übung und alter Überlieferung den rechtsstaatlichen und an Art. 82 Abs. 1 GG zu stellenden Anforderungen genügen.

Das oft gehörte Argument der der Subventionsverwaltung eigentümlichen Richtlinienpraxis, mit der man alle mit der Subventionierung in Zusammenhang stehenden, sich aus dem geltenden Verfassungsrecht nicht nachweisbaren Erscheinungen zu rechtfertigen versucht, war auch für den BayVGH[137] der Ausgangspunkt, nicht im geringsten an der Rechtswirksamkeit der nur im Dienstwege ergangenen, nicht publizierten Vergaberichtlinien zu zweifeln.

Innerhalb der Lehre besteht jedoch darüber Einigkeit[138], als Mindestanforderung einer gehörigen Kundmachung die strikte Durchsetzung amtlicher Publizität der Subventionsrichtlinien jedenfalls im Bereich der potentiellen Subventionsinteressenten zu postulieren, da alle generellen Regelungen, die den Anteil des Bürgers am Allgemeinen gestalten, dem Zwang einer — wenn auch nur limitierten — Publikation unterstellt werden müssen.

III. Verfassungsgebot eines erweiterten Gesetzesvorbehalts für die Vergabe staatlicher Wirtschaftssubventionen

Stellt man sich die Frage, aus welchen Überlegungen heraus der Vorbehalt der Garantie des Gesetzes für die neben der Leistungsgewährung primär Gestaltungs- und Lenkungsziele verfolgende Wirtschaftsverwaltung in Form der Subventionierung zu fordern ist, so muß eine sinnvolle verfassungstheoretische und zugleich der Verfassungswirklichkeit adäquate Betrachtungsweise bei der staatlichen Subventionsvergabe von der Erkenntnis und Anerkennung zweier grundlegender Phänomene primär ihren Ausgang nehmen. Hierbei ist auf der einen Seite die — bereits kurz erwähnte — den Subventionen eigentümliche Doppelfunktion im Sinne einer Interdependenz von Leistung und Eingriff bzw. Begünstigung und Belastung festzuhalten, zumal es bei einem

[136] BVerfGE 20, S. 93.

[137] Urteil vom 20. 7. 1967, VerwRspr. 1968, Nr. 92.

[138] Vgl. insb. Ipsen, VVDStRL 25, S. 297 und Zacher, VVDStRL 25, S. 358.

Akt der exekutiven Subventionsvergabe heute nicht mehr denkbar ist, daß dieser faktisch nur den Subventionspetenten tangiert. Mit Fixierung dieser einen Position ist gleichzeitig das „individualistische" Wesenselement jedes Aktes der staatlichen Subventionierung aufgezeigt, welches die Frage nahelegt, ob sich von hier aus nicht ein Zugang zu einer rechtsstaatstheoretischen Begründung des Gesetzesvorbehalts im Hinblick auf die gegenständliche Untersuchung eröffnet.

Zwei Lösungswege scheinen sich gleichermaßen anzubieten: Zum einen könnte man daran denken, das positive Gesetzmäßigkeitsprinzip gemäß seiner historischen Abkunft und Sinngebung, wie sie in der Lehre vom Vorbehalt des Gesetzes mit seiner spezifisch freiheits- und eigentumssichernden Funktion widerspiegelt, auch heute noch als taugliches Kriterium anzusehen, dem die staatliche Subventionsverwaltung per se unterstellt ist, sofern man in ihr Elemente erkennt, die dem Freiheits- und Eigentums-Schutzgedanken zuwiderlaufen. Zum anderen aber könnte zu überlegen sein, daß die staatliche Subventionsvergabe einen Akt der leistenden Verwaltung darstellt, der sich zwar nach außen als ein begünstigender und damit vorbehaltsfreier Verwaltungsakt erweist, aber dennoch eine Anpassung und Ausweitung des Gesetzmäßigkeitsprinzips an die Realitäten dieses modernen Verwaltungszweiges notwendig macht.

Die traditionelle Lehre vom Gesetzesvorbehalt, die herkömmlich nur auf Eingriffe durch einen Verwaltungsakt beschränkt war, bedarf zur Anwendung auf die durch Wirtschaftssubventionen bewirkten Eingriffe in die freie Wettbewerbslage einer Erweiterung im zuletzt aufgezeigten Sinne. Denn bei der staatlichen Subventionsvergabe offenbart sich ein Eingriff in die Freiheits- und Eigentumssphäre des Bürgers nicht in gleicher Weise wie bei den klassischen Tatbeständen des Gesetzesvorbehalts etwa im Polizei- und Steuerrecht. Die eingreifende Wirkung zeigt sich nämlich nicht sofort in der einzelnen Subventionierungsmaßnahme, sondern erst in ihrer Gesamtwirkung auf die Wettbewerbsverhältnisse. Subventionen pflegen nämlich unter dem Deckmantel der Begünstigung aufzutreten. Um deshalb die Schutzfunktion des Gesetzesvorbehalts effektiv werden zu lassen, ist dieser jedenfalls auf scheinbar begünstigende und die Belastung verschleiernde Verwaltungsmaßnahmen zu erweitern. Damit ist zunächst lediglich ein Punkt angedeutet, der zu einer Ausdehnung des Gesetzesvorbehalts im Sinne der traditionellen Lehre auf die staatliche Subventionsgewährung zwingt[139].

Eine erfolgversprechende verfassungsrechtliche Analyse kann sich nicht damit begnügen, allein am Rechtsstaatspostulat einen so kom-

---

[139] Siehe nächste Seite.

plexen Tatbestand, wie ihn die staatliche Subventionierung verkörpert, zu messen. Ein derart enger Blickwinkel würde einerseits die weiteren in unserer Staatsordnung existenten tragenden Verfassungsdirektiven übergehen und den zweiten entscheidenden Faktor der Subventionierung ausklammern, welcher von dem neben der Förderungsfunktion den Subventionen immanenten wirtschafts-, sozial- und gesellschaftspolitisch ausgeprägten Lenkungscharakter gekennzeichnet ist. Mit der Klassifizierung dieses zweiten Phänomens und Offenlegung des damit implizierten „kollektiven" oder „pluralistischen" Moments jedes Aktes der staatlichen Subventionierung ist jedenfalls die Frage aufgeworfen, ob sich von dieser Basis aus nicht der demokratietheoretische Beweis eines subventionären Gesetzesvorbehalts antreten läßt[139].

Im folgenden sollen nunmehr sämtliche Kriterien beleuchtet, sowie die Merkmale und Gesichtspunkte, die für einen nach heutigem Verfassungsverständnis konformen Gesetzmäßigkeitsmaßstab Relevanz besitzen, aufgezeigt werden.

1. Eingrenzung des Problems durch Eliminierung nichttauglicher Argumente, die für eine Erweiterung des Gesetzesvorbehalts angeboten werden

a) Argument aus der durch den Wandel des monarchischen Prinzips des 19. Jahrhunderts zur parlamentarischen Demokratie des modernen Verfassungsstaates bedingten Verfassungsstruktur

Eine Lösung in bezug auf eine Ausdehnung des herkömmlichen Gesetzesvorbehalts für den Subventionsbereich läßt sich jedenfalls nicht

[139] Die diesen Ansätzen zugrundeliegende Vermutung hat das BVerfG bereits in E 40, S. 237 ff., 249 wie folgt umschrieben: „Die von der konstitutionellen, bürgerlich-liberalen Staatsauffassung des 19. Jahrhunderts geprägte Formel, ein Gesetz sei nur dort erforderlich, wo ‚Eingriffe in Freiheit und Eigentum' in Rede stehen, wird dem heutigen Verfassungsverständnis nicht mehr voll gerecht (vgl. BVerfGE 8, 155, 167). Im Rahmen einer demokratisch-parlamentarischen Staatsverfassung, wie sie das Grundgesetz ist, liegt es näher anzunehmen, daß die Entscheidung aller grundsätzlichen Fragen, die den Bürger unmittelbar betreffen, durch Gesetz erfolgen muß, und zwar losgelöst von dem in der Praxis fließenden Abgrenzungsmerkmal des ‚Eingriffs'. Staatliches Handeln, durch das dem Einzelnen Leistungen und Chancen gewährt und angeboten werden, ist für eine Existenz in Freiheit oft nicht weniger bedeutungsvoll als das Unterbleiben eines ‚Eingriffs'. Hier wie dort kommt dem vom Parlament beschlossenen Gesetz gegenüber dem bloßen Verwaltungshandeln die unmittelbare demokratische Legitimation zu, und das parlamentarische Verfahren gewährleistet ein höheres Maß an Öffentlichkeit der Auseinandersetzung und Entscheidungssuche und damit auch größere Möglichkeiten eines Ausgleichs widerstreitender Interessen. All das spricht für eine Ausdehnung des allgemeinen Gesetzesvorbehalts über die überkommenen Grenzen hinaus."

unmittelbar aus der geänderten Verfassungsstruktur seit dem Übergang von der konstitutionellen Monarchie zur parlamentarischen Demokratie gewinnen[140], da sowohl die Befürworter als auch Gegner eines uneingeschränkten Gesetzmäßigkeitsprinzips ihre Argumente aus der historischen Entwicklung beziehen. Gewiß hat diese die soziale, politische und verfassungsrechtliche Situation nachhaltig verändert und damit die Grenzen der Aufgaben von Exekutive und Parlament verschoben. Sie kann aber keine Auskunft darüber geben, welche dieser Veränderungen für die Frage nach Inhalt, Umfang und Grenze eines modernen Gesetzmäßigkeitsprinzips erheblich sind. Denn trotz der Veränderungen der ökonomischen und gesellschaftspolitischen Lage in ganz Europa zeigt das Gesetzmäßigkeitsprinzip heute bereits — um nur ein Beispiel zu nennen — in der Schweiz, in Österreich, in Italien und in Deutschland eine unterschiedliche Ausprägung. Untersucht man aber die Argumente der Kritiker beider Meinungen, so spricht m. E. — wenn überhaupt — die geschichtliche Entwicklung in Deutschland höchstens gegen eine Beschränkung der herkömmlichen „Freiheit-Eigentum"-Klausel. Wenn *Peters*[141] als entschiedener Gegner des Gesetzmäßigkeitsprinzips außerhalb der Eingriffsverwaltung seine Lehre vom Gesetzesvorbehalt vorwiegend auf den nach 1918 und 1945 unverändert erhalten gebliebenen Kompetenzradius der Exekutive stützt, übersieht er offensichtlich, daß in der Auffassung der Souveränität von Staat und Volk ein Wechsel stattgefunden hat. Hat nämlich in der konstitutionellen Monarchie der Gedanke der Staatssouveränität Eingang in die Verfassung gefunden, so trat in der Weimarer Verfassung ebenso wie heute im Bonner Grundgesetz das Prinzip der Volkssouveränität klar zu Tage.

b) Argument aus dem Gewaltenteilungsprinzip

Auch das in Art. 20 Abs. 2 Satz 2 GG verfassungsrechtlich verankerte Prinzip der Gewaltenteilung[142] gestattet keine zwingende Aussage und Folgerung über die völlige Zugehörigkeit der subventionsgewährenden Verwaltung zur ausschließlichen Kompetenz der Legislative, zumal das Grundgesetz selbst bei grundlegenden Entscheidungen dem Parlament

---

140 So aber Jesch, S. 27 ff., 66 ff., 170, 205 und passim; vgl. dazu die Kritik von Rupp, S. 131 ff., der in dieser Auffassung zu Recht einen Gedankensprung erkennt, nachdem hier offensichtlich das unterstellt werde, was gerade bewiesen werden sollte.

141 Peters, Festschrift, S. 210 ff.

142 Der Gedanke der Trennung und Balance der Gewalten findet zum ersten Mal in Art. 16 der französischen Deklaration von 1789 als unabdingbares Erfordernis des Verfassungsstaates eine Aufnahme in die Grundordnung des staatlichen Zusammenlebens und einen verfassungsrechtlichen Gehalt.

keinen allumfassenden Vorrang zuspricht. Es setzt vielmehr durch die gewaltenteilende Kompetenzzuordnung seinen Befugnissen Grenzen[143].

Der Gesetzgeber hat die Gewaltenteilung zwar als tragendes Organisations- und Funktionsprinzip[144] in das Grundgesetz aufgenommen, sie ist aber dort nicht streng durchgeführt. So durchbricht beispielsweise die Rechtssetzung der Exekutive das Gewaltenteilungsprinzip, was sogar durch Art. 80 GG ausdrücklich zugelassen wird[145].

Das Grundgesetz enthält ferner zahlreiche Gewaltenverschränkungen[146] und -balancierungen. Dabei sind Überschneidungen und Durchbrechungen des Gewaltenteilungspostulats so lange unbedenklich, als sie dem Grundgedanken des Art. 20 Abs. 2 Satz 2 GG im Sinne des *Montesquieu*schen Satzes „que le pouvoir arrête le pouvoir" nicht entgegenstehen[147]. Dem Verfassungsaufbau der Bundesrepublik entspricht also nicht eine absolute Trennung der Gewalten, sondern ihre wechselseitige Kontrolle und Mäßigung[148], d. h. jede staatliche Maßnahme soll innerhalb der Gewaltenteilung auf das Maß reduziert werden, daß die eine Gewalt die Machtausübung der anderen auf verfassungsmäßigem Wege begrenzt[149]. Der Sinn der Gewaltenteilung kann daher zwangsläufig nicht in einer scharfen funktionellen Trennung der Staatsgewalten gefunden werden[150]. Er erschöpft sich vielmehr in gegenseitiger Abhängigkeit der Gewalten in einer Kontrollfunktion mit dem Ziel, die von der Verfassung konzeptionierte „balance of power" zu gewährleisten und ein nicht verfassungskonformes Übergewicht einer Gewalt zu verhindern[151]. Letztlich soll dadurch der der Verfassung immanente Gerechtigkeits- und Freiheitsschutzgedanke für den einzelnen gesichert sein.

Es erscheint somit verständlich, daß das Gewaltenteilungsprinzip angesichts der Überschneidungen in Funktionen und Einflußnahmen der einen Gewalt auf die andere für eine Diskussion um Inhalt und Grenze des Gesetzesvorbehalts nichts herzugeben vermag.

---

143 BVerfGE 49, S. 89 ff., 124.

144 Vgl. dazu BVerfGE 3, S. 247 ff. und insb. BVerfGE 34, S. 52 ff., 59 sowie den Vorlagebeschluß des OVG Münster vom 18. 8. 1977, DVBl. 1978, S. 62 ff., 63.

145 Vgl. BVerfGE 34, S. 52 ff., 59.

146 Vgl. hierzu Achterberg, S. 202 ff.

147 Vgl. BVerfGE 4, S. 191 ff., 194 ff.

148 Vgl. BVerfGE 7, S. 183 ff., 188 unter Hinweis auf E 3, S. 247.

149 Zutr. OVG Münster, Vorlagebeschluß vom 18. 8. 1977, DVBl. 1978, S. 62 ff., 63.

150 Maunz / Dürig, GG-Komm., Art. 20 GG, Rz. 37 ff. zu V; ebenso BVerfGE 9, S. 279.

151 BVerfGE 34, S. 52 ff., 59.

2. Der Vorbehaltsgrundsatz für die Vergabe von Subventionen nach dem Bonner Grundgesetz

Im Gegensatz zu Art. 18 der Österreichischen Bundesverfassung, der der gesamten staatlichen Verwaltung nur auf Grund eines Gesetzes ein Agens verleiht, und im Gegensatz zur allgemein anerkannten Auffassung in der Schweiz[152], wonach der Bund nur im Rahmen seiner verfassungsmäßigen Befugnisse Subventionen gewähren darf, enthält das Verfassungsrecht der Bundesrepublik positiv keine Aussage über den Grundsatz des Gesetzesvorbehalts, soweit er Begünstigungen durch die staatliche Exekutive beinhaltet. Während die Gültigkeit des Prinzips positiver Gesetzmäßigkeit an sich völlig unbestritten ist, ist die Frage nach der sedes materiae im Rahmen der geltenden Verfassung selbst nach wie vor ungeklärt[153]. Im Grundsätzlichen steht eine ständige Rechtsprechung des Bundesverfassungsgerichts[154], welche den Vorbehaltsgrundsatz in Art. 20 Abs. 3 GG verankert sieht, der These[155] von den Grundrechten als verfassungsrechtlicher Standort des Vorbehalts des Gesetzes gegenüber[156].

---

[152] Vgl. hierzu Imboden, S. 18 ff. sowie Giacometti, S. 249 ff., 251 (mit weiteren Nachweisen).

[153] Vgl. Maunz / Dürig, GG-Komm., Art. 20 Rz. 76, 55 zu VI sowie Krebs, S. 12 ff.

[154] So etwa E 40, S. 237 ff., 248; E 48, S. 210 ff., 221; E 49, S. 89 ff., 126. Die Geltung des Vorbehalts des Gesetzes aus Art. 20 Abs. 3 GG erscheint logisch, wenn man diesen „unbestritten als Bestandteil des in Art. 20 Abs. 3 GG verorteten Rechtsstaatsprinzips" anerkennt, vgl. Stern, Das Staatsrecht der BRD, Bd. I, § 20 IV 4 (mit entspr. Nachweisen) und z. B. insb. E 48, S. 210 ff., 216 f., 221. Zu den Vertretern der wissenschaftlichen Lehre, die das Prinzip positiver Gesetzmäßigkeit als Ausfluß der in Art. 20 Abs. 3 GG verfassungsrechtlich fixierten Rechtsstaatlichkeit sehen, vgl. 2. Kap. III. 3. a) aa).

[155] Siehe hierzu insb. Krebs, S. 32 ff. mit umfassenden Nachweisen (vor allem S. 33 Fußn. 10).

[156] Identifiziert man den grundrechtlichen Gesetzesvorbehalt mit dem klassischen Eingriffsvorbehalt, dann ergibt sich der Vorbehalt des Gesetzes aus den Grundrechten mit Gesetzesvorbehalt, und hier insbesondere aus Art. 2 Abs. 1 GG, dem ein generelles, umfassendes Recht auf Freiheit i. S. eines subjektiv-öffentlichen Rechts zukommt, das Inbegriff jeglicher Art von menschlicher Freiheitsbetätigung ist, soweit nicht sein Freiheitsgehalt von speziellen Freiheitsrechten durch Konsumtion verdrängt wird (ständ. Rspr. des BVerfG seit E 6, S. 32 ff.). Weiterhin ergibt er sich aus Art. 14 GG, nach dessen Abs. 3 S. 2 als besonderes inhaltliches (und nicht nur formelles) Erfordernis für einen Eingriff in die Vermögenssphäre des Bürgers ein förmliches Enteignungsgesetz gefordert wird, das Art und Ausmaß der Entschädigung positiv regeln muß. Im einzelnen reicht also nach dieser Theorie der Eingriffsvorbehalt im Grundgesetz so weit wie der Gesetzesvorbehalt der einzelnen Grundrechte.

Krebs, S. 132 hat indes auf Grund eines Vergleiches des traditionellen Eingriffsvorbehalts mit den Grundrechtsbestimmungen des Grundgesetzes überzeugend nachgewiesen, daß der grundrechtliche Gesetzesvorbehalt gegenüber dem traditionellen Vorbehaltsprinzip eine neue, eigenständige, grundgesetzliche Regelung getroffen hat.

Eine Ausdehnung des Gesetzesvorbehalts auf die Vergabe staatlicher Wirtschaftssubventionen läßt sich schließlich aus allgemeinen Direktiven, wie sie in der geschriebenen Verfassung ihren Niederschlag gefunden haben, nachweisen, sofern sie einen bereits konkretisierten Inhalt aufweisen und nicht nur einen schlagwortartigen unklaren Allgemeinbegriff repräsentieren. Von diesen Verfassungsmaximen, die Relevanz für eine Ausdehnung des Prinzips positiver Gesetzmäßigkeit auf den Akt der Subventionsvergabe haben können, sind das im Grundgesetz in Art. 20, 28 GG inhaltlich bzw. ausdrücklich angesprochene Bekenntnis zur Rechtsstaatlichkeit und als dessen tragende Säule und Unterfall die Rechtsschutzgarantie des Art. 19 Abs. 4 GG sowie das in Art. 20 Abs. 1, Art. 18 Satz 1, Art. 21 Abs. 1 Satz 3, Abs. 2 und Art. 28 Abs. 1 Satz 1 GG normierte Demokratiegebot[157] zu nennen. Der in den Art. 20 Abs. 1 und Art. 28 Abs. 1 GG lokalisierte Grundsatz der Sozialstaatlichkeit, von dem man am ehesten Direktiven erhofft hätte, erweist sich wieder einmal als die unbewältigte Potenz unseres Verfassungsrechts[158] für die Vorbehaltsproblematik. Gleichwohl ist die Komplementärfunktion dieses Prinzips als Auslegungsregel für die anderen tragenden Verfassungsbestimmungen neben seiner Aussage bezüglich der Zulässigkeit staatlicher Subventionierung von hoher Bedeutung.

Darüber hinaus wird der dem Gesetzesvorbehalt immanente und die ganze Verfassung beherrschende Freiheitsgedanke, wie er insbesondere in den Grundrechten seine Ausprägung erfahren hat, zu erörtern sein, zumal die Konzeption der positiven Gesetzmäßigkeit vorrangig vom Freiheitsgedanken bestimmt war, nämlich in der Freiheit vom Staat durch Teilhabe am Staat. Muß doch Sinn und Zweck der Grundrechte in erster Linie im Schutz des Bürgers vor dem Mißbrauch staatlicher Gewalt erkannt werden, zumal der vorstaatlichen Freiheit der Bürger absolute Priorität eingeräumt werden muß[159]. Um eine weitere dogmatisch und verfassungsrechtlich faßbare Konkretisierung für einen über den Eingriffsbereich exzedierenden Gesetzesvorbehalt zu gewinnen, wird es auch notwendig sein, das grundgesetzliche Postulat der Gleichbehandlung aller Bürger zu beleuchten und schließlich, allerdings nur für die Teilfrage der Setzung abstrakt und generell gefaßter Anordnungen, Art. 80 GG auf seinen verfassungsrechtlichen Gehalt zu überprüfen.

---

157 Siehe Maunz / Dürig, GG-Komm., Art. 20 Rz. 80 zu VI. Problematisch erscheint hingegen der Rückgriff auf einen Satz des Verfassungsgewohnheitsrechts, so Maunz / Dürig, GG-Komm., Art. 20 Rz. 79 zu VI. Mit Krebs, S. 13 f. wird man diesen Lösungsansatz wohl zu Recht als letzten Rettungsversuch für einen anderweitig nicht begründbaren Rechtssatz ansehen müssen.

158 Vgl. hierzu Rinken, S. 36 und die Darstellungen dieser Arbeit insbesondere 2. Kap. I. 1. und passim.

159 Ossenbühl, NJW 1976, S. 2100 ff., 2101.

3. Verfassungstheoretische Begründung eines subventionären Gesetzesvorbehalts

a) Rechtsstaats- und demokratietheoretische Begründung einer Ausdehnung des Gesetzesvorbehalts auf die Subventionsvergabe

aa) Das Rechtsstaats- und Rechtsschutzprinzip des Grundgesetzes als Argument einer Ausdehnung des Gesetzesvorbehalts für die Vergabe von Subventionen

Das Prinzip des Gesetzesvorbehalts wird häufig auch als Ausfluß der in Art. 20 Abs. 3 GG verfassungsrechtlich fixierten Rechtsstaatlichkeit[160] angesehen. *Jesch*[161] hält dafür, daß das Gesetzmäßigkeitsprinzip und damit der Gesetzesvorbehalt Bestandteil des Rechtsstaatsgebotes im Laufe von dessen historischer Entwicklung geworden sei. Nach *Böckenförde*[162] werde jedoch durch die Berufung auf einen in sich unklaren Allgemeinbegriff der Kundgabe von verfassungspolitischen Meinungen als geltendes Verfassungsrecht, unter welchen er auch das Rechtsstaatspostulat subsumiert, ein weites Tor geöffnet. Ihm ist aber entgegenzuhalten, daß gerade in einem Rechtsstaat wie in der Bundesrepublik das Rechtsstaatsprinzip einen so gewichtigen und bereits nach über 30jähriger Verfassungspraxis konkretisierten Begriffskern und Begriffshof aufweist, daß dieses Prinzip heute in höherem Maße geeignet ist, den Bürger vor unkontrollierten Eingriffen des Staates in seine Individualsphäre zu schützen als die herkömmliche Freiheit-Eigentum-Klausel. Diese Begründung wird noch durch eine langjährige Rechtsprechung des Bundesverfassungsgerichts erhärtet, das den konkreten Gehalt der Rechtsstaatlichkeit unter Zuhilfenahme der traditionellen Auslegungsmethoden für Volk und Staat wiederholt inhaltlich verbindlich festgelegt hat[163]. Insbesondere *Rupp*[164] betont das rechtsstaatliche Anliegen einer gesetzlichen Normierung des öffentlichen Leistungsrechts, um dem Handeln der Staatsgewalt die Grenzen aufzuzeigen und eine rechtliche Absicherung der Positionen des Staatsbürgers zu gewährleisten. Nach seiner Auffassung, wonach in einem Rechtsstaat alle Regelungen im Verhältnis Exekutive — Bürger ausschließlich in Gesetzesform oder auf Grund einer gesetzlichen Legitimation ergehen müssen, erscheint seine Kritik an der Subventionsvergabe, deren Rechtfertigung meist in Richtlinien der Verwaltung quasi als Surrogat für ein Gesetz zu sehen

---

160 So etwa Mallmann, VVDStRL 19, S. 185, 207; Maunz / Dürig, GG-Komm., Art. 20 Rz. 25 zu VII; Fleiner, S. 130 ff.; Stern, Das Staatsrecht der BRD, Bd. I, § 20 IV (mit Nachweisen).

161 Jesch, S. 166.

162 Böckenförde, Die Organisationsgewalt, S. 91.

163 Vgl. z. B. E 40, S. 237 ff.; 48, S. 210 ff.; 49, S. 89 ff.; 56, S. 1 ff.

164 Rupp, S. 113 ff., 128.

ist, wohlbegründet. Gerade deshalb, weil man von der irrigen Annahme ausging, daß der wohltatenspendende Staat die Freiheitssphäre des Bürgers niemals berühren könne, da diese Verwaltungstätigkeit nur eine ausschließlich begünstigende Wirkung ausstrahle, glaubte man auch, an der traditionellen Lehre vom Gesetzesvorbehalt festhalten zu müssen. Erst als deren Befürworter eingesehen hatten, daß mit der ständig wachsenden Zunahme der subventionsgewährenden Verwaltung ein Instrumentarium geschaffen war, das an sachlicher Bedeutung den Eingriffen in Freiheit und Eigentum in etwa gleichzusetzen war, erkannte man das Rechtsstaatsprinzip als Korrektiv der längst überholten Freiheit-Eigentum-Klausel an.

Die kritischen Untersuchungen zahlreicher Autoren[165] zu einem Zeitpunkt, als die Subventionsverwaltung juristisch noch mehr oder weniger Neuland war, haben am Gedanken des Rechtsstaatsprinzips die Erkenntnis gefördert, daß die Freiheit-Eigentum-Klausel nicht mehr als ein der Eigenart modernen staatlichen Wirkens gemäßes Kriterium für die Festlegung der Grenzen der Gesetzesbindung der vollziehenden Gewalt anzusehen ist. *Jesch*[166] bereichert dieses Problem von einer anderen Prämisse ausgehend durch die Überlegung, daß die Begriffe Eingriffs- und Leistungsverwaltung für die Diskussion des Vorbehaltsproblems denkbar ungeeignet sind. Auch *Maunz*[167] betont, daß bei dem Begriffspaar Eingriffsverwaltung-Leistungsverwaltung keine einander ausschließenden Gegensätze vorliegen. Da man eben nicht von einer Exklusivität der Eingriffs- und Leistungsverwaltung in dem Sinn sprechen kann, daß es zwischen ihnen Übergänge und Verschränkungen nicht gebe[168], da die Übergänge der beiden Verwaltungsarten vielmehr fließend sind angesichts der Überlegung, daß Begünstigungen nicht nur innerhalb der Leistungsverwaltung gewährt und Belastungen nicht nur innerhalb der Eingriffsverwaltung erfolgen können, müsse man die Problematik in bezug auf eine Erweiterung des Gesetzesvorbehalts im Bereich der Subventionsvergabe nach jedem Handlungsakt stufenförmig differenziert sehen[169]. Ein Gesetzesvorbehalt für die subventionsspendende Verwaltung ist dann nicht erforderlich, wenn die Verwaltungshandlung *ausschließlich* eine begünstigende Wirkung auf den Empfänger sowie einen potentiellen Dritten erzeugt, was heute nur noch in Ausnahmefällen denkbar ist. Bei einer derartigen Sachlage könnte man die Mittelbereitstellung im Haushalt in der herkömmlichen

165 Insb. Rupp, DVBl. 1959, S. 81 ff., 84 f.; Stern, JZ 1960, S. 522 ff.; Menger, DVBl. 1960, S. 297 ff., 302 f.; Mallmann, VVDStRL 19, S. 183 ff.; Bellstedt, DÖV 1961, S. 164; Bullinger, S. 93 ff.

166 Jesch, S. 182 ff.

167 Maunz, BayVBl. 1962, S. 1 ff.

168 Stern, JZ 1960, S. 518 ff., 523 mit weiteren Nachweisen.

169 Ipsen, VVDStRL 25, S. 305 (Leitsatz 12).

Form bedenkenlos für ausreichend erachten, da sich dieser Akt der Verwaltung besonders weit von einer Eingriffsmaßnahme distanziert. Ohne Gesetzesvorbehalt und Haushaltsansatz wird die Verwaltung dann leistend tätig werden dürfen, wenn die Erbringung der Leistung so dringend ist, daß eine gesetzgeberische Regelung nicht abgewartet werden kann, wie z. B. im Fall der Mittelvergabe anläßlich der Hamburger Flutkatastrophe oder überhaupt in Fällen der Not und des Notstandes.

In gleicher Weise wird man auch eine sog. Vorausaktion zwecks Überbrückung von Zeitspannen bis zum Erlaß eines Gesetzes für zulässig erachten müssen, wenn die augenblicklichen Verhältnisse eine dringende Hilfe erfordern, sofern zugleich mit der Mittelvergabe seitens der Regierung ein Gesetzentwurf dem Parlament vorgelegt wird. Das der Vorausaktion nachträglich erlassene Gesetz wird dann im Wege einer Fiktion als originäre Ermächtigungsgrundlage angesehen und dient damit der Legitimität der Vorausaktion[170].

Damit sind aber auch schon die zulässigen Arten der gesetzesfreien Leistungsvergaben durch die öffentliche Hand abschließend genannt. Alle anderen Akte der subventionsgewährenden Exekutive haben neben der Förderungsfunktion einen wirtschaftspolitisch ausgeprägten Lenkungscharakter, der eine Änderung des freien Zustandekommens des Sozialprodukts und der Einkommensbildung bewirkt. Diese Verwaltungsmaßnahmen verkörpern einen Rechtswert. In einem Staat, den die Verfassung als rechtsstaatlich konzipiert hat, kann keine eigenständige Verwaltungskompetenz mehr losgelöst vom Vorbehalt des Gesetzes existieren, die nur bei gezielten und direkten Eingriffen in die Individualsphäre des Bürgers einer parlamentarischen Legitimation unterworfen wäre. Vielmehr ist längst offensichtlich geworden, daß das Lenkungselement das reine Leistungsmoment überlagert hat[171]. Ist es doch evident, daß der marktwirtschaftliche Ablauf nicht mehr möglich ist, ohne daß die ökonomischen Makrodezisionen durch den Staat getroffen werden[172].

Da die Leistungsverwaltung letztlich wohl nur eine indirekte Eingriffsverwaltung ist[173], und Subventionierungsakte naturgegeben ambivalent sind — wie *Stern*[174] zutreffend erkannt hat —, mit der Folge,

---

[170] So regelte z. B. § 45 des Gesetzes zur Förderung der Rationalisierung im Steinkohlebergbau v. 29. 7. 1963 (BGBl. I, S. 549) den Fall einer seitens der Bundesregierung getroffenen Vorausaktion, die auf Grund von Richtlinien über die vorläufige Gewährung von Prämien für die Stillegung von Steinkohlebergwerken v. 13. 12. 1962 (BAnz. v. 19. 1. 1963, Nr. 13) ergangen war.

[171] Badura, DÖV 1966, S. 624 ff.; Köttgen, S. 63.

[172] Schiller, Bulletin des Presse- und Informationsamtes der Bundesregierung, Bonn, Nr. 15 v. 14. 2. 1967.

[173] Vgl. Maunz, BayVBl. 1962, S. 1.

[174] Vgl. Stern, JZ 1960, S. 524.

daß für den einzelnen Subventionsbedürftigen die potentielle Belastung stets latent vorhanden ist und jederzeit wieder aktuell werden kann, ist die subventionsspendende Verwaltung uneingeschränkt dem Gesetzesvorbehalt zu unterstellen. Darüber hinaus zwingt die den Subventionen immanente Interdependenzwirkung zu einer gesetzlichen Ausnormierung, zumal es bei einer Subventionsvergabe heute hypothetisch nicht mehr denkbar ist, daß das Verwaltungshandeln faktisch nur dem Subventionspetenten gegenüber ergeht. Vielmehr trifft der eine Akt automatisch und logisch zwingend die Konkurrenten, die nichts erhalten. Der Akt der Subventionsvergabe realisiert sich damit als Verwaltungsakt mit Doppelwirkung[175]; er ist eine janusköpfige Verwaltungsmaßnahme und zwar nicht nur in der Weise, daß der Belastung des Dritten auf seiten des Adressaten eine Begünstigung entspricht, sondern auch dergestalt, daß sie sich als parallele Belastung des Adressaten und des Dritten erweist.

Die aus dem Rechtsstaatsgedanken des Grundgesetzes abgeleitete Forderung nach einer Ausnormierung der subventionsgewährenden Verwaltung durch den Gesetzgeber läßt sich noch ergänzen durch das in Art. 19 Abs. 4 GG ausgesprochene Gebot eines möglichst lückenlosen und effektiven[176] Rechtsschutzes des einzelnen Bürgers gegenüber der öffentlichen Gewalt. Unter der Einwirkung der Rechtsschutzgarantie verlangt das Rechtsstaatsprinzip heute eine umfassende rechtliche Durchdringung der Beziehungen zwischen Staat und Individuum, enthält also insoweit „einen verfassungsmäßigen Zwang zur Gesetzgebung“[177].

---

[175] Siehe zur Terminologie Laubinger, S. 3 ff. und Fromm, VerwArch Bd. 56 (1965), S. 26 ff.
Diese Auffassung ist sicher nicht unproblematisch. Mit Bleckmann, S. 147 wird man jedoch in der Willenserklärung der Behörde gegenüber dem Subventionsempfänger gleichzeitig einen Verwaltungsakt gegenüber dem Konkurrenten erblicken müssen, um dem Rechtsschutzinteresse des Dritten zu genügen.

[176] BVerfGE 35, S. 274, 282; 40, S. 275; 41, S. 26, 326; 42, S. 130; 46, S. 178; 49, S. 241, 341; 50, S. 16.

[177] Vgl. Lorenz, S. 18 mit Nachweisen. Diese Überlegungen insgesamt waren auch für das BVerfG ausschlaggebend, unter Abkehr von der herkömmlichen Lehre vom „besonderen Gewaltverhältnis“ für wesentliche Maßnahmen auf dem Gebiet des Schulwesens gesetzliche Regelungen zu fordern, vgl. insb. E 41, S. 251 ff., 259 f.: „Wegen der weitreichenden Bedeutung der Schulbildung für das gesamte Gemeinwesen und seine Bürger sei der freiheitssichernde rechtsstaatliche Grundsatz der Gesetzmäßigkeit auch auf das Schulverhältnis zu erstrecken, zumal gerade hier die üblichen Abgrenzungsmerkmale von Eingriff und Begünstigung unentwirrbar ineinander übergingen und das bestehende Regelungsdefizit die Überschaubarkeit der jeweils geltenden Vorschriften sowie den Rechtsschutz der Beteiligten erschwere.“

Art. 19 Abs. 4 GG gewährt nun als formelles Hauptgrundrecht bekanntlich nicht selbst materielle Rechte — wie das Bundesverwaltungsgericht[178] und das Bundesverfassungsgericht[179] übereinstimmend mit dem herrschenden Schrifttum[180] betonen —, sondern setzt gerade die zu schützenden Rechte voraus. Um somit den verfassungsrechtlich gewährleisteten Rechtsschutz nach Art. 19 Abs. 4 GG bei der Subventionsvergabe eingreifen zu lassen, bedarf es einmal der Nachprüfbarkeit der Verwaltungsentscheidungen und der Anwendung der Rechtsnormen durch die Verwaltung, zum anderen ist für den Subventionsempfänger und dessen Konkurrenten nach außerhalb von Art. 19 Abs. 4 GG stehenden Normen zu suchen, die dem Betroffenen im Falle eines verletzenden Eingriffs durch die Verwaltung ein subjektives Recht gewähren. Dabei kommt insbesondere den Grundrechten eine entscheidende Bedeutung zu[181].

Die weitgehend in das Verwaltungsermessen gestellten nichtgesetzesakzessorischen Subventionsvergaben entziehen sich aber gerade dieser Nachprüfbarkeit, weil die Verwaltung kein Gesetz zur Verfügung hat, aus welchem sich die Maßstäbe für das Ermessen ergeben[182]. Dies erschwert den gerichtlichen Rechtsschutz und ist deshalb mit Art. 19 Abs. 4 GG nicht vereinbar. Insbesondere die zahlreichen Urteile des Bundesverwaltungsgerichts[183], die in bezeichneter Sache ergangen sind, offenbaren, wie sehr der Rechtsschutz des einzelnen untergraben und exkaviert wird, wenn die Subventionen nicht auf der Basis eines Gesetzes, sondern in Form der Mittelbereitstellung im Haushalt auf Grund formlosen Parlamentsbeschlusses vergeben werden. Sie zeigen einmal mehr, wie unzureichend sich der Rechtsschutz gegenüber der besonderen Eigenart der modernen Wirtschaftsverwaltung erweist[184].

Rechtsschutz im Sinne einer Verwirklichung des materiellen Rechts und der Durchsetzung individueller Rechtspositionen ist nur möglich innerhalb eines geordneten Verfahrens. Art. 19 Abs. 4 GG enthält also primär den Auftrag, normativ ein sachgerechtes Verfahren zur Verfügung zu stellen. Diese Bestimmung verleiht damit der im Rechtsstaatsprinzip ausgeprägten Verrechtlichungstendenz zusätzlichen An-

---

178 BVerwG, Urteil vom 14. 6. 1968, Baurechtssammlung 20, S. 261.

179 BVerfGE 15, S. 275 ff., 281.

180 Vgl. z. B. Maunz / Dürig, GG-Komm., Art. 19 Abs. 4 Rz. 1 - 3.

181 Vgl. zum Problem des Verhältnisses von Grundrechten und Verfahrensordnungen sowie deren strukturellen Verbindung den gleichnamigen Aufsatz von Lorenz, NJW 1977, S. 865 ff.

182 Ein aus dem materiellen Recht resultierender Regelungsdefizit kann nicht durch Art. 19 Abs. 4 GG ausgeglichen werden, vgl. Lorenz, S. 119.

183 z. B. BVerwG, Urteil vom 21. 3. 1958, BVerwGE 6, S. 287; Urteil vom 20. 1. 1961, NJW 1961, S. 1786; Urteil vom 30. 8. 1968, NJW 1969, S. 522 ff.

184 Vgl. Schüle, S. 103.

trieb und bewirkt deren Verfestigung zu einem unmittelbar wirksamen Verrechtlichungsgebot[185].

a) Das Belastungsmoment bei der Subventionsvergabe in Richtung auf den Subventionsempfänger

Problematisch ist insbesondere die von *Jesch*[186] aufgestellte These, die Subventionsvergabe allein schon deshalb der Verwaltungskompetenz zu entziehen und sie der Entscheidung des Gesetzgebers anheimzustellen, weil „die Verweigerung der begehrten Leistung durch die Subventionsvergabebehörde im Sinne der Vorbehaltsproblematik zu den Eingriffen in Freiheit und Eigentum des Subventionspetenten zu rechnen sei". Da nicht einmal die gesetzlich geregelten Subventionen ein (Grund-)Recht auf Subventionsteilhabe gewähren[187], sie vielmehr regelmäßig die Klausel enthalten, „ein Rechtsanspruch auf diese Hilfen besteht jedoch in keinem Fall[188]", ist jedenfalls aus diesem Gesichtspunkt bei den hier allein interessierenden nichtgesetzesakzessorischen Subventionsvergaben eine Rechtsverletzung erst recht nicht denkbar.

Dieser Auffassung kann auch nicht mit dem Hinweis entgegengetreten werden, bei den gesetzesfreien Subventionen könne die Selbstbindung der Verwaltung den Ansprüchen der abgewiesenen Bewerber entgegenstehen. Da man davon auszugehen hat, daß die Verwaltung bei der Vergabe nichtgesetzlicher Subventionen rechtswidrig handelt, kann diese Ansicht nicht richtig sein. Das aus Art. 3 GG entwickelte verwaltungsrechtliche Institut der Selbstbindung gewährt nur Ansprüche, die im Einklang mit der Rechtsordnung stehen. Ihre Aufgabe besteht nicht

---

185 So zutreffend Lorenz, S. 18, 247. Diese Auffassung entspricht in etwa der Tendenz des Bundesverfassungsgerichts im Beschluß zum Preisgesetz, BVerfGE 8, S. 274 ff., 326.

186 Vgl. Jesch, S. 183.

187 Diese Rechtslage entspricht der Regelung in der Schweiz, wonach gesetzlich normierte Ansprüche auf Beiträge seitens des Bundes nicht gerichtlich geltend gemacht werden können. Interessant dazu ist das Urteil des OVG Berlin vom 8. 6. 1966, DVBl. 1967, S. 92 f.

188 Vgl. z. B. das Gesetz zur Förderung der deutschen Seeschiffahrt v. 20. 5. 1965, Abschn. I Z. I, Abs. 1 a. E., (BAnz. Nr. 94). Hier wird lediglich der Passus des § 3 Abs. 2 HGrG wiederholt, der ausdrücklich bestimmt, daß durch den Haushaltsplan Ansprüche oder Verbindlichkeiten Dritter weder begründet noch aufgehoben werden. Daneben erklärt sich der Ausschluß des Rechtsanspruchs aus der Beschränkung der Förderungskompetenz durch die Quantität der verfügbaren Etatmittel. Äußerst bedenklich ist daher das Urteil des BVerwG vom 28. 4. 1978, NJW 1979, S. 280, wonach die Zusage dem Grunde nach auch eine Festlegung von Mitteln in bestimmter Höhe zur Folge habe.

Im Beschluß vom 16. 8. 1979 — 7 B 174/78 — NJW 1980, S. 718 hat das BVerwG hingegen zutreffend klargestellt, daß aus Art. 5 Abs. 3 GG kein Rechtsanspruch privater Theaterunternehmen auf Gewährung staatlicher Subventionen resultiert.

darin, die Verwaltungsbehörde zu verpflichten, ihre rechtswidrigen Akte zu perpetuieren[189].

Für die gegenständliche Betrachtung kann auch die vom anderen Extrem ausgehende Ansicht *Ipsens*[190] nichts hergeben, wonach die Subventionierung „aus der Sicht ihres Empfängers Begünstigung und deshalb primär kein Vorgang mit Grundrechtsberührung" darstellt. Diese Auffassung übersieht nämlich ganz klar, daß für die Natur eines Verwaltungsakts nie allein die Wirkung auf den Adressaten entscheidend ist, wie die umfangreiche Rechtsprechung zur Drittklage im Baurecht beweist. Nach dieser Ansicht wären auch die Bestimmungen der §§ 68 Abs. 1 Z. 2 und 79 Abs. 1 Z. 2 VwGO nicht verständlich.

Der Subventionsempfänger, der in gleicher Weise wie die anderen am Wettbewerb beteiligten Wirtschaftsunternehmen gleicher Handelsstufe auf die Subventionen angewiesen ist, begibt sich zum Staat zunehmend in ein Verhältnis der Abhängigkeit[191]. Dadurch, daß der Staat infolge der Subventionierung die einzelnen Unternehmen in den Stand setzt, die Möglichkeit freier Wettbewerbstätigkeit anderer Unternehmen einzuschränken, besteht für den Subventionsempfänger ein faktischer Zwang, auch weiterhin die Subventionen zu beanspruchen und die Subventionsvergaberichtlinien, die eine Anzahl von Belastungen in Form von Auflagen enthalten, in Kauf zu nehmen. Diese hoheitlichen Eingriffe in seine Rechtssphäre hätte er aber niemals geduldet, würde er sich nicht gerade dem Druck seiner wirtschaftlichen Lage ausgesetzt sehen. Andererseits stellen aber doch gerade die Auflagen[192], die seine persönliche und wirtschaftliche Bewegungsfreiheit einschränken, die conditio sine qua non der Subventionsvergabe überhaupt dar. Damit ist die Frage gestellt, welche Folgerungen sich daraus für das in Art. 2 Abs. 1 GG verfassungsrechtlich garantierte[193] Grundrecht der Freiheit im wirtschaftlichen Verkehr ergeben.

---

[189] Gerade diesen entscheidenden Gesichtspunkt hat zu Recht das VG Berlin in Leitsatz 3 seines Urteils vom 31. 10. 1973, DÖV 1974, S. 100 ff. klar herausgestellt, wenn es heißt: „Die Fortsetzung einer wegen Verstoßes gegen den Gesetzesvorbehalt verfassungswidrigen Verwaltungspraxis kann nicht über das Gleichbehandlungsgebot erzwungen werden." Ebenso auch Urteil des BVerwG vom 26. 4. 1979, NJW 1979, S. 2059.

[190] Ipsen, VVDStRL 25, S. 267 im Anschluß an Köttgen, S. 68.

[191] Vgl. Stern, JZ 1960, S. 525; Rupp, DVBl. 1959, S. 85; Zacher, VVDStRL 25, S. 314 (s. das Bsp. der Fußnote 27); Schmidt, NJW 1967, S. 1636.

[192] Vgl. zu den Standpunkten der wissenschaftlichen Lehre zur Frage, ob die Subventionsvergabe insbesondere dann einer gesetzlichen Grundlage bedürfe, wenn sie von Auflagen oder Bedingungen abhängig gemacht werde: Bleckmann, S. 99 ff. mit umfassenden Nachweisen.

[193] Siehe Krüger, S. 20 ff.; Maunz, Staatsrecht, § 20 I; Leibholz / Rinck, Grundgesetz, Art. 2 Rz. 10; vgl. ferner die Rspr. des BVerfG: E 4, S. 15; 6, S. 36; 8, S. 328; 9, S. 11; 12, S. 347.

Zum Wesen der Wirtschaftsfreiheit gehört nun aber schlechthin die Möglichkeit, sich neben den anderen Wettbewerbern zu behaupten und durchzusetzen. Diese Chance, im Spannungsfelde des Marktes zu bleiben, wird aber gerade durch die Drucklage, weiterhin auflagebelastete Subventionen zu beantragen, beeinträchtigt und somit durch den Preis der Abhängigkeit erkauft. Dem Staat ist es aber verwehrt, den indirekten Weg unter dem Deckmantel einer Begünstigung zwecks Umgehung des Gesetzesvorbehalts zu wählen, wenn er auf direktem Wege bei einem Eingriff an das Gesetzmäßigkeitsprinzip gebunden wäre. Auflagebelastete Subventionen stellen nämlich eine Minderung der Wirtschaftsfreiheit und in ihrer sachlichen und rechtlichen Bewertung einen Eingriff in das von Art. 2 Abs. 1 GG geschützte Grundrecht dar. Sie bedürfen deshalb nach Art. 19 Abs. 1 GG einer gesetzlichen Grundlage.

Gerade hierin zeigt sich auch die Wesensverschiedenheit der Subventionsverwaltung gegenüber der sonstigen Leistungsverwaltung. *Rupp* fordert deshalb angesichts dieser Situation der Abhängigkeit eine Verteidigung der Wirtschaftsfreiheit gegenüber einer übermächtigen Leistungsverwaltung, „um den Schutz vor der staatlichen Nötigung zur Bettlergesinnung zu gewährleisten“[194]. Dieser könne nur durch eine rechtliche Fixierung der Subventionsverwaltung sichergestellt werden, da es dem Staat nicht erlaubt sei, die seiner Gewalt Unterworfenen durch die Inaussichtstellung von „Begünstigungen“ zu „Werkzeugen gegen sich selbst“ zu machen.

Man vermag diesen Ausführungen nicht mit dem Hinweis zu begegnen, der Subventionsbewerber könne ja von einer Antragstellung absehen und bräuchte damit keine Belastung auf sich nehmen. Hierbei würde man übersehen, daß sein Verzicht auf die Subvention zugleich ein Verzicht am Wettbewerb[195] und damit sein wirtschaftliches „out“ wäre.

Weiterhin kann man auch den Autoren nicht folgen, die in den auflagebelasteten Subventionen im Ergebnis immer noch eine ausschließliche Wohltat sehen, nämlich eine von vornherein nur teilweise Gewährung. In ihrer Gesamtwirkung stellen nämlich gerade die Auflagen im Subventionsbereich, die bis in die Details dem Empfänger eine Verpflichtung zu einem bestimmten Verhalten und zur zweckfinalen Verwendung der Gelder auferlegen, eine unerträgliche Beschwer dar und tangieren die von Art. 2 Abs. 1 GG geschützte individuelle Freiheitssphäre ebenso wie Akte der Eingriffsverwaltung.

---

[194] Rupp, DVBl. 1959, S. 85; ders., Grundfragen, S. 142.

[195] Eine Erscheinungsform der wirtschaftlichen Entfaltungsfreiheit ist die durch Art. 2 Abs. 1 GG gewährleistete Wettbewerbsfreiheit, vgl. Maunz / Dürig, GG-Komm., Anm. 48 zu Art. 2 Abs. 1 sowie Krebs, DVBl. 1977, S. 632 ff., 633 und Eyermann, WuV 1978, S. 149 ff., 151 mit Nachweisen.

Die belastende Wirkung der Subventionsvergabe gegenüber dem Empfänger kann sich schließlich auch darin zeigen, daß der Gesetzgeber sogar dann, wenn der Empfänger Arbeit und Kapital aufgewandt hat, um die Subventionen zu erhalten und sie entsprechend der staatlichen Intention zu verwenden, die Subventionierung aus Gründen des Gemeinwohls wieder abbrechen kann. Ob allerdings das Vertrauen auf die Weitergewährung den Eigentumsschutz des Art. 14 GG mit der Folge des Art. 14 Abs. 3 GG genießt, mag zweifelhaft erscheinen, zumal es hier am Merkmal des „Erdienens" öffentlicher Rechtspositionen fehlen wird[196]. Im übrigen begründet eine jahrelang gegebene Subvention keinen Anspruch auf weitere Subventionsgewährung[197].

Zusammengefaßt wird die Ansicht *Krügers*[198] der Problematik der heutigen Subventionsvergabe am meisten gerecht, der zutreffend die Realität darin sieht, daß mit der Auflage die gewährende Verwaltung wieder zur eingreifenden Verwaltung zurückkehrt.

β) Das Belastungsmoment bei der Subventionsvergabe in Richtung auf den Dritten (Konkurrenten)

Wie oben festgestellt wurde, erweist sich die Subventionsvergabe als ein Verwaltungsakt mit Doppelwirkung in bezug auf den Nichtadressaten. Bei diesem durch Literatur und Rechtsprechung neu entwickelten Rechtsinstitut ist jeweils problematisch, ob der den Dritten belastende Verwaltungsakt seine Rechtssphäre tangiert, oder ob der Dritte nur die Auswirkungen dieses Verwaltungsakts als bloß tatsächlichen Nachteil empfindet, ohne daß von einem Eingriff in seine Rechte die Rede sein kann. Um nun von einer Verletzung des Dritten im Rechtssinne sprechen zu können, erscheint es notwendig, nach spezialgesetzlichen Normen zu suchen, die dem Dritten über Rechtsreflexe hinausgehende Berechtigungen einräumen. Hier zeigt sich nämlich, daß die Rechtsordnung nicht jede tatsächliche Beschwer als erheblich ansieht und sie dem Weg zu den Gerichten zugänglich macht, sondern daß nur die rechtliche Beschwer dem gerichtlichen Rechtsschutz nach Art. 19 Abs. 4 GG i. V. mit § 42 Abs. 2 VwGO korrespondiert. In gleicher Weise kann der Vorbehalt des Gesetzes für eine Verwaltungsmaßnahme nur dann gefordert werden, wenn sie rechtlich und nicht nur faktisch beschwert[199].

---

196 Insoweit a. A. im Gegensatz zur h. M.: Friauf, DVBl. 1966, S. 738.

197 Diese Auffassung entspricht der ständ. Rspr. des Bundesverwaltungsgerichts seit dem Urteil vom 23. 9. 1969, NJW 1969, S. 2195 = JA 1970, S. 106. Hieran ändert auch nichts die Entscheidung (Ziffer 4 des Tenors) des BVerwG vom 28. 4. 1978 — 7 C 43/76 —, NJW 1979, S. 280 f., wonach die Zusage dem Grunde nach auf Gewährung von Zuschüssen dem Zusageempfänger einen entsprechenden Rechtsanspruch gewährt, zumal hier nur eine Selbstverständlichkeit des allgemeinen Verwaltungsrechts ausgesprochen wird. Vgl. zum Ganzen Jarass, JuS 1980, S. 119.

198 Krüger, DVBl. 1955, S. 451.

Wie *Schmidt*[200] zutreffend hervorhebt, war für die bisherige Rechtsprechung zur Konkurrentenklage kennzeichnend, daß sie die staatliche Subventionsförderung nur als keine Klage eröffnende Beeinträchtigung der wirtschaftlichen Interessen des Dritten erkannte. Die Ursache für diese Judikatur lag in erster Linie darin, daß das oberste Verwaltungsgericht an seinem üblichen Schutzzweckgedanken festhielt und sich scheute, Klagen des Dritten auf die Verletzung von Grundrechten zu stützen, obwohl es Klagen des Adressaten mit der Begründung einer Grundrechtsverletzung ohne weiteres als zulässig erachtete. Es lassen sich aber keine Gründe für eine Differenzierung denken, weshalb das Recht des verletzten Dritten geringer sein sollte als das des unmittelbar Beteiligten. Deshalb erschien auch die Kritik von *Schmidt* zu Recht angebracht: „Gelingt es der Verwaltungsgerichtsbarkeit nicht, vor allem die Grundrechte des Konkurrenten auch für den Bereich der Wirtschaft zu aktualisieren, dann wird in dem ständig wachsenden Teil unseres Rechtslebens der Rechtsschutz des Dritten zu einem Schattendasein verurteilt sein[201]."

Um so beachtenswerter erschien deshalb das Urteil des VII. Senats[202] vom 30. 8. 1968, in dem das Bundesverwaltungsgericht unter Hinweis auf das Investitionshilfeurteil[203] und unter Berufung auf den Beschluß des Bundesverfassungsgerichts vom 8. 1. 1959[204] — wonach die durch Art. 2 Abs. 1 GG geschützte Wettbewerbsfreiheit als Ausdruck der freien Persönlichkeitsentfaltung den Anspruch erhebe, durch die Staatsgewalt mit keinem Nachteil belastet zu werden, der nicht zur verfassungsmäßigen Ordnung gehört — einen allgemeinen verwaltungsgerichtlich geschützten Rechtsschutz des Konkurrenten aus Art. 2 Abs. 1 GG auch im Fall der nur mittelbar nachteiligen Auswirkung seiner Wettbewerbsfreiheit ableitet[205]. Um nun nicht Gefahr zu laufen, daß die Schrankenseite des

---

[199] Vgl. speziell zur Konkurrentenklage: Bernhardt, JZ 1963, S. 302 ff.; Stern, JuS 1965, S. 270 ff.; Schmidt, NJW 1967, S. 1635 ff.; Zuleeg, Subventionskontrolle durch Konkurrentenklage (1974) sowie Kopp, VwGO, Anm. 13, 30 zu § 40; 65, 81 zu § 42; 87 ff. zu § 113; ders., WuV 1978, S. 175 ff., 186 ff.

[200] Ausführlich Schmidt, NJW 1967, S. 1635 ff.

[201] Vgl. Schmidt, NJW 1967, S. 1641.

[202] BVerwGE 30, S. 191 = DVBl. 1969, S. 365 ff., mit Anm. v. Friauf, DVBl. 1969, S. 368 ff.; Scholz, NJW 1969, S. 1044 f.; Selmer, NJW 1969, S. 1266 f.; Schmidt, BB 1969, S. 653 f.; vgl. auch den Beschluß des VII. Senats vom 1. 3. 1978 — 7 B 144.76 — BayVBl. 1978, S. 375 f.

[203] BVerfGE 4, S. 7 ff., 16: „Einzelne Gruppen dürfen nur dann begünstigt werden, wenn dies durch das öffentliche Wohl geboten ist und schutzwürdige Interessen anderer nicht willkürlich vernachlässigt werden."

[204] BVerfGE 9, S. 83 ff., 88.

[205] Eine Verletzung von Art. 2 GG ist hier zweifellos zu bejahen. Das Belastungsmoment in bezug auf den übergangenen Dritten sollte aber nicht nach einer umständlichen Konstruktion — wie das BVerwG es vorexerziert — gefunden werden, sondern direkt auf dem Weg der Erkenntnis, daß hier

Art. 2 Abs. 1 GG — ähnlich wie im Elfes-Urteil[206] des Bundesverfassungsgerichts — paralysiert wird, hat *Selmer*[207] vorgeschlagen, das Belastungsmoment bei der Subventionsvergabe in bezug auf den Dritten nur im Falle eines unerträglichen und unzumutbaren Eingriffs in die Rechtssphäre des Konkurrenten zu bejahen.

Mit derartigen Erwägungen ist allerdings m. E. das Problem nicht gelöst. Man kann deshalb der Auffassung des Bundesverwaltungsgerichts ganz entschieden nur mit der Interpretation gerecht werden, die das bei der Subventionsvergabe subjektiv verletzte öffentliche Recht des Dritten allein aus dem in Art. 3 GG verankerten Grundrechtsschutz auf hoheitliche Respektierung der wettbewerblichen Ausgangslage herleitet[208]. Daß das Bundesverwaltungsgericht per se auf die wirtschaftliche Chancengleichheit abstellt, wie *Friauf*[209] mit Recht hervorhebt, erhellt aus folgendem Passus der Urteilsbegründung: „Im Gegensatz zur Erlaubniserteilung, wo der Begünstigte nur die Möglichkeit erwirbt, sich mit völliger Chancengleichheit am Wettbewerb zu beteiligen und den anderen Konzessionären die Klage dagegen verwehrt ist, besteht bei dem nichtzugelassenen Konkurrenten eine andere Rechtslage. Hier ist nämlich die Möglichkeit denkbar, daß der Staat die Chancengleichheit zerstört, indem er dem einen Gewerbetreibenden Vorteile zukommen läßt, die er dem Konkurrenten verweigert, und dadurch die Wettbewerbslage derart verzerrt, daß der Nichtbegünstigte nicht mehr existenzfähig ist.“

Die Richtigkeit dieser Argumentation ergibt sich auch daraus, daß das Bundesverwaltungsgericht in Leitsatz 1 des Urteils die Anfechtungsklage des Konkurrenten gerade für den Fall der willkürlichen Verletzung seiner schutzwürdigen Interessen bejaht. Das Willkürverbot ist aber als objektives Gerechtigkeitsprinzip grundgesetzlich ausschließlich an Art. 3 GG orientiert[210].

Daß der VII. Senat in seinem Leitsatz 2 Art. 2 Abs. 1 GG dennoch in den Vordergrund gestellt hat, resultiert daraus, weil er glaubte, daß Art. 3 GG nicht immer ausreichenden Rechtsschutz biete, zumal der Fall denkbar sei, daß zwischen Förderungsberechtigten und Dritten einmal

---

ein Eingriff in die — auch den Dritten schützende — Wettbewerbsfreiheit gegeben ist.

206 BVerfGE 6, S. 32 ff., 36.

207 Selmer, NJW 1969, S. 1266 f.

208 Vgl. Ipsen, VVDStRL 25, S. 303.

209 Friauf, DVBl. 1969, S. 368 ff.; Scholz, NJW 1969, S. 1044 f. hingegen meint, daß die Entscheidung richtiger auf Art. 12 Abs. 1 GG statt auf Art. 2 Abs. 1 GG zu stützen gewesen wäre; ihm widersprechend insb. BVerwG, Beschluß des 7. Senats v. 1. 3. 1978, NJW 1978, S. 1540.

210 Vgl. Leibholz / Rinck, Grundgesetz, Art. 3, Anm. 1 ff.; ebenso BVerfGE 15, S. 201.

nicht das tertium comparationis als Voraussetzung für das Anwendungsfeld des Art. 3 GG bestehe, jedoch die schutzwürdigen Interessen des Dritten durch die Begünstigung einer bestimmten Gruppe dennoch verletzt sind.

Die rechtliche Beschwer des Dritten bei der Subventionsvergabe ergibt sich sonach unmittelbar aus Art. 3 GG, weil der Gesetzgeber es unterlassen hat, die Chancengleichheit der Wettbewerbsteilnehmer durch ein Gesetz sicherzustellen. Nach der h. M. gewährleistet Art. 3 GG ein subjektives Recht des von der Subvention ausgeschlossenen Dritten auch dann, wenn die Subventionsvergabe lediglich auf Grund des Etattitels bzw. in Form von Richtlinien erfolgt ist[211].

Bei der Subventionierung begegnet weiterhin das Problem, ob partielle Subventionsvergaben zu Einbußen der von Art. 14 GG geschützten Eigentumsgarantie bei den nichtsubventionierten Konkurrenzunternehmen führen können. Während *Bellstedt*[212] partielle Wettbewerbsbegünstigungen als „Minderungen" des von Art. 14 GG geschützten Bestandes am eingerichteten und ausgeübten Gewerbebetrieb ansieht, vertritt das Bundesverwaltungsgericht in ständiger Rechtsprechung[213] zu Recht die Auffassung, daß beim Nichtsubventionierten die Möglichkeit einer Verletzung des Art. 14 GG durch eine Subventionsvergabe nicht in Betracht komme. Es handle sich hier immer nur um einen enteignungsgleichen Eingriff, der gerade nicht dem Art. 14 GG unterfalle[214].

211 Vgl. Götz, S. 37 ff., 288; Ossenbühl, S. 551; Friauf, DVBl. 1969, S. 368 ff. Ebenso OVG Berlin, NJW 1966, S. 2328. Hier findet Art. 3 GG trotz seiner andersartig geprägten Diktion Anwendung.

Zu Art. 3 Abs. 1 GG hat das Bundesverwaltungsgericht bereits wiederholt entschieden, daß ein Anspruch auf die Gewährung einer Theatersubvention gegeben sein kann, wenn deren Verweigerung sich im Hinblick auf die Subventionierung von Konkurrenztheatern als eine Verletzung des Gleichheitssatzes darstellen würde, vgl. die Rechtsprechungsübersicht in JuS 1980, S. 371.

Nach Kopp, WuV 1978, S. 189 f. erscheint es richtiger, die Klagebefugnis außer auf Art. 2 Abs. 1 bzw. 12 Abs. 1 GG auf den Satz des ungeschriebenen Rechts zu stützen, daß Verwaltungsakte im Rechtsstaat nur zulässig sind, wenn die Behörde damit das öffentliche Interesse verfolgt, und daß dieses öffentliche Interesse nicht getrennt von den Interessen der Betroffenen gesehen werden kann, sondern deren Berücksichtigung mit einschließt mit der Folge, daß sich für den Träger der so geschützten Interessen auch ein entsprechendes formelles subjektives Recht daraus ergibt. Diese Auffassung steht in Einklang mit der Rspr. des BVerwG (Urteil des 4. Senats vom 25. 2. 1977, BVerwGE 52, S. 122 bzw. Beschluß des 7. Senats vom 1. 3. 1978, NJW 1978, S. 1539 f.).

212 Bellstedt, DÖV 1961, S. 167.

213 Seit dem Urteil vom 30. 8. 1968, BVerwGE 30, S. 191.

214 Vgl. zu dieser Problematik: Friauf, DVBl. 1966, S. 733; Götz, S. 274 ff.; Zacher, VVDStRL 25, S. 368 ff.; Bleckmann, S. 81. Das Bundesverfassungsgericht kann nur auf eine unergiebige und unbefriedigende Rechtsprechung hinsichtlich der Bedeutung des von Art. 14 GG geschützten Eigentums für das öffentliche Wirtschaftsrecht zurückblicken, vgl. z. B. BVerfGE 4, S. 7 ff., 17; E 14, S. 221 ff., 241, 263.

bb) Das Demokratiegebot des Grundgesetzes als Postulat eines Gesetzesvorbehalts für die Vergabe von Subventionen

Eng mit dem Rechtsstaatsgedanken ist das demokratische Prinzip des Grundgesetzes verbunden. Die angeblich unüberbrückbare Antinomie von Demokratie und Rechtsstaat entstammt einem Denken, das die aufgegebene Wirkungseinheit des geschichtlich konkreten Gemeinwesens in abstrakte Antithesen und Polaritäten auflöst, in dem Recht und Politik, Recht und Macht, Recht und Staat einander in innerer Fremdheit und Beziehungslosigkeit gegenübertreten[215]. Vielmehr ist heute zu konstatieren, daß das Demokratiegebot und das Rechtsstaatspostulat auf dem langen Wege deutscher Verfassungsentwicklung im Bonner Grundgesetz zu einer harmonischen Synthese verwachsen sind[216]. Das Recht steht im Rechtsstaat der öffentlichen demokratischen Ordnung nicht nur nicht entgegen, es ist Bedingung ihrer Möglichkeit[217]. Aus diesem Grunde erscheint es nur allzu selbstverständlich, daß Stimmen laut geworden sind, dem rechtsstaatlichen den demokratischen Gesetzesvorbehalt kumulativ an die Seite zu stellen[218].

Konnte aus der Rechtsstaatsidee das Postulat einer Primärentscheidung des Parlaments bei der Vergabe staatlicher Wirtschaftssubventionen abgeleitet werden, weil damit zum einen der Schutz der persönlichen Freiheit des Bürgers garantiert ist, zum anderen die Schranken und rechtlichen Bindungen aller staatlichen Machtausübung genau markiert werden, so ist hier die Frage gestellt, welche Legitimierung und Kontrolle der demokratische Prozeß der politischen Willensbildung dem wirtschafts-, sozial- bzw. gesellschaftspolitischen Lenkungs- und Gestaltungspotential der staatlichen Subventionierung auferlegt, um tiefgreifenden und nachhaltigen Beeinflussungen der Wettbewerbsverhältnisse sowie Verzerrungen und differenzierenden Veränderungen des gesamtwirtschaftlichen Ablaufs vorzubeugen. Das Bonner Grundgesetz gibt hierauf zunächst nach seinem in Art. 20 Abs. 1 niedergelegten Bekenntnis zur Demokratie in Art. 20 Abs. 2 Satz 1 ein eindeutige, jedoch globale Antwort: „Alle Staatsgewalt geht vom Volke aus[219].“

---

[215] So zutreffend Rinken, S. 273.

[216] Vgl. hierzu Preuß, S. 131 ff.

[217] Vgl. Rinken, S. 275.

[218] Allen voran Ossenbühl, S. 269 ff.; insb. Mallmann folgert aus dem demokratischen Prinzip das Gebot der Gesetzmäßigkeit der Verwaltung, vgl. VVDStRL 19, S. 185 f.

[219] Während in Art. 20 Abs. 1 GG die Demokratie als Staatsform zum fundamentalen Grundsatz der verfassungsmäßigen Ordnung erklärt wird, regelt Art. 20 Abs. 2 S. 1 GG als hauptsächlichsten Bestandteil der demokratischen Idee die Volkssouveränität. Hierin ist das tragende Ordnungsprinzip des demokratischen Staates verankert, wonach alle Staatsgewalt auf den Volkswillen zurückgeführt werden muß. Das Demokratieprinzip als solches ist schlechthin unabänderlich im Sinne von Art. 79 Abs. 3 GG.

Zur Erarbeitung eines adäquaten Demokratieverständnisses haben wesentlich beigetragen die verdienstvolle Arbeit von *Jesch*[220] sowie insbesondere die Rechtsprechung des Bundesverfassungsgerichts[221]. Während *Jesch*[222] vor dem historischen Hintergrund der Veränderung der Parlament-Exekutive-Relation überzeugend den Nachweis der Aufhebung der Antagonismen von Staat und Gesellschaft führte sowie aus dem Gedanken der Volkssouveränität zu Recht die Konsequenz ableitete, daß sich die Gesellschaft weitestgehend des Staatsapparates bemächtigt hat, analysierte das oberste Verfassungsgericht nach sehr sorgfältiger und exakter Erarbeitung der Tatbestandsmerkmale[223] der freiheitlichen demokratischen Grundordnung im Lichte des Grundsatzes der parlamentarischen Demokratie die entscheidende Frage der Abhängigkeit der Zweiten von der Ersten Gewalt. War in den Formulierungen mehrerer Entscheidungen des Bundesverfassungsgerichts[224] (ebenso wie im Vorlagebeschluß des OVG Münster[225] vom 18. 8. 1977) unter Bezugnahme auf das Demokratieprinzip zunächst noch die deutliche Tendenz[226] einer Entwicklung zum Totalvorbehalt[227] mit absolutem Vorrang des Gesetzgebers sichtbar geworden, so hat der 2. Senat dieses Gerichts im Kalkar-Beschluß[228] vom 8. 8. 1978 — die Argumente von *Jesch* aufgreifend — klargestellt, daß wegen der Erkenntnis auch der demokratischen Komponente des in Art. 20 Abs. 3 GG verankerten Vorbehaltsgrundsatzes „die konkrete Ordnung der Verteilung und des Ausgleichs staatlicher Macht, die das Grundgesetz gewahrt wissen will, nicht durch einen aus dem Demokratieprinzip fälschlich abgeleiteten Gewaltenmonismus in Form eines allumfassenden Parlamentsvorbehalts unterlaufen werden dürfe“[229].

---

220 Jesch, Gesetz und Verwaltung (1961).

221 Angefangen mit E 2, S. 1 ff., 13 f. bzw. 18, S. 151 ff., 154 und neuerdings insb. mit E 34, S. 52 ff., 59; 40, S. 237 ff., 249; 47, S. 46 ff., 79; 49, S. 89 ff., 124 ff.

222 Jesch, S. 173, 205 f.

223 Vgl. BVerfGE 2, S. 12/13: „So läßt sich die freiheitliche demokratische Grundordnung als eine Ordnung bestimmen, die unter Ausschluß jeglicher Gewalt- und Willkürherrschaft eine rechtsstaatliche Herrschaftsordnung auf der Grundlage der Selbstbestimmung des Volkes nach dem Willen der jeweiligen Mehrheit und der Freiheit und Gleichheit darstellt. Zu den grundlegenden Prinzipien dieser Ordnung sind mindestens zu rechnen: Die Achtung vor den im Grundgesetz konkretisierten Menschenrechten, vor allem dem Recht der Persönlichkeit auf Leben und freie Entfaltung, die Volkssouveränität, die Gewaltenteilung, die Verantwortlichkeit der Regierung, die Gesetzmäßigkeit der Verwaltung, die Unabhängigkeit der Gerichte, das Mehrparteienprinzip und die Chancengleichheit für alle politischen Parteien mit dem Recht auf verfassungsmäßige Bildung und Ausübung einer Opposition.“

224 Vgl. z. B. E 34, S. 52 ff., 59; 40, S. 237 ff., 249; 47, S. 46 ff., 79.

225 DVBl. 1978, S. 62 ff., 63 f.

226 Federführend insb. BVerfGE 40, S. 249.

227 Vgl. hierzu auch BVerwGE 47, S. 194 ff., 198 sowie Bleckmann, S. 52.

228 BVerfGE 49, S. 89 ff.

229 BVerfGE 49, S. 125 ff.

In welchen Bereichen danach staatliches Handeln einer Rechtsgrundlage im förmlichen Gesetz bedarf, läßt sich nur im Blick auf den jeweiligen Sachbereich und die Intensität der geplanten oder getroffenen Regelung ermitteln. Die verfassungsrechtlichen Wertungskriterien sind dabei in erster Linie den tragenden Prinzipien des Grundgesetzes, insbesondere den vom Grundgesetz anerkannten und verbürgten Grundrechten zu entnehmen. Nach den gleichen Maßstäben beurteilt sich, ob der Gesetzgeber, wie der verfassungsrechtliche Gesetzesvorbehalt weiter fordert (BVerfGE 34, S. 165, 192), die wesentlichen normativen Grundlagen des zu regelnden Rechtsbereichs selbst festgelegt und dies nicht dem Handeln etwa der Verwaltung überlassen hat[230].

War das Parlament einst der Anwalt der gesellschaftlichen Interessen gegenüber dem Staat, d. h. gegenüber dem Monarchen und seiner Exekutive, so ist es heute nach der Konzeption der geltenden Verfassung des Bonner Grundgesetzes der maßgebliche Ort, an dem die durch das allgemeine und gleiche Wahlrecht delegierten Repräsentanten der pluralistischen Interessen des Volkes ihre unterschiedlichen Standpunkte austragen und zur Entscheidung bringen. Allein hier findet ein Interessenausgleich statt und wird politische Willensbildung des Volkes in relevante Staatswillensbildung transformiert[231]. Das Parlament ist spezifisch jene Institution, in welcher der Gemeinschaftsbezogenheit des Wirtschaftseigentums aktuelle Geltung verschafft werden muß. Na-

[230] BVerfGE 49, S. 127; diese zweistufig differenzierte Prüfung am Maßstab des Gesetzes- und Parlamentsvorbehalts hat der 2. Senat des Bundesverfassungsgerichts bereits am 19. 4. 1978 (E 48, S. 210 ff., 216, 226 f. bzw. JuS 1978, S. 790 f.) bei Würdigung der Verfassungsmäßigkeit der Bestimmung des § 34 c Abs. 3 EStG praktiziert („Dabei geht der Senat davon aus, daß das Ausmaß der erforderlichen Bestimmtheit einer gesetzlichen Ermächtigung sich nicht allgemein festlegen lasse, sondern von der Eigenart des geregelten Sachbereichs abhänge, insbesondere von dem Ausmaß, in dem Grundrechte betroffen würden, und von der Art und der Intensität des Verhaltens, zu dem die Verwaltung ermächtigt werde .... Nach alledem hat der Gesetzgeber nach Meinung des BVerfG hinreichend deutlich gemacht, welches ‚Programm' durch die Vorschrift des § 34 c Abs. 3 EStG verwirklicht werden solle und wo die Grenzen des Verwaltungshandelns der Finanzbehörden lägen").

[231] Daß an der Umformung dieses Willensbildungsprozesses in erheblichem Umfang die Interessenverbände beteiligt sind, sei hier nur kurz angedeutet. Als Reproduzenten des nach Spezialinteressen differenzierten Volkswillens sind sie schlechthin der institutionelle Ausdruck einer pluralistischen Gesellschaft.

Das Bundesverfassungsgericht (BVerfGE 20, S. 56 ff., S. 98) hat im Parteienfinanzierungsurteil den permanenten Prozeß politischer Willens- und Machtbildung wie folgt umschrieben: „Willensbildung des Volkes und Bildung des staatlichen Willens durch seine verfaßten Organe müssen unterschieden werden. Von dieser Unterscheidung geht das Grundgesetz aus. Es handelt in Art. 21 Abs. 1 GG von der Willensbildung des Volkes, in Art. 20 Abs. 2 GG von der Bildung des Staatswillens. Nur dann, wenn das Volk als Verfassungs- oder Kreationsorgan durch Wahlen und Abstimmungen selbst die Staatsgewalt ausübt (Art. 20 Abs. 2 S. 2 GG), fällt die Äußerung des Volkswillens mit der Bildung des Staatswillens zusammen."

mentlich erklärt die mit dem Interessenausgleich verbundene Integration der Gesellschaft in den Staat den Anspruch der Bürger auf Teilhabe und das berechtigte Postulat der Gesellschaft nach gerechtem Ausgleich sowie nach sozialer Verteilung und Aufteilung der ihr vom Staat entzogenen Steuergelder.

Nach den anerkannten Regeln der Politik und des Staatsrechts sind Partner des die Demokratie charakterisierenden dialektischen Prozesses im Parlament zum einen die Regierung nebst der Parlamentsmehrheit, zum anderen die Opposition. Können die Reden und Handlungen der Regierungsmitglieder nicht einmal als eine Vertretung des Mehrheitsstandpunktes betrachtet werden, so vermag die Regierung keinesfalls als Ausgleichsorgan der unterschiedlichen politischen Interessen des gesamten Volkes fungieren. *Badura*[232] ist deshalb vollinhaltlich beizupflichten, wenn er dafürhält, daß grundlegende und langfristige Entscheidungen — wie beispielsweise die Finanzplanungen — parlamentarisch, d. h. politisch und nicht bürokratisch, abzusichern sind, wenn diese Ausdruck eines plebiszitären Konsenses sein und Aussicht auf Befolgung und Bestand haben sollen.

Seit Bestehen der Bundesrepublik Deutschland sind sowohl erhebliche soziale Ungleichheiten[233] als auch unbewältigte ökonomische Ungleichgewichtssituationen zu beobachten, was die Annahme rechtfertigt, daß dieser Tatbestand strukturelle Gründe hat und daher auch von verfassungsstruktureller Bedeutung ist, welche darin zu sehen sei, daß mit dem Mißlingen der bürokratischen Versuche, soziale Gleichheit und wirtschaftliches Gleichgewicht herzustellen, nicht nur die daraus resultierenden sozialen und ökonomischen Probleme bewältigt werden müssen, sondern daß gleichzeitig die darin enthaltenen inhaltlichen Legitimationen versagt haben[234]. Aus diesem Gedanken hat *Ulrich Preuß* zu

[232] Badura, Festschrift, S. 1 ff., 15.

[233] Zur Analyse dieses Phänomens aus rechtssoziologischer Sicht grundlegend: Dahrendorf, „Über den Ursprung der Ungleichheit unter den Menschen“ (Antrittsvorlesung an der Universität Tübingen vom 8. 2. 1961).

[234] Vgl. hierzu Preuß, Legalität und Pluralismus, S. 107: „Seit der staatlichen Bürokratie die Aufgabe zugefallen ist, durch kontinuierliche sozialstaatliche Aktivität auch materiell Gleichheit und durch ökonomische Steuerung auch materiell gesamtwirtschaftliches Gleichgewicht und damit materiell gesellschaftliche Kontinuität sicherzustellen, verliert das Parlament zunehmend an Legitimation, soweit es jene Allgemeinheit politischer Herrschaft lediglich ideell herstellt. Je erfolgreicher die Bürokratie materiell gesellschaftliche Gleichheit und Kontinuität durch Realisierung des Sozialstaats und eines gesamtwirtschaftlichen Gleichgewichts schafft und gewährleistet, desto mehr erhält sie, zusätzlich zur sozialen Befriedung der Massen, jene Legitimation, die den Prinzipien von gesellschaftlicher Allgemeinheit, Gleichheit und Kontinuität ihr auch heute noch wirksames Pathos verleihen. Es gibt indessen keine strukturellen Gründe dafür, daß der staatlichen Bürokratie unter kapitalistischen Bedingungen diese Aufgabe je gelingen könnte.“ Weiter S. 111: „Der verfassungsrechtliche Auftrag an die Bürokratie, das ‚ge-

Recht die These aufgestellt, daß die demokratische Legitimation des Parlaments stets dann mobilisiert werde, wenn die sozialstaatlichen oder ökonomischen Bürokratien ihre Funktionen nicht erfüllen können und so ein Legitimationsverlust eintrete[235].

Die skizzierte Vorrangstellung des Parlaments zeigt sich nun vor allem darin, daß dem Parlament als dem Ausgleichsort der pluralistischen Interessen legitimerweise die Gestaltungs- und Lenkungskompetenz bei der Verteilung staatlicher Mittel zukommt[236]. Dies hat das Bundesverfassungsgericht in seinem Urteil zum Investitionshilfegesetz zutreffend herausgestellt (BVerfGE 4, S. 7 ff.). Der seiner Praxis zugrunde liegende Leitgedanke von der „wirtschaftspolitischen Neutralität" des Grundgesetzes basiert auf dem demokratisch und sozialstaatlich fundierten Ausgangspunkt, daß der Gesetzgeber nach seiner politischen Gestaltungsfreiheit, wenn auch gebunden an die Verfassung, über die wirtschaftspolitisch für richtig erachteten Maßnahmen und Gestaltungen befinden dürfe. Eine Grenze staatlichen Handelns ist dem parlamentarischen Gesetzgeber insbesondere durch die verfassungsrechtliche Bindung dort gesetzt, wo eine wirtschaftspolitische Entscheidung auf Garantien, Freiheiten oder Rechte stößt[237]. Die demokratische und soziale Staatsordnung setzt diese Schranken mit den Geboten der Menschenwürde, der Gleichheit und Freiheit aller. Mit diesen Leitlinien identifiziert sich das demokratische Sozialstaatswesen, allein hierin konkretisiert es die salus publica und bindet seine Verwirklichung an die wirklichen Interessen der Bürger[238].

Geht man nun richtigerweise von der Überlegung aus, daß die grundgesetzlichen Freiheitsrechte einerseits dem einzelnen ein Maximum freier und souveräner Lebensgestaltung sichern und ihn vor staatlichen Einschränkungen schützen, welche das bürgerliche Selbstbestimmungsrecht erheblich tangieren (status negativus), andererseits die staatliche Anerkennung einer Form von Vergesellschaftung garantieren, die auf

---

samtwirtschaftliche Gleichgewicht' (vgl. § 1 StabG in Ausführung des Art. 109 GG) zu garantieren, bedeutet indessen, daß die Anwendung staatlicher Gewalt nunmehr explizit an die Gesetze der Kapitalverwertung gebunden wird."

[235] Preuß, Legalität und Pluralismus, S. 109.

[236] Überzeugend ausgeführt bei Jesch, S. 172.

[237] Vgl. Badura, JuS 1976, S. 205 ff., 209.

[238] Rinken, S. 252, 260 bzw. Hesse, S. 66.

Weitere Verfassungslimitierungen mit dem Ziel der Beschränkung des Umfangs der staatlichen Subventionierungsmöglichkeiten ergeben sich schließlich aus dem wirtschaftsverfassungsrechtlichen Subsidiaritätsprinzip sowie aus den Grundsätzen der Verhältnismäßigkeit und der Erforderlichkeit als Bestandteile der verfassungsmäßigen Ordnung und minimalisieren bzw. reduzieren logischerweise das allzu weite Sozialstaatspostulat, vgl. 2. Kap. I. 1. und passim.

der Verfügung des Individuums über seine Person und sein Eigentum beruht[239], und erkennt man mit *Ulrich Preuß* zu Recht die Legitimation der Akte des aus allgemeinen und gleichen Wahlen hervorgegangenen parlamentarischen Gesetzgebers aus der darin verankerten Anerkennung jedes Individuums als gleich und frei[240], so sind mit diesen Prämissen die gesellschaftstheoretischen Voraussetzungen klar umrissen: Sie bestehen in der bedingungslosen Respektierung jedes Gesellschaftsmitglieds als Rechtspersönlichkeit und in der Anerkennung freier souveräner Selbstverfügung und Entfaltung dieses Individuums[241].

cc) Ergebnis und Folgerung

Versucht man, die wesentlichen Punkte der Erörterungen über die Begründung eines subventionären Gesetzesvorbehalts unter rechtsstaats- und demokratietheoretischen Aspekten resümierend festzuhalten, so werden folgende Feststellungen zu treffen sein:

a) Legitimationsprinzipien des sozial- und rechtsstaatlichen wie demokratischen Leistungssystems der modernen Industriegesellschaft

Die Legitimationsprinzipien des sozial- und rechtsstaatlichen wie demokratischen Leistungssystems der modernen Industriegesellschaft sind die der Freiheit und der Teilhabe. Die wirtschaftspolitische Neutralität des Grundgesetzes sowie tragende Grundsätze der geltenden Verfassung gebieten dem ordnenden und lenkenden Subventionsgesetzgeber in dem in § 1 StabG[242] präzisierten Rahmen der marktwirtschaftlichen Ordnung auf Herstellung eines gesamtwirtschaftlichen Gleichgewichts hinzuarbeiten, die Wettbewerbsverhältnisse sowie den gesamtwirtschaftlichen Prozeß nach sozialen Gesichtspunkten unter Beachtung der Gemeinschaftsbezogenheit des Wirtschaftseigentums lediglich zu korrigieren, nicht aber zu verfälschen oder zu verzerren[243]. Insbesondere ist der grundgesetzlich in Art. 2 Abs. 1 GG garantierte Kerngehalt der allgemeinen Handlungsfreiheit in der spezifischen Ausformung der Frei-

---

[239] Vgl. Habermas, S. 88 ff.

[240] Preuß, Legalität und Pluralismus, S. 88.

[241] Damit ist zugleich das Ziel unserer Verfassung erreicht, wonach das Recht im demokratischen, rechtsstaatlich verfaßten Sozialstaat in all seinen Funktionen der Verwirklichung größtmöglicher realer Selbstbestimmung des Menschen dienen soll (Art. 1 u. 20 GG), vgl. Rinken, Der neue Jurist, S. 22 und Krebs, Vorbehalt des Gesetzes und Grundrechte, Kap. ‚Grundrechtliche Freiheit und Demokratie', S. 59 ff.

[242] Stabilitätsgesetz v. 8. 6. 1967, BGBl. I, S. 582, zul. g. 18. 3. 1975, BGBl. I, S. 710.

[243] Dieses Postulat ist Ausdruck des Gebotes einer verhältnismäßig gleichen Behandlung im Sinn der aequitas.

heit im wirtschaftlichen Verkehr, der Vertrags- und Wettbewerbsfreiheit unantastbar. Jede verfassungspolitische Zielsetzung muß von der Idee getragen sein, daß das Grundgesetz als Verfassung einer Gesellschaft mit vorwiegend privatwirtschaftlichen Produktionsverhältnissen und mit überwiegend marktwirtschaftlichem Verkehr geschaffen wurde und in diesem Status zu belassen ist. Die rechtsstaatliche Definiertheit und die demokratische Kontrollierbarkeit des Staates nebst den grundrechtlichen Freiheiten verbieten eine umfassende Konzentration der politischen Herrschaft und der ökonomischen Macht. Für den einzelnen — nach dem Ideal des Rechtsstaatsprinzips allumfassend geschützten — Subventionspetenten ergibt sich daraus, daß er — wie es das Bundesverfassungsgericht im Numerus-clausus-Urteil vorexerziert hat[244] — seine subventionären Teilhabeansprüche auf das beschränken muß, was er vernünftigerweise von der Gesellschaft beanspruchen kann.

β) Postulat einer allumfassenden und strengen Publizität

Unter rechtsstaats- wie demokratietheoretischen Gesichtspunkten schließlich ist allumfassende Publizität unabdingbar, soll nicht moderne Staatsaufgabenerfüllung geheime Kabinettpolitik sein und bleiben. Wichtige Gemeinschaftsentscheidungen erfordern bereits in der Anfangsphase strenge Publizität. Nur wo Publizität herrscht, kann es auch Verantwortung der Herrschenden und das Bewußtsein der Verantwortlichkeit bei den Beherrschten geben. *Konrad Hesse*[245] hat diesen Gedanken in sehr treffender und pointierter Weise unterstrichen wie folgt: „In alledem ist Demokratie nach ihrem Grundprinzip eine Sache mündiger, informierter Staatsbürger, nicht einer unwissenden, dumpfen, nur von Affekten und irrationalen Wünschen geleiteten Masse, die von wohl- oder übelmeinenden Regierenden über die Frage ihres eigenen Schicksals im Dunkeln gelassen werden." *Rinken*[246] hat Publizität mit der kurzen — jedoch sehr anschaulichen — Formel „als offenbarste, nicht aber äußerlichste Komponente" umrissen, „welche das Medium darstellt, in dem das Gemeinwohl des Volkes die Chance seiner Wirklichkeit hat".

b) Grundrechtstheoretische Begründung eines subventionären Gesetzesvorbehalts

aa) Die essentiell freiheitssichernde Funktion des Gesetzesvorbehalts im Bereich der Subventionsvergabe

Besinnt man sich auf die Idee der Vorbehaltsproblematik, so lassen sich deren Wurzeln bis zu den Anfängen des Verfassungsstaates über-

244 BVerfGE 33, S. 303 ff., 333.
245 Hesse, S. 63.
246 Rinken, S. 248.

haupt zurückverfolgen. Dabei kann festgestellt werden, daß dem Gedanken von der Garantie des Gesetzes schon immer originär die freiheitssichernde Aufgabe und Zielsetzung immanent gewesen ist. Begriffe wie Gesetz und Freiheit standen bereits von jeher in einer so engen und unlösbaren Verbindung, daß es eigentlich nur um die Frage ging, wie das Gesetz die Freiheit des einzelnen sichern wolle und könne. Die Antwort auf diese Frage ist dabei ausschließlich nach den jeweiligen politischen Gegebenheiten zu beantworten. So wird beispielsweise ein Staat absolutistischer Ausformung dieses Prinzips und Verhältnis von Gesetz und Freiheit — sofern überhaupt noch ein Restgehalt an Freiheit zurückbleibt — anders ausgestalten als etwa eine demokratische Staatsform. Deshalb erscheint es weder logisch noch zwingend zu sein, das Gesetzmäßigkeitsprinzip gemäß seiner konstitutionell-monarchischen Prägung und Sinngebung auf eine politisch und rechtlich ganz anders strukturierte und organisierte Staatsform, wie sie die Bundesrepublik darstellt, zu übertragen und daraus für letztere Schlüsse zu ziehen. Vielmehr vermag dieses eben nur als ein Ausschnitt aus einem Sinnganzen, d. h. als mögliche Form einer speziellen Denkweise und Ausgestaltung innerhalb der damals gerade bestehenden Staatsform angesehen werden, die aufzeigt, wie ein Staat die Freiheit des einzelnen subjektiv auf bestmögliche Weise schützen und gewährleisten will, etwa in der Form einer Teilhabe der Gesellschaft an der Gesetzgebung, die als Garantie der Freiheit von der Staatsgewalt fungieren soll. Entscheidend dürfte in jedem Falle sein, daß die essentiell freiheitssichernde Funktion des Prinzips positiver Gesetzmäßigkeit nur dann erfüllt ist, wenn angesichts einer potentiell drohenden Freiheitsverletzung eine gesetzliche Grundlage vorhanden ist, die dem Betroffenen sagt, daß er sich die Einschränkung gefallen lassen muß, und welche selbst die Abgrenzung zwischen Freiheit und Bindung vornimmt.

Diese Überlegungen vorangestellt ermöglichen den Zugang zu der Frage, wie in der heutigen Verfassungslage der Bundesrepublik die Freiheit des einzelnen bei einem neu auftretenden Tatbestand, wie ihn die Subventionierung verkörpert, entsprechend der Verfassung durch ein freiheitssicherndes Gesetz zu schützen ist, damit den an ihm partizipierenden einzelnen ihr Freiheitsstatus garantiert ist. Allein die gegenwärtig bestehende Verfassung gibt uns die Antwort, wie sie die individuelle Freiheit verstanden wissen will, indem sie in demonstrativer und ostentativer Weise die Grundrechte vor die Organisationsnormen stellt, gerade in bewußter Abkehr von der Praxis der Weimarer Verfassung, die in den Art. 109 ff. einen Grundrechtskatalog enthielt, der zwar mit dem des Bonner Grundgesetzes formell vergleichbar war, deren Grundrechte jedoch infolge des Art. 48 Abs. 2 sowie infolge des Fehlens jeglicher formeller Garantien und einer Verfassungsgerichtsbarkeit[247] leerliefen, ein Bestreben, mit dem das Grundgesetz gerade die Rechtsstaatlichkeit und Freiheitlichkeit der Bundesrepublik Deutschland betonen will. Ohne Zweifel sind die Grundrechte in erster Linie dazu bestimmt, die Freiheitssphäre des einzelnen vor Eingriffen der öffentlichen Gewalt zu sichern: Sie sind im status negativus angesiedelt und bilden Abwehrrechte[248] des Bürgers gegen den Staat, indem sie eine Schranke für die Staatsgewalt aufstellen und den status passivus begrenzen. Dem Art. 2 Abs. 1 GG kommt heute sogar ein subjektiv öffentliches Recht auf Gesetzmäßigkeit eines freiheitsbeschränkenden Eingriffs zu[249], was deutlich dem ursprünglichen Zusammenhang von Grundrecht, Vorbehalt und Freiheit entspricht.

Subventionen pflegen beim Empfänger immer ein Gefühl der Abhängigkeit zurückzulassen, die eine Beeinträchtigung seiner wirtschaftlichen und persönlichen Freiheit zur Folge hat. Diese Interdependenzwirkung i. S. einer untrennbaren Wechselbeziehung von Begünstigung und Belastung geht weit über die nur unbeachtlichen essentialia et naturalia negotii, die jedem Rechtsverhältnis eigen sind, hinaus. Die Macht der Subventionsverwaltung ist heute nicht weniger real als die der Eingriffsverwaltung. *Rupps* Forderung[250] nach einer rechtlichen Fixierung zwecks Verteidigung gegenüber einer übermächtigen Leistungsverwaltung mit dem Ziel, die verlorene Partnerschaft des Bürgers zum Staat wiederherzustellen, liegt deshalb im Kern nur der Freiheitsgedanke zugrunde. Auch *Forsthoff*[251] betont das freiheitliche Anliegen des Gesetzesvorbehalts im Subventionsbereich, indem er dafürhält, daß der Bürger unter den heutigen Gegebenheiten überhaupt erst durch eine rechtlich gesicherte Teilhabe an der Daseinsvorsorge, unter die er auch die Subventionierung zählt, zur Freiheit gelangen kann.

Die dargelegte Funktion des Gesetzes für die Realisierung der Freiheit im Subventionsbereich beantwortet das Grundgesetz im Hinblick auf das Gesetzmäßigkeitsprinzip im Ergebnis damit, daß es nur über das formelle Gesetz oder auf gesetzlicher Grundlage nach Maßgabe der Wesensgehaltssperre des Art. 19 Abs. 2 GG eine Einschränkung der Grundrechte zuläßt. Mit dieser Feststellung ist aber zugleich auch die Verbindung für das im Folgenden zu behandelnde Prinzip der Gleichheit angesprochen, was darin zum Ausdruck kommt, daß sich der Bür-

---

[247] Zutr. Starck, JuS 1981, S. 237: „Der heute bestehende Standard der Grundrechte in der Bundrepublik wäre ohne Verfassungsgerichtsbarkeit nicht erreicht worden.“

[248] Vgl. BVerfGE 7, S. 198 ff., 204 f., 208 und ausführlich dazu Starck, JuS 1981, S. 240.

[249] Maunz / Dürig, GG-Komm., Art. 2 Abs. 1 Rz. 26; vgl. auch BVerfGE 7, S. 32 ff., 37; 9, S. 11; 9, S. 88.

[250] Rupp, DVBl. 1959, S. 84 f.

[251] Forsthoff, Rechtsfragen, S. 42.

ger eine Einschränkung nur dann gefallen zu lassen braucht, wenn sie in gleichem Umfang die anderen Mitbürger trifft oder möglicherweise treffen kann.

bb) Das verfassungsrechtliche Gebot der Gleichbehandlung aller Bürger und der Gesetzesvorbehalt für die Vergabe von Subventionen

War im vorausgegangenen Abschnitt das Verhältnis von Gesetz und Freiheit Gegenstand der Untersuchung, die die Hintergründe für eine Ausdehnung des Gesetzesvorbehalts auf den Subventionsbereich beleuchtet hat, so geht es hier um die Notwendigkeit, auch aus dem Gesichtspunkt des in Art. 3 GG zum Ausdruck kommenden Gleichheitsgebots zu einer Erweiterung der Gesetzmäßigkeit auf den Bereich der staatlichen Subventionsvergabe zu gelangen. Dabei ist zunächst die Beziehung von Recht und Gerechtigkeit, die in dem Postulat nach Gleichheit und Gleichbehandlung widerspiegelt, in Richtung auf das positive Gesetzmäßigkeitsprinzip näher zu analysieren.

Auch hier läßt sich die Feststellung treffen, daß das Prinzip der Gleichheit i. S. einer richtig verstandenen Gleichbehandlung ebenso wie der Gedanke der Freiheit im Verhältnis zum Gesetz als ein der Rechtsordnung vorgegebener und dauernder Grundwert einer staatlichen Ordnung anzusehen ist, den der Gesetzgeber bei Schaffung der Verfassung bereits vorgefunden hat[252]. Dieser Grundordnung liegt letztlich die Vorstellung zugrunde, daß der Mensch in der Schöpfungsordnung einen eigenen, selbständigen Wert besitzt und Freiheit und Gleichheit dauernde Grundwerte einer staatlichen Einheit sind[253]. Um nun das Gleichheitsgebot auf optimalem Wege zu verwirklichen, ist nach einem Maßstab zu suchen, an welchem sich die Prinzipien von Gleichheit und Gerechtigkeit zu orientieren vermögen.

Der Gleichheitssatz geht in seiner Allgemeinheit von der Überlegung aus, daß Sachverhalte irgendwie immer ungleich sind, daß aber nicht alle tatsächlichen Verschiedenheiten zu einer unterschiedlichen Behandlung im Recht führen dürfen[254]. Die Frage ist deshalb nicht in der Weise zu stellen, ob völlig Gleiches i. S. einer Identität ungleich behandelt

---

[252] Diese Auffassung zählt seit den grundsätzlichen Abhandlungen von Leibholz, DVBl. 1951, S. 193 ff. und Schaumann, JZ 1966, S. 721 ff. zum festen Bestand einer gesicherten Erkenntnis.

[253] So bereits die frühen Entscheidungen des Bundesverfassungsgerichts, vgl. z. B. E 2, S. 12; 5, S. 204 ff.; 7, S. 205; 10, S. 81.

[254] Über die Frage, wann eine Differenzierung gestattet ist, entscheidet allein das Merkmal der Natur der Sache als ehemalige naturrechtliche Konkretisierung des Gerechtigkeitsgedankens. Zur Problematik der Natur der Sache und dem Gleichheitssatz vergleiche den gleichnamigen Aufsatz von Schmidt, JZ 1967, S. 402 ff. und dens., Gleichheitssatz, S. 80 ff. sowie Radbruch, Festschrift, S. 166 ff.; Engisch, Festschrift, S. 90 ff.; Müller, S. 94 ff.

werden darf, da dies bereits den allgemeinen Grundsätzen des Rechtsstaats zuwiderlaufen würde. Es geht vielmehr darum, inwieweit Ungleiches wegen seiner Ungleichheit einer differenzierenden Behandlung unterworfen werden kann[255]. Die an einen Maßstab zu stellenden Anforderungen drücken sich angesichts der ihm zukommenden Funktion somit dahingehend aus, aus der unübersehbaren Vielfalt möglicher Fallkonstellationen eines Lebenssachverhalts im Wege einer Vorausentscheidung die Tatbestandsmerkmale zu kategorisieren und zu sondieren, die auf Grund der Klammerwirkung des tertium comparationis für so unwesentlich und unerheblich erscheinen, daß eine differenzierende Regelung inadäquat und willkürlich wäre. Diese Entscheidung muß allein dem Aufgabenbereich des Gesetzgebers zugeordnet werden, da es zum Wesen der Rechtssetzung zählt, nach gemeinsamen Sachverhalten zu suchen und sie den gleichen Rechtsfolgen zuzuführen[256]. Nur durch eine ständige Orientierung am Gesetz kann hier eine Konstante in die Rechtsanwendung kommen[257]. Dabei muß das Gesetz materiell im Einklang mit den obersten Grundwerten der freiheitlichen demokratischen Grundordnung stehen, sowie den elementaren Verfassungsgrundsätzen und den Grundentscheidungen des Grundgesetzes im Gefüge eines Wertsystems, das für alle Bereiche des Rechts und der Gerechtigkeit gilt, entsprechen.

Auf den Subventionsbereich bezogen zeigt sich hier in besonderem Maße der enge Zusammenhang des Gleichheitssatzes mit dem Sozialstaatsprinzip, der insbesondere in dem Gebot nach einer sozialen Gleichbehandlung zum Ausdruck kommt. Erst das Gesetz, das an der Sozialstaatlichkeit ausgerichtet ist, vermag einen Maßstab dafür zu bieten, was im Sozialbereich als gleich bzw. ungleich zu behandeln ist und nach welchen Kriterien ohne Verletzung des Gleichheitssatzes der Kreis der in Frage kommenden Subventionsempfänger zu bestimmen ist. Das Gebot einer verhältnismäßig gleichen Behandlung i. S. der aequitas appelliert somit an den Gesetzgeber, bei Abgrenzung der potentiellen Subventionsadressaten nach Maßgabe des suum cuique einzelne Unternehmen nicht willkürlich zu übergehen. Es verbietet weiter Differenzierungen, die die eine Gruppe gegenüber einer anderen in einkommenspolitischer Hinsicht bevorzugen, obwohl in beiden Fällen ein gleich hohes Maß an Sozialbedürftigkeit vorhanden ist.

Dennoch ist aber der Gesetzgeber im Bereich der iustitia distributiva grundsätzlich zur Entscheidung darüber berufen, welche Gruppe er begünstigen will. Allerdings sind dem Ermessen des Gesetzgebers nicht nur durch das Willkürverbot bzw. durch die vom Grundgesetz getrof-

---

[255] Ipsen, Gleichheit, S. 111 ff.

[256] Schaumann, JZ 1966, S. 722.

[257] Schaumann, JZ 1966, S. 724.

fenen Konkretisierungen[258] des allgemeinen Gleichheitssatzes, sondern auch durch sonstige für bestimmte Bereiche der Rechts- und Sozialordnung ausgedrückte Wertentscheidungen des Verfassungsgebers in Form von Grundsatznormen Grenzen gesetzt. Geht es deshalb um Förderungen, die sich im Bereich des Sozialstaatsprinzips bewegen, dann erfordert die Sozialstaatlichkeit in Verbindung mit dem Gleichheitssatz eine Förderung nach gleichen sozialen Gesichtspunkten, um einer Protektionierung vorzubeugen.

Unerreichbar erscheint die Verwirklichung der Rechtsgleichheit dagegen dann zu sein, will man der Exekutive oder der Judikative die Ermittlung des Maßstabes für Maßnahmen im Sozialbereich zugestehen. Die Rechtsprechung, die nur über den Weg der Präjudiz oder nach Durchlaufen des Instanzenzuges in Form einer Grundsatzentscheidung eine einigermaßen akzeptable Einheitlichkeit erreicht, im ganzen gesehen jedoch wegen der Relativität ihrer Gerichtsbarkeit auf längere Sicht nur ein geringes Quantum an Objektivität im hier in Frage stehenden Sinn schaffen kann, vermag dabei in weit geringerem Umfang die Wahrung der Rechtsidee von der Gleichheit zu fördern als dies bei der Verwaltung der Fall ist[259]. Gerade jene verlangt deshalb nach einem rechtlichen Maßstab, damit nicht zu entbehrende Imponderabilien des staatlichen Lebens wie die Rechtssicherheit und die Notwendigkeit eines festen, einheitlichen Rechtsgefüges nicht preisgegeben werden[260].

Aber auch die Verwaltung ist nicht fähig, einen gemeinsamen Maßstab zu finden, da bei der derzeitigen Richtlinienpraxis im Subventionsbereich eine unterschiedliche Rechtsfolge zwangsläufig die Folge sein wird, wenn ähnlich oder gleichgelagerte Tatbestände verschiedenen regionalen Behörden zur Entscheidung zugewiesen sind und den Behörden durch kein Gesetz ein Vergleichsmaßstab an die Hand gegeben ist. Vielmehr wird hier häufig der Fall eintreten, daß nicht nur ähnliche, sondern sogar identische Sachverhalte trotz ihrer gleichzeitigen Bearbeitung infolge der konträren Anschauungen ihrer Organwalter ein verschiedenes Ergebnis zeigen, weil es der Verwaltung bei Fehlen einer gesetzlichen Grundlage meist nur auf eine sachgerechte ad-hoc Entscheidung ankommen wird. Dies um so mehr, als die Behörde in der Regel von der Entscheidung der anderen überhaupt nichts weiß und sich deshalb auch nicht die Frage stellt, inwieweit eine Konkordanz innerhalb der Verwaltung vonnöten sei.

---

[258] Dazu gehören insb. Art. 3 Abs. 2 und 3; Art. 6 Abs. 5; Art. 9 Abs. 3 GG.

[259] Dies beweist gerade die höchstrichterliche Rechtsprechung, deren langjährig „gefestigte" Judikatur plötzlich umschwenkt und sich dann sogar der genau konträren Ansicht auf Dauer anschließt.

[260] Leibholz, Gleichheit, S. 77.

Mit Recht hat das VG Berlin in seinem Urteil v. 31. 10. 1973[261] in Anlehnung an das Bundesverwaltungsgericht[262] nachdrücklich betont, daß nicht der Gleichheitssatz den Gesetzmäßigkeitsgrundsatz inhaltlich mitbestimmt, sondern daß nur die Bindung der Verwaltung an den Vorrang und den Vorbehalt des Gesetzes zugleich die Grenzen des Gleichheitssatzes festlegt. Die Fortsetzung einer wegen Verstoßes gegen den Gesetzesvorbehalt verfassungswidrigen Verwaltungspraxis könne keinesfalls über das Gleichbehandlungsgebot erzwungen werden[263].

Die einzelne Verwaltungsbehörde vermag deshalb von sich aus bei Fehlen einer gesetzlichen Grundlage Subventionen nicht gewähren, ohne aus einer vorläufig falschen Rechtsanwendung über die perpetuierende Wirkung des Gleichheitssatzes zu einer endgültig falschen Rechtsanwendung zu gelangen. Sowohl der Gleichheitssatz als auch die Rechtsschutzgarantie des Art. 19 Abs. 4 GG lassen sich deshalb mittelbar i. S. eines verfassungsmäßigen Zwangs zur Gesetzgebung interpretieren[264]. Denn nur das generell und abstrakt gefaßte materielle Gesetz enthält auf Grund seiner Generalität schlechthin die Garantie der vorgefundenen sachlichen Gleichheit[265].

Die gegenständliche Betrachtung wäre dem Vorwurf der Unvollständigkeit ausgesetzt, würde nicht noch abschließend die spezifische Bedeutung des Gleichheitssatzes im Rahmen des Subventionsrechts für den Fall der gemäß Art. 80 GG hinreichend konkret getroffenen Delegation an die Exekutive durch den Gesetzgeber beleuchtet werden. Diese Untersuchung mag zwar augenblicklich nicht die Rolle spielen, die ihr an sich aus verfassungsrechtlichen Erwägungen zukäme, zumal Rechtsverordnungen im Subventionsrecht heute noch recht selten sind. Zweifellos erfordert hier der Gleichheitssatz notwendig eine stärkere Bindung des Verordnungsgebers als wie sie dem Gesetzgeber auferlegt ist. Das Bundesverfassungsgericht[266], das sich mit dieser Frage auseinanderzusetzen hatte, erklärte deshalb in seinem Beschluß vom 23. 7.

[261] VG Berlin, Urteil vom 31. 10. 1973, DÖV 1974, S. 100 ff. = NJW 1974, S. 330 ff.

[262] BVerwGE 34, S. 278 ff.

[263] Vgl. VG Berlin, NJW 1974, S. 330 (Leitsatz 3 des Urteils) sowie neuerdings Urteil des BVerwG vom 26. 4. 1979, NJW 1979, S. 2059 f.

[264] Forsthoff, Lehrbuch, S. 11 f.

[265] So K. Huber, Maßnahmegesetz, S. 166. Auch diesen Gesichtspunkt hat das VG Berlin (Anm. 261) erfreulicherweise gesehen, als es die zwischen Art. 3 GG und Art. 20 Abs. 3 GG, nämlich die zwischen Individualgerechtigkeit und Rechtsstaatlichkeit bestehende Konfliktsituation eindeutig zugunsten des Rechtsstaatsprinzips mit der Begründung entschied, daß es auch in einem freiheitlichen, demokratischen Rechtsstaat eine lückenlose Einzelfallgerechtigkeit nicht immer gibt, wenn diese mit tragenden Grundlagen der Verfassung in Konflikt tritt.

[266] BVerfGE 16, S. 332 ff., 339.

1963 nur allzu selbstverständlich, daß im Hinblick auf die besondere Bedeutung des Gleichheitssatzes im Rahmen des Art. 80 GG die Rechtsverordnungen keine Differenzierungen vornehmen dürfen, die sich als Korrektur der Entscheidungen des Gesetzgebers darstellen könnten.

Von weit aktuellerer Bedeutung dürfte es deshalb sein, die Grenzen aufzuzeigen, die das Gleichheitsgebot den Verwaltungsvorschriften über die Subventionierungen setzt. Der Gesetzgeber hat prinzipiell die Abgrenzung des begünstigten Personenkreises vorzunehmen. Der Exekutive verbleibt dann allein im Rahmen dieser gesetzlich fixierten Grenzen ein selbständiger Aktionsradius, der ihr die Möglichkeit zur Ausfüllung durch Verwaltungsvorschriften verleiht.

c) Die Bedeutung des Art. 80 GG für einen den Eingriffsbereich exzedierenden Gesetzesvorbehalt auf den staatlichen Subventionsvergabeakt im Hinblick auf den Teilbereich der Setzung abstrakt und generell gefaßter Anordnungen

Mit dieser Thematik ist wohl der entscheidende Punkt erreicht, an dem eine verfassungsrechtlich orientierte Subventionspraxis ihre Bewährungsprobe hätte bestehen müssen. Entspricht es doch deutlich der ratio des Art. 80 GG, daß der Exekutive auch im Leistungsbereich aus eigener Kompetenz, d. h. außerhalb der von Art. 80 GG durch ein formelles Gesetz normierten Delegation, ein Recht zur Normsetzung nicht zustehen kann[267], wie eindeutig aus Art. 80 Abs. 2 GG sowie aus der Entstehungsgeschichte der gesamten Vorschrift folgt[268], so mutet eine Ansicht geradezu erstaunlich an, die mit der Verwaltung auch noch den letzten Schritt wagt und die von ihr usurpierte Rechtssetzungsbefugnis in Form von Bewilligungsbedingungen und Vergaberichtlinien bei der Subventionsvergabe extra constitutionem sogar als rechtsstaatlich un-

---

[267] Zutreffend Krebs, DVBl. 1977, S. 632 m. Nachw.

[268] Überzeugend dargelegt von Selmer, JuS 1968, S. 489 ff., 494. Es entspricht der immer noch herrschenden Auffassung, die von der Exekutive erlassenen Verwaltungsvorschriften grundsätzlich von den Rechtsverordnungen zu unterscheiden, vgl. Maunz / Dürig, GG-Komm., Art. 80, Rz. 18 und Stern, Das Staatsrecht der BRD, Bd. II, § 38 I 1 - 3 mit Nachweisen. Zutreffend ders., § 38 I 5: „Wären Verwaltungsvorschriften Rechtsverordnungen gleichzusetzen, so läge die Gefahr einer Umgehung der Bindung der Exekutive an Art. 80 Abs. 1 GG nahe. Die Flucht in die exekutive Rechtsverordnung, die das grundgesetzliche Verfassungsrecht durch die Bindung des Art. 80 GG ausgeschlossen hat, würde ersetzt durch eine Flucht in die Verwaltungsvorschriften mit möglicherweise schlimmeren Folgen." A. A. Ossenbühl in Erichsen / Martens, Allgem. VerwR S. 84 f., der eine Annäherung der Verwaltungsvorschriften (Ermessensrichtlinien) an die herkömmlichen Rechtsquellen wie Gesetz und Rechtsverordnung auf der Grundlage des Gleichheitsgebotes aus einem von ihm in diesem Bereich anerkannten „originären Administrativrecht mit Außenwirkung" befürwortet. Stern, § 38 I 5 spricht hier von einer sehr großzügigen Interpretation.

bedenklich und zulässig ansieht. Wenn *Vogel*[269] diese These mit dem Standpunkt rechtfertigt, daß der Ermächtigungsvorbehalt zugunsten des Gesetzgebers in Art. 80 GG von dem alten *Laband*schen Gesetzesbegriff ausgehe, der Gesetze betreffe, die in Freiheit und Eigentum eingreifen, und daher die Frage, ob Richtlinien Außenverbindlichkeit besitzen, nicht präjudizieren könne, so übersieht er ganz klar, daß das Grundgesetz den Begriff der Rechtsverordnung allumfassend versteht und den Erlaß von Rechtsverordnungen auf das gesamte der formellen Gesetzgebung zugängliche Gebiet, einschließlich der leistenden Staatstätigkeit, erstrecken wollte[270]. Ansonsten wäre es nicht möglich, dem Entscheidungsakt über die Subventionen, der auf Grund von Richtlinien ergeht, Rechtsverbindlichkeit zuzuerkennen, da ja diese auf irgendeinen Ursprung zurückzuführen sein muß. Zieht man deshalb nicht die Konsequenz, für diese Richtlinien über Art. 80 GG eine Verbindung zum Gesetz herzustellen[271] — wobei damit über die Art dieser Verbindung noch nichts ausgesagt ist —, so bleibt die Rechtsverbindlichkeit der Richtlinien nicht erklärlich, wenn man mit der h. M. zu Recht die Ar-

---

[269] Vogel, VVDStRL 24, S. 163 f. (vgl. Leitsatz 5); ders., VVDStRL 25, S. 432; ablehnend v. d. Heydte, Ehmke, Zacher in ihren Diskussionsbeiträgen in VVDStRL 24, S. 217, 231, 237; vgl. insb. den ablehnenden Diskussionsbeitrag von F. Mayer in VVDStRL 25, S. 433 f.

[270] Für die Anwendung des Art. 80 GG auf Leistungsvorschriften, vgl. Selmer, JuS 1968, S. 494 m. w. Nachweisen. Damit scheint Selmer seine in VerwArch Bd. 59 (1968), S. 114 aufgestellte These, von einer großzügigen Auslegung des Art. 80 GG auszugehen, aufgegeben zu haben.

[271] Gerade hierin zeigt sich der unmittelbare Sachzusammenhang zwischen Verwaltungsvorschriften und Gesetzesvorbehalt, zumal Verwaltungsvorschriften zulässigerweise außerhalb des rechtsstaatlich-grundrechtlichen Gesetzesvorbehalts nur ergehen dürfen, wenn sie sich im Funktionsbereich der Exekutive halten. Es ist daher dogmatisch konsequent, der Verwaltung eine Rechtssetzungskompetenz mit Außenwirkung lediglich für den vom Gesetzesvorbehalt nicht erfaßten Bereich anzuerkennen. Wo jedoch der Vorbehalt des Gesetzes eingreift, scheidet jegliche Regelung durch Verwaltungsvorschriften aus. Das ist nicht nur das Feld der Eingriffsverwaltung, sondern auch jener Regelungsbereich, der wegen seiner Wesentlichkeit insbesondere für grundrechtlich relevante Sachverhalte mit Rücksicht auf das Rechtsstaats- und Demokratieprinzip vom materiellen oder förmlichen Gesetz geformt werden muß, so BVerfGE 49, S. 89 ff., 126 ff. Ebenso zutreffend Krebs, VerwArch 70 (1979), S. 259 ff., 271: „Nicht nur aus dogmatischer, sondern insbesondere auch aus rechtspraktischer Sicht wird man nicht undifferenziert und nur mit Vorsicht Verwaltungsvorschriften Außenwirkung zuerkennen können. Kriterien sind hier zum einen, ob die gesetzliche Regelung auf untergesetzliche, eigenständige Konkretisierung durch die Verwaltung angelegt ist, ob das Erlaßverfahren und die Publikation rechtsstaatlichen Anforderungen genügt, und zum anderen, ob und ggf. welche Rechtsschutzdefizite auf seiten des Bürgers zu verzeichnen sind.

Versteht man etwa mit der h. M. den Gesetzesvorbehalt als Vorbehalt „wesentlicher" Entscheidungen, so läßt die Verfassung die verbindliche Regelung „unwesentlicher" Fragen durch die Exekutive in Form von Verwaltungsvorschriften zu. Ist eine Materie bereits ausreichend formell- und materiell-gesetzlich festgelegt, d. h. vom Gesetzgeber gleichsam vorprogrammiert, haben die Verwaltungsvorschriften die Funktion einer Konkretisierung im Detail."

gumentation der Rechtsverbindlichkeit aus dem Wesen des staatlichen Imperiums bzw. aus einer ungeschriebenen Subventionskompetenz der Exekutive etwa kraft Amtsauftrags oder Organisationsgewalt ablehnt. Jede andere Interpretation hieße, der Verwaltung eine unmittelbare Regelungsgewalt für das Verhältnis zwischen Staat und Bürger zuzugestehen und das Verhältnis von Legislative und Exekutive im Bereich der leistenden Staatstätigkeit nach Belieben zu unterwandern.

Diese Tendenz, die Art. 80 GG gerade verhindern will, hat zu Bedauern auch noch ihr Plazet durch die Judikatur der Verwaltungsgerichte gefunden[272], die bekanntlich über Art. 3 GG die Brücke zur Außenrechtswirkung von Verwaltungsrichtlinien hergestellt hat[273]. Gewiß mag man dabei nicht übersehen, daß diese Neigung in dem Bestreben erfolgt ist, dem rechtsschutzsuchenden Bürger die richterliche Kontrolle der Verwaltungsvorschriften zu ermöglichen. In einem nach rechtsstaatlichen Grundsätzen ausgerichteten Staat werden dem Bürger mit derartigen Erwägungen allerdings Steine statt Brot gegeben. Ein Übel wird nie durch Schaffung eines anderen neuen beseitigt: Was nützt es dem Staatsbürger, seine verfassungsrechtlich geschützte Rechtsschutzgarantie in einem Teilbereich wieder auf einigermaßen festem Fundament zu wissen, wenn andererseits die Verwaltung in ihrem ungeahnten Normhunger seinen durch Art. 80 GG gewährleisteten Status längst in weit größerem Ausmaß unterhöhlt hat[274]. Erscheint doch gerade die Rechtsschutzgarantie ohne das Postulat einer Verpflichtung des Gesetzgebers bzw. der gesetzesermächtigten Verwaltung, den Gerichten der Rechtskontrolle unmittelbar zugängliche Maßstäbe in Form von Gesetzen oder Rechtsverordnungen zur Verfügung zu stellen, äußerst fragwürdig.

Den Gerichten kann deshalb nicht der Vorwurf erspart bleiben, daß die im Subventionsbereich weithin herrschende Prädominanz der Exekutive zu einem Gutteil von ihnen selbst zu vertreten ist, weil sie im Interesse eines vordergründig verstandenen Funktionierens der Verwaltung durch rechtstechnische Kunstgriffe den nachhaltigen Fortbestand

---

[272] Vgl. zur einschlägigen Rechtsprechung des BVerwG Bachof, JZ 1966, S. 436 ff., 440 f. sowie die Entscheidungsbesprechung des Urteils vom 28. 6. 1968, VII. C 118/66, in: VerwArch Bd. 61 (1970), S. 174 ff.

[273] Vgl. hierzu Krebs, DVBl. 1977, S. 632 ff., 634, 636.

[274] Vgl. Stern, Das Staatsrecht der BRD, Bd. II, § 38 I 5: „Die Exekutive hat das Instrument der Verwaltungsvorschriften schließlich in einer Weise gehandhabt, die über den Rahmen z. B. rein innerdienstlicher Instruktionen deutlich hinausgeht und wegen der defizitären Gesetzeslage auch hinausgehen muß (so insb. im Fall der Subventionsrichtlinien). Die Exekutive ist bei dem Erlaß von Verwaltungsvorschriften gebunden und rechtsstaatlich determiniert. Gerade wegen dieser Bindung ist sie oft genug in den Bereich der Verwaltungsvorschriften ausgewichen. Verwaltungsvorschriften haben teilweise den Charakter eines Normersatzes angenommen.“

vorkonstitutioneller Verhältnisse bewirkt haben. Rechtsprechung sollte aber nicht Fortsetzung der Verwaltung mit anderen Mitteln heißen. Das Entgegenkommen der Gerichte gegenüber den vorgeblichen Bedürfnissen der Praxis, das, wie die Erfahrung lehrt, von den Verwaltungsbehörden bis zur letzten Möglichkeit minutiös genutzt wird, führt zu einem neuen Kabinettsystem, das den Staatsbürger gegenüber dem Gesetzgeber mediatisiert[275]. Dabei erscheinen die Erfahrungen, die zu den rechtsstaatlichen — demokratischen Kautelen des Verfassungsrechts geführt haben, vielfach vergessen oder verdrängt zu sein. Diese Verwaltungsjudikatur erfüllt damit alle Voraussetzungen, die Verfassungsprinzipien der Rechtsstaatlichkeit und der Gewaltenteilung zu unterlaufen, soweit sie den Verwaltungsrichtlinien außerhalb jeder durch Art. 80 GG geschützten verfassungsrechtlichen Garantie durch Verletzung eines weiteren Verfassungsgrundsatzes, nämlich des Art. 3 GG, Rechtswirksamkeit einräumt.

In diesem Zusammenhang erscheint gerade im Vergleich zu den zahlreichen bisher aus Art. 80 GG entwickelten Interpretationen ein Gesichtspunkt besonderer Hervorhebung und Klarstellung zu bedürfen, der m. E. bisher in Rechtsprechung und Literatur nicht immer gebührend berücksichtigt wurde, der aber beweist, wie unumgänglich notwendig es ist, am Erfordernis festzuhalten, den Verwaltungsemanationen die Außenwirkung nur über den Weg des Art. 80 GG zu verleihen: Der Zweck des Art. 80 GG ist u. a. ein doppelter. Er will einerseits den Bürger vor der Verwaltung schützen, soweit diese ausnahmsweise an Stelle des Gesetzgebers rechtssetzend in seine Sphäre eingreift. Im Interesse der Eindeutigkeit und Sicherstellung der Individualrechtsposition soll deshalb im einzelnen vorhersehbar sein, in welchem Rahmen und in welchem Ausmaß die Verwaltung Gesetze im materiellen Sinne erlassen kann. Zum anderen schützt Art. 80 GG den Gesetzgeber vor sich selbst. Es soll ihm verwehrt sein, sich seiner Gesetzgebung unbemessen zu entledigen. Vielmehr ist er gehalten, die für die Ordnung eines Lebenssachverhalts maßgeblichen Entscheidungen selbst zu treffen[276]. Der in Art. 80 GG ausgedrückte Rechtssatz sichert mithin den Rechtsstaat in gleicher Weise wie die Gewaltenteilung[277].

Dieser doppelte Zweck scheint es offenbar zu erfordern, Art. 80 GG als Ausdruck des untrennbaren Zusammenhangs zwischen der Vorbehalts- und der Gesetzesproblematik zu begreifen. Denn nur bei strikter Anwendung kann er gewährleisten, daß seine Schutz- und Warnfunktion erfüllt wird. Dabei ist es unerheblich, ob die von Art. 80 GG gefor-

---

275 Rupp, NJW 1970, S. 412 f.
276 BVerfGE 7, S. 282 ff., 301.
277 BVerfGE 18, S. 52 ff., 59.

derte Strenge vom Parlament und der Regierung als belästigend empfunden wird und sowohl die Praxis des Gesetzgebungsverfahrens wie die des Verwaltungsverfahrens dadurch nicht in jedem Fall unbedingt erleichtert. Ist es doch gerade häufig die Folge von Schutz- und Warnbestimmungen, von den Betroffenen als lästig empfunden zu werden, weil nur so ihre Wirksamkeit gesichert ist. Niemand wäre etwa versucht, die Formvorschrift des § 313 BGB nur deshalb eng auszulegen, weil der Weg zum Notar mitunter beschwerlich und teuer sein kann. Wie alles Kautelarrecht, so wirkt die Bestimmung des Art. 80 GG durch seine Förmlichkeit und seinen Formalismus. Erst sie ergeben die rechtstechnischen Mittel, durch die Art. 80 GG als Ausdruck des Rechtsstaatsprinzips die Rechtssicherheit bewirkt. Gerade die strenge Handhabung des Art. 80 GG garantiert eine eindeutige Rechtslage, die den Gesetzgeber zu seinem Vorteil unabhängig von wohlmeinenden Gerichten macht und dem Verordnungsgeber deutlich die Grenzen seiner Befugnisse zeigt. Allein sie schützt den Bürger, weil sie staatliches Handeln transparent macht und den Gerichten die Nachprüfung von unmittelbar zugänglichen Maßstäben ermöglicht.

Der erstmals ins Bonner Grundgesetz aufgenommene Gedanke des Art. 80 GG hat also die Aufgabe, die Macht der Exekutive in allen Bereichen der Rechtssetzung zu begrenzen und die Verantwortung der Legislative für den Inhalt der Rechtsordnung zu stärken. Die Aufgaben und Pflichten des Parlaments sollten deshalb im Subventionsbereich nicht auf eine Art Zahlvaterschaft reduziert werden, die sich in der bloßen Bewilligung von Geldmitteln erschöpft, über deren Verwendung aber dann die Exekutive nach eigenem Gutdünken befindet. Dabei kann die vielfach in den Vordergrund geschobene pragmatische Frage, ob die maßgeblichen Entscheidungen des Gesetzgebers zu besseren oder gleichwertigen Ergebnissen führen als die der Verwaltungsbehörden, aus rechtsdogmatischen und rechtsstaatlichen Überlegungen keine Rolle spielen[278].

Angesichts dieses Dilemmas, daß die Exekutive ohne einer von Art. 80 GG gedeckten gesetzesgeberischen Ermächtigung die normative Grundlage für die Subventionsvergabe nicht selbst schaffen kann, ver-

---

[278] Vgl. Ipsen, VVDStRL 25, S. 290 u. 305 (Leitsatz 12), wo er zwar dafürhält, eine gesetzliche oder den Anforderungen des Art. 80 GG genügende Normierung des Subventionswesens rechtsstaatlich und demokratisch zu befördern, zugleich aber in der Erkenntnis resigniert, daß diese Voraussetzung generell der Natur der Sache wegen indes nicht vorhanden und auch nicht zu erreichen sei. Diese Argumentation entbehrt jedoch jeglicher Grundlage. Die Richtlinien durch den Bundesminister enthalten zum Teil viel deutlichere und klarere Regelungen als die wenigen gesetzlich geregelten Subventionsnormen. Jene könnten deshalb durchaus — hätte der Gesetzgeber sie erlassen — in ihrer Abfassungstechnik eine taugliche Ermächtigungsnorm darstellen.

sucht *Ipsen*[279] dieses Problem damit zu lösen, die Ermächtigung der Verwaltung, Richtlinien für die Subventionierung als bindende Normen zu erlassen, aus dem Haushaltsgesetz in Verbindung mit dem den Subventionszweck umschreibenden Etattitel zu begründen[280].

Ob bzw. inwieweit das Haushaltsgesetz als hinreichend verfassungsrechtlichen Anforderungen genügende Ermächtigungsnorm anzusehen ist, die eine Befugnis zur rechtssatzmäßigen Konkretisierung der tatbestandsmäßigen Vergabevoraussetzungen im Subventionsbereich enthält, muß an dieser Stelle noch unbeantwortet bleiben. Eine klare Antwort auf diese Frage kann erst eine im nächsten Kapitel erfolgende Untersuchung geben, wenn sämtliche aus Kreisen der wissenschaftlichen Lehre und der Rechtsprechung vorgebrachten Konstruktionen zur Rechtfertigung der gegenwärtig nichtgesetzesakzessorischen Subventionswirklichkeit im sog. ersten Stadium der Subventionierung darauf überprüft worden sind, ob sie die Funktion einer hierzu notwendigen Legitimationsquelle i. S. des positiven Gesetzmäßigkeitsprinzips übernehmen können.

Zwar sind bereits wiederholt Stimmen laut geworden[281], daß es dem Geist unserer Verfassung weit eher entsprechen würde, das Verwaltungsrecht an den Erkenntnissen der Allgemeinen Rechtslehre zu orientieren, als in Konstruktionen auszuweichen, die in ihre Folge oftmals Kettenreaktionen auslösen, so insbesondere, wenn hierbei ein ohnehin schon sehr komplexer Lebenssachverhalt, wie ihn die staatliche Subventionierung darstellt, unnötig verkompliziert wird. Dies gilt um so mehr, als in Art. 80 GG vom Grundgesetz alle verfassungsrechtlichen Fragenkreise bezüglich der Regelung der materiell- und verfahrensrechtlichen Vergabevoraussetzungen angesprochen sind, mit denen in dem aufgezeigten Rahmen alle subventionsrechtlichen Probleme in bezug auf den Gesetzesvorbehalt auf optimale Weise bewältigt werden können. Solange allerdings bei Fehlen einer ausdrücklich gesetzlichen Ermächtigungsnorm legislative Surrogate in Aktion treten müssen, um ein Faktum rechtlich unter Kontrolle zu halten, das ansonsten endgültig und unheilbar zum Bruch zwischen Recht und Wirklichkeit führen würde, sollte selbst in einem demokratischen Rechtsstaat nicht im geringsten an der Stellvertreterfunktion derartiger exekutiver Aktions-

---

[279] Ipsen, VDStRL 25, S. 291 f.

[280] Diese an das Parteifinanzierungsurteil des BVerfG (E 20, S. 56 ff.) angelehnte Ansicht beurteilt infolge der engen Verbindung von Haushaltsgesetz und Haushaltsplan ersteres als ermächtigenden Rechtssatz, der im Verhältnis von Parlament und Exekutive eine normative Wirkung entfaltet, mit der weiteren Folge, daß Art. 80 GG insoweit hinter den spezielleren Bestimmungen der Art. 110 ff. GG zurückzutreten habe.

[281] Vgl. insbesondere Rupp, NJW 1969, S. 1273.

grundlagen — sofern diese Rechtssatzqualität aufweisen — gezweifelt werden.

4. Gebot des subventionären Gesetzesvorbehalts nach der Wesentlichkeitsrechtsprechung des Bundesverfassungsgerichts

Die seit Jahrzehnten andauernde Diskussion um die Bestimmung des Verhältnisses von Gesetzgebung und Verwaltung nach dem Grundgesetz bzw. Reichweite des Vorbehalts des Gesetzes, deren extreme Standpunkte von einer Reduktion[282] der Bestimmtheitsanforderungen des Art. 80 Abs. 1 S. 2 GG bis zur Ausdehnung des Vorbehaltsbereichs der Gesetzgebung zum Totalvorbehalt unter jeweiliger Berufung auf die demokratische Legitimation im Sinne des Art. 20 Abs. 2 GG sowohl des Parlaments wie der Exekutive[283] reichen, könnte durch die sog. Wesentlichkeitsrechtsprechung[284] des Bundesverfassungsgerichts auf ein völlig neues Fundament gestellt bzw. verlagert worden sein. Nach dieser mit Urteil des 1. Senats vom 18. 7. 1972[285] eingeleiteten und inzwischen zur ständigen[286] Rechtsprechung entwickelten „als entscheidender Fortschritt" proklamierten Auffassung verpflichte das Rechtsstaatsprinzip bzw. das Demokratiepostulat den Gesetzgeber, die wesentlichen Entscheidungen selbst zu treffen und dies nicht dem Handeln der Verwaltung zu überlassen, wobei als wesentlich — losgelöst vom Merkmal der überkommenen Formeln (Eingriff in Freiheit und Eigentum) — insbesondere grundrechtlich relevante Sachverhalte anzusehen seien.

---

[282] Vgl. z. B. den Schlußbericht zur Sache 3/76, S. 189 ff. der durch den Bundestag eingesetzten Enquete-Kommission für die Reform des Verfassungsrechts, welche die ersatzlose Weglassung der Worte „Inhalt" und „Ausmaß" in Art. 80 Abs. 1 S. 2 GG vorgeschlagen hatte. Bei dieser Empfehlung ist es lediglich geblieben.

[283] Dies betont insb. Falckenberg, BayVBl. 1978, S. 371 f. in Anmerkung zum Beschluß des BVerfG v. 21. 12. 1977 (BVerfGE 47, S. 46 ff.) und Ossenbühl in Erichsen / Martens, Allgem. VerwR S. 59: „Daß überdies in unserem Verfassungssystem auch die Exekutive auf eine *eigene* demokratische Legitimation verweisen kann, wird oft übersehen."

Auf diesen entscheidenden Gesichtspunkt hat auch der 2. Senat des BVerfG im Kalkar-Beschluß v. 8. 8. 1978 (E 49, S. 89 ff., 125) ganz besonders hingewiesen: „Aus dem Umstand, daß allein die Mitglieder des Parlaments unmittelbar vom Volk gewählt werden, folgt nicht, daß andere Institutionen und Funktionen der Staatsgewalt der demokratischen Legitimation entbehrten. Die Organe der gesetzgebenden, der vollziehenden und der rechtsprechenden Gewalt beziehen ihre institutionelle und funktionelle demokratische Legitimation aus der in Art. 20 Abs. 2 GG getroffenen Entscheidung des Verfassungsgebers ... Die verfassungsgebende Gewalt hat in Art. 20 Abs. 2 und 3 GG auch die Exekutive als verfassungsunmittelbare Institution und Funktion geschaffen."

[284] Vgl. hierzu Kopp, VwGO, Anm. 46 zu § 42 mit umfassenden Nachweisen.

[285] BVerfGE 33, S. 303 ff. (Leitsatz 4).

[286] Vgl. BVerfGE 34, S. 165 ff. (Leitsatz 6), 192; E 40, S. 237 ff., 249; E 41, S. 251 ff., 260; E 45, S. 400 ff., 417 f.; E 47, S. 46 ff., 78 f.; E 48, S. 210 ff., 221; E 49, S. 89 ff., 126 ff., 127, 129; E 52, S. 233 ff., 239 f.; E 56, S. 1 ff., 12 ff.; E 58, S. 257 ff., 261.

Während das Bundesverwaltungsgericht die Wesentlichkeitstheorie auf dem Gebiet des Schul- bzw. Kernenergie- (Gewerbe-)rechts bereits mit Erfolg praktiziert[287], ist sie im Subventionsrecht bislang ohne jedes Echo geblieben. In der Literatur ist die Wesentlichkeitsrechtsprechung überwiegend auf Ablehnung gestoßen[288]. Lediglich *Kopp*[289] hat darauf aufmerksam gemacht, daß „vieles dafür spreche, auch an das Subventionswesen ähnliche Anforderungen zu stellen".

Es ist festzustellen, daß das Bundesverfassungsgericht mit seiner Wesentlichkeitsrechtsprechung den Rahmen des allgemeinen Gesetzesvorbehalts über die überkommenen Grenzen hinaus erweitert, diesen jedoch gleichzeitig durch eine Beschränkung auf grundsätzliche Fragen wieder limitiert. Die herkömmliche Unterscheidung zwischen Eingriffs- und Leistungsverwaltung ist obsolet geworden. Wichtiger erscheint jedoch die Konsequenz, daß durch diese Rechtsauffassung, die unter Wesentlichkeit des Regelungsgegenstandes Grundrechtsrelevanz des staatlichen Hoheitsaktes versteht[290], im Hinblick auf das Recht der Subventionierung durch die öffentliche Hand die entscheidende Aussage postu-

---

287 Siehe z. B. BVerwGE 42, S. 301; E 47, S. 194 ff.; E 47, S. 201 ff.; E 52, S. 197 ff.; E 56, S. 155 ff.

288 Nach Eyermann, WuV 1978, S. 149 ff., 151, 156 könnte diese Theorie im Subventionsrecht einen bedauerlichen Wandel einleiten. Er hat deshalb an das BVerfG appelliert, den mit E 40, S. 237 ff. angedeuteten Wandel der Rechtsauffassung noch einmal zu überdenken. Während zum einen der Kalkar-Beschluß des BVerfG vom 8. 8. 1978 (E 49, S. 89 ff.) und zum anderen insbesondere der Schulgebets-Beschluß des BVerfG vom 16. 10. 1979 (E 52, S. 233 ff., 239 f.) Anlaß zu Vermutungen in dieser Richtung gegeben hatten, dürfte seit dem Kriegsopferteilversorgungs-Beschluß vom 8. 1. 1981 (BVerfGE 56, S. 1 ff., 12 ff.) wohl kein Zweifel mehr daran bestehen, daß das BVerfG grundsätzlich an der Wesentlichkeitsrechtsprechung festzuhalten gedenkt.

Auch Sendler, WuV 1978, S. 156 ff., 158 spricht der Wesentlichkeitsrechtsprechung eine Weichenstellung bzw. die Markierung einer neuen Ära im Subventionsrecht entschieden ab. Besonders kritisch wendet sich schließlich Kisker, NJW 1977, S. 1313 ff., 1317 gegen die Wesentlichkeitstheorie: „Was das BVerfG hier präsentiert, ist keine neue Theorie, sondern nur ein Beiseiteschieben der bisher präsentierten Theorien und der von diesen vorgeschlagenen Abgrenzungskriterien zugunsten einer unmittelbar an der demokratisch-rechtsstaatlichen Funktion des Gesetzesvorbehaltes orientierten Konzeption."

In der Tat ist die am anstaltlich organisierten Schul- bzw. Strafgefangenenverhältnis entwickelte Wesentlichkeitsrechtsprechung des BVerfG kein Novum, zumal es auch nach den herkömmlichen Abgrenzungskriterien zum Vorbehalt des Gesetzes möglich war, grundrechtsrelevante Akte von grundrechtsirrelevanten im Rahmen der ehemals klassischen besonderen Gewaltverhältnisse zu trennen und diesbezüglich nach der Notwendigkeit einer gesetzlichen Ermächtigung zu differenzieren. Die gegenständliche Arbeit ist deshalb prinzipiell den Weg gegangen, Grundrechtsverletzungen der staatlichen Subventionierung aufzuzeigen und von hier aus eine Erweiterung des Gesetzesvorbehalts zu fordern.

289 Kopp, WuV 1978, S. 175 ff., 180.

290 Vgl. die Besprechung dieses Beschlusses des 2. Senats des BVerfG vom 8. 8. 1978 (E 49, S. 89 ff.) bei Erichsen, VerwArch 70 (1979), S. 249 ff., 250.

liert wird, daß für diesen Bereich ein förmliches Gesetz zu fordern ist, das die zu gewährenden Leistungen konkret regelt[291]. Staatliche Subventionierung ist wegen der weitreichenden Auswirkungen auf die Bürger, insbesondere auf ihren Freiheits- und Gleichheitsbereich[292], sowie wegen der damit verbundenen Art und Intensität der Regelung eine grundlegende und wesentliche, d. h. die Grundrechte erheblich tangierende Entscheidung im Sinne des Vorbehalts des Gesetzes. Zu den wesentlichen, dem Gesetzgeber vorbehaltenen Entscheidungen im Subventionswesen gehören wegen ihrer zentralen Bedeutung insbesondere die Festlegung von Ziel und Zweck, Höhe und Empfängerradius sowie die Fixierung der zuständigen Vergabebehörde nebst deren übergeordnete Stelle als Kontrollorgan[293].

Umgekehrt beinhaltet die Wesentlichkeitsrechtsprechung in negativer Hinsicht eine Funktionszuweisung der Exekutive auf das Unwesentliche. Der Verwaltung verbleibt daher — beschränkt auf den Erlaß unwesentlicher Maßnahmen — ein verfassungsrechtlich sanktionierter selbständiger Aktionsradius[294].

---

[291] Abzustellen ist auf den betroffenen Lebensbereich, die Rechtspositionen des Bürgers und die Eigenart des Regelungsgegenstandes insgesamt; die Grundrechte mit ihren speziellen Gesetzesvorbehalten und mit den in ihnen enthaltenen objektiven Wertentscheidungen geben konkretisierende, weiterführende Anhaltspunkte (BVerfGE 40, S. 237 ff., 249).

Nach Jarass, JuS 1980, S. 115 ff., 117 ist eine gesetzliche Grundlage der Subventionsgewährung dann erforderlich, wenn der Gewährleistungsbereich eines Grundrechtes ganz besonders betroffen sei, wie z. B. im Fall der Pressesubventionierung.

[292] Vgl. z. B. BVerfGE 48, S. 210 ff., 221: „Das Erfordernis der gesetzlichen Ermächtigungsgrundlage soll zugleich sicherstellen, daß der Gesetzgeber die wesentlichen Grundentscheidungen trifft, die den Freiheits- und Gleichheitsbereich der Bürger betreffen."

[293] Dieser Regelungsgegenstand beinhaltet das entscheidende „Programm", das zu verwirklichen ist. Daß der Gesetzgeber sich hierzu abstrakter und unbestimmter Formulierungen bedienen muß, um die Verwaltungsbehörden in die Lage zu versetzen, ihren Aufgaben, den besonderen Umständen des einzelnen Falles und den schnell wechselnden Situationen des wirtschaftlichen Lebens gerecht zu werden, entspricht durchaus dem Grundsatz der Gesetzmäßigkeit der Verwaltung, wonach gesetzliche Ermächtigungen der Exekutive zur Vornahme belastender Verwaltungsakte nach Inhalt, Gegenstand, Zweck und Ausmaß hinreichend bestimmt und begrenzt sein müßten, damit diese Eingriffe für den Bürger voraussehbar, meßbar und berechenbar würden. Allerdings entbinde die grundsätzliche Zulässigkeit unbestimmter gesetzlicher Begriffe den Gesetzgeber nicht davon, die Vorschriften so zu fassen, daß sie den rechtsstaatlichen Grundsätzen der Normenklarheit und Justitiabilität entsprächen (BVerfGE 21, S. 73 ff., 79; 48, S. 210 ff., 216 f.).

[294] Vgl. zum Problem Krebs, VerwArch 70 (1979), S. 259 ff., 267 ff.; ders., Vorbehalt des Gesetzes und Grundrechte, S. 108, 119. Im Bereich der unwesentlichen (d. h. lediglich technischen, zweckmäßigen) Maßnahmen könnte m. E. eine originäre exekutive Rechtssetzungsbefugnis durch Verwaltungsvorschriften anerkannt werden.

Drittes Kapitel

Legitimationssurrogate der staatlichen Subventionierung

1. Der verwaltungsrechtliche Vertrag als vom Erfordernis einer gesetzlichen Ermächtigung freigestelltes Rechtsinstitut zur legitimen Ausgestaltung der staatlichen Subventionierung

Nachdem — im Gegensatz zur älteren, insbesondere von *Otto Mayer*[1] vertretenen Ansicht — die Zulässigkeit des verwaltungsrechtlichen Vertrages im Schrifttum[2] wie in der Rechtsprechung[3] allgemein längst bejahend entschieden war[4] und mit Wirkung ab 1. 1. 1977 nunmehr Gesetzeskraft erlangt hat[5], konzentriert sich seit einigen Jahren das wissenschaftliche Hauptinteresse darauf, in das Dunkel der davon zu trennenden Frage nach der Wirksamkeit der Verwaltungsverträge und deren Abhängigkeit vom Prinzip positiver Gesetzmäßigkeit Licht zu bringen[6]. Im Rahmen einer Analyse zur Klärung dieses Problems haben sich dabei zwei zum Teil gegensätzliche Meinungen herausgeschält. Um nun nach Gegenüberstellung und Abwägung dieser konträren Theorien zu entscheiden, welcher der Vorzug zu geben ist, soll methodisch von deren gemeinsamen Ansatzpunkt ausgegangen werden, der in der beiderseits getroffenen Differenzierung nach subordinations- und koordinationsrechtlichen Verwaltungsverträgen zu erkennen ist[7]. Im Anschluß daran werden dann im Wege der Deduktion aus diesen allgemeinen Grundsätzen die Besonderheiten für das Subventionsrecht zu ermitteln sein.

---

[1] O. Mayer, AöR Bd. 3, S. 1 ff., 42.

[2] W. Jellinek, S. 253; Forsthoff, Lehrbuch, S. 273 ff.; Wolff / Bachof, VerwR I, § 44 I b.

[3] Vgl. insb. OVG Münster, Urteil vom 21. 6. 1960, VerwRspr. 13, Nr. 121; BVerwG, Urteil vom 4. 2. 1966, BVerwGE 23, S. 213.

[4] Vgl. dazu BT-Drucks. V/4094, VI/1173 u. 7/910; ferner Götz, JuS 1970, S. 1 ff. sowie die fast 20jährige Vorbereitung des vom Bundestag am 25. 5. 1976 beschlossenen Verwaltungsverfahrensgesetzes (VwVfG).

[5] Vgl. §§ 54 ff. VwVfG, BGBl. I, S. 1253, zul.g. 2. 7. 1976, BGBl. I, S. 1749.

[6] Vgl. hierzu grundlegend Bleckmann, VerwArch 63 (1972), S. 404 ff.; ferner Göldner, JZ 1976, S. 352 f.; Schenke, JuS 1977, S. 281 ff.; Martens, JuS 1978, S. 607 ff.; Ossenbühl, JuS 1979, S. 681 ff.; Erichsen / Martens, Allgem. VerwR S. 237 ff.; Eichler, VwVfG, Anm. zu § 54.

[7] Das VwVfG erfaßt mit § 54 S. 1 beide Vertragstypen. § 54 S. 2 gilt hingegen nur für subordinationsrechtliche Verträge, vgl. Kopp, VwVfG, Anm. 17 zu § 54 sowie Eichler, VwVfG, Anm. zu § 54.

Eine allmählich im Abklingen befindliche, aber noch herrschende Meinung[8] steht dabei auf dem Standpunkt, vom Erfordernis einer ausdrücklichen rechtsnormativen Ermächtigung auch bei subordinationsrechtlichen Vertragstypen abzusehen und der Verwaltung jeweils dann die Aktionsform des Vertrages zu konzedieren, soweit sie über eine hinreichend bestimmte sachliche Legitimation zu hoheitlichem Handeln verfügt. Umfang und Grenzen dieser Administration seien allein nach dem Grundsatz der negativen Gesetzmäßigkeit sowie nach der verfassungsmäßigen Ordnung zu bestimmen. Diese an dem Gedanken der Rechtswirklichkeit orientierte Meinung bekennt zwar, einer kritischen Überprüfung in dogmatischer Hinsicht nicht standhalten zu können, glaubt jedoch gleichwohl, sich darüber hinwegsetzen zu müssen, da mit diesem Lösungsvorschlag den gegenwärtigen bzw. zukünftigen nichtdeterminierten sozialen Bedürfnissen am besten Rechnung getragen werde und man damit einer retardierenden Verwaltungstätigkeit sinnvoll vorbeugen könne[9].

Den Gegensatz hierzu bildet eine unter der Terminologie normative Ermächtigungslehre bekanntgewordene Theorie[10], die den Verwaltungsvertrag allein vom Blickpunkt des Rechtspositivismus aus behandelt[11]. In Erwägung der Tatsache, daß die Normen des öffentlichen Rechts prinzipiell und primär von einer subordinationsrechtlichen Gestaltungsform zur Regelung der Rechtsbeziehungen zwischen dem Hoheitsträger und dem Bürger ausgehen und dafür den hoheitlichen Verwaltungsakt zur Verfügung stellen, gelangt *Stern*[12] zu der Überzeugung, daß kontraktliche Abmachungen in diesem Bereich, sofern sie einmal eine vom Regelfall zum Vor- oder Nachteil des Bürgers abweichende Tendenz zeigen, nur auf der Basis einer dazu ausdrücklich normativen Ermächtigung getroffen werden können. Da nämlich subordinationsrechtliche Rechtsbeziehungen jeweils kraft der übergeordneten Machtfunktion des Hoheitsträgers zustandekommen, dagegen koordinations-

---

[8] U. a. Buddeberg, AöR 47, S. 126; Apelt, Verwaltungsvertrag, AöR 84, S. 249 ff.; Stein, AöR 86, S. 323; Wolff / Bachof, VerwR I, § 44 I b; F. Mayer, Verwaltungsrecht, S. 192 ff.; Salzwedel, Grenzen der Zulässigkeit, S. 114 ff.; Erichsen / Martens, Allgem. VerwR S. 237.

[9] Vgl. hierzu insb. Forsthoff, Lehrbuch, S. 279.

[10] Als deren Hauptbefürworter gelten Stern, VerwArch. Bd. 49 (1958), S. 106 ff.; ders., JZ 1960, S. 561 f.; Rupp, DVBl. 1959, S. 81 ff.; Haueisen: DVBl. 1961, S. 833 ff.; DÖV 1961, S. 125 ff.; DVBl. 1968, S. 287 sowie NJW 1969, S. 123.

[11] Diese Auffassung befindet sich immer mehr im Vordringen, obwohl sich das VwVfG keiner der gegensätzlichen Meinungen voll angeschlossen hat, sondern einer mittleren Lösung folgt, vgl. Kopp, VwVfG, Vorbem. 9 zu § 54. So neigen Lehre und Rechtsprechung heute bereits weitgehend zu der Annahme, den Grundsatz der Gesetzmäßigkeit der Verwaltung in vollem Umfang auf Verwaltungsverträge anzuwenden, vgl. Bleckmann, VerwArch 63 (1972), S. 431 mit weiteren Nachweisen.

[12] Stern, VerwArch 49 (1958), S. 145 f.

rechtliche Verträge regelmäßig von der gleichermaßen konstitutiven Mitwirkungschance getragen sind, müsse hinsichtlich der an eine Ermächtigungsnorm zu stellenden Anforderungen dahingehend differenziert werden, daß man für erstere eine ausdrückliche Abschlußermächtigung postuliert, für letztere jedoch das Vorhandensein einer entsprechenden Dispositivnorm für ausreichend erachtet[13].

Diese zuletzt vorgetragene Meinung vermag der Situation des heutigen Verwaltungsrechts am meisten gerecht zu werden. Allein sie vermag es nämlich, daß angesichts der aktuellen Geltung des Grundgesetzes die normative Kraft des Faktischen nicht zur bestimmenden Kraft des Verwaltungsrechts wird. Nachdem uns eine moderne Auffassung[14] lehrt, in Anbetracht der veränderten Beziehung im Verhältnis des Staates zum Bürger die Anwendung hoheitlicher Mittel möglichst als letzten Ausweg zu wählen, und nachdem die Verwaltung nunmehr durch § 54 Satz 2 VwVfG trotz der Möglichkeit des Erlasses eines Verwaltungsakts zu einer vertraglichen öffentlich-rechtlichen Regelung befähigt ist[15], kann allein die normative Ermächtigungslehre garantieren, daß die Behörde mit Abschluß eines Verwaltungsvertrages im Verhältnis zum Gesetz nichts anderes bewerkstelligt als mit Erlaß eines streng gesetzesvollziehenden Verwaltungsakts und daß die Zweiseitigkeit des Verwaltungsvertrages nicht dazu mißbraucht wird, daß die Behörde und der Bürger sich gegenseitig ungesetzliche Vorteile einräumen[16]. Soweit jedoch die Behörde auf der Basis der Koordination kontrahiert, erscheint es angebracht, ihrer freien Disposition Raum zu lassen und

---

13 Stern, JZ 1960, S. 561 f.

14 Eyermann / Fröhler, VwGO, § 40 Rz. 10 der 7. Aufl. 1977; vgl. hierzu Eichler, VwVfG, Anm. zu § 54.

15 Während bereits der Wortlaut und die Systematik des Entwurfes zum Verwaltungsverfahrensgesetz (vgl. § 8 EntwVwVfG) den Verwaltungsakt und den Verwaltungsvertrag als gleichwertige Aktionsformen administrativen Handelns anerkannt hatten, ist diese Frage nunmehr mit § 54 S. 2 VwVfG gesetzlich eindeutig und klar geregelt. Diese Äquivalenz versteht sich allerdings nur, wenn sich beide exekutiven Administrationsagenden als Vollzugsmittel der Gesetze realisieren, vgl. Götz, NJW 1976, S. 1425 ff., 1429. Der Vertrag darf nicht als Mittel zur Überwindung der Gesetzesbindung der Verwaltung mißverstanden werden, BVerwGE 42, S. 331 ff., 334.

Strittig ist nach wie vor die Frage, inwieweit Verwaltungsakt und öffentlich-rechtlicher Vertrag austauschbar sind, zumal dieses Problem trotz § 54 S. 2 VwVfG als nicht gelöst erachtet werden kann, vgl. Ossenbühl, JuS 1979, S. 681 ff., 687 und Erichsen / Martens, Allgem. VerwR S. 237. Kopp, VwVfG, Vorbem. 6 zu § 54, hat überdies zutreffend darauf hingewiesen, daß die Möglichkeit der Regelung von Verwaltungsverhältnissen durch frei vereinbarte Verträge statt durch Verwaltungsakte auch eine gewisse Gefahr für den einheitlichen und gleichmäßigen Vollzug der Gesetze darstelle. Ähnlich auch Erichsen / Martens, Allgem. VerwR S. 240.

16 Vgl. hierzu Stein, AöR 86, S. 327. Die Möglichkeit, im Wege der Einigung Rechtsfolgen zu setzen, läßt die Gefahr entstehen, daß dabei Machtpositionen ausgenutzt, Verwaltungsleistungen kommerzialisiert werden, Erichsen / Martens, Allgem. VerwR S. 240.

vom Erfordernis der strengen vertragsfordernden Gesetzlichkeit abzurücken.

Während nach der Begründung des Regierungsentwurfs als entgegenstehende Rechtsvorschriften im Sinne des § 54 S. 1 VwVfG nur Gesetze angesprochen sein sollten[17], hat der IV. Senat des Bundesverwaltungsgerichts[18] in zutreffender Anlehnung an Art. 20 Abs. 3 GG „Gesetz und Recht“ als Schranke der Zulässigkeit verwaltungsrechtlicher Verträge angesehen. Soweit in den Gründen dieses Urteils jedoch ausgeführt wird, daß es bei öffentlich-rechtlichen Verträgen „auch soweit Grundrechtspositionen berührt werden, angesichts der einverständlichen Mitwirkung der am Vertrag Beteiligten zumindest nicht in dem Sinn zu Eingriffen kommt, in dem dies bei jedem Erfordernis gesetzlicher Grundlage vorausgesetzt wird“, ist ihm entschieden zu widersprechen[19]. Selbst wenn man das Prinzip positiver Gesetzmäßigkeit bei verwaltungsrechtlichen Verträgen nur für eingeschränkt anwendbar hält, muß man bei Verträgen, die die Freiheits- bzw. Gleichheitssphäre des Bürgers berühren, eine hinreichende Spezifizierung der Ermächtigung verlangen, was jedenfalls immer dann zu gelten hat, wenn man das Postulat des Gesetzesvorbehalts unter dem Aspekt des parlamentarisch-demokratischen Prinzips auf solche Begünstigungen ausdehnt, denen grundsätzliche Bedeutung zukommt[20]. Darüber hinaus ist zu betonen, daß jede Beeinträchtigung eines Grundrechts, d. h. jedes nachteilige Betroffensein in dessen verfassungsrechtlich garantierten Schutzbereich durch die öffentliche Gewalt einer gesetzlichen Grundlage bedarf, was angesichts der Unhaltbarkeit der Theorien über den Grundrechtsverzicht auch für den Eingriff mit Zustimmung des Grundrechtsträgers zu gelten hat[21].

Auf den Subventionsbereich bezogen lassen sich die aufgezeigten Grundsätze wie folgt konkretisieren: Ein den ganzen Subventionierungsvorgang umfassender Verwaltungsvertrag wäre deutlich von der übergeordneten Macht des Hoheitsträgers gekennzeichnet, da die öffentliche Hand bei Vertragsabschluß dem Subventionsempfänger alle Bedingungen und Auflagen zwecks ziel- und zweckkonformer Verwendung der öffentlichen Mittel einseitig diktieren müßte, welche der Petent widerspruchslos zu akzeptieren hätte[22]. Eine derartige vertragliche

---

17 Siehe BT-Drucks. 7/910.

18 BVerwGE 42, S. 331 ff., 335.

19 Damit hat das BVerwG die Frage, ob das Prinzip der Gesetzmäßigkeit der Verwaltung durch den Satz „volenti non fit iniuria“ zurückgedrängt werden könne, eindeutig bejaht.

20 BVerfGE 40, S. 237 ff., 249 f.; vgl. hierzu Stelkens / Bonk / Leonhardt, VwVfG, § 54 Rz. 42.

21 Zutr. Erichsen / Martens, Allgem. VerwR S. 241 und Stelkens / Bonk / Leonhardt, VwVfG, § 56 Rz. 27.

Beziehung müßte ihre Legitimation in einer ausdrücklich dazu ermächtigenden Rechtsnorm empfangen.

Trotzdem mußte der von *Maunz*[23] und *Stern*[24] vertretenen kumulativ aus Verwaltungsakt und verwaltungsrechtlichem Vertrag sich zusammensetzenden Theorie zur Ausgestaltung subventionärer Rechtsbeziehungen ganz entschieden der Vorrang eingeräumt werden. Bei der 1. Phase der Subventionierung nämlich, in welcher die Verwaltungsbehörde über den Gewährungsakt zu entscheiden hat und im Fall positiver Verbescheidung einseitig die einzelnen Konditionen festzulegen gezwungen ist, die spezifisch eingriffsbezogenen Charakter haben, ist der Verwaltungsakt schon deshalb das zu besseren Ergebnissen führende Gestaltungsmittel, weil allein er die einheitliche und gleichmäßige Mittelvergabe gewährleistet[25].

Für die im Rahmen der 2. Phase zu regelnden rein technischen Vereinbarungen bietet sich für den koordinationsrechtlichen Verwaltungsvertrag ein breites Anwendungsfeld. Hinsichtlich ihrer Legitimation scheint jedoch gegenüber der Auffassung von *Stern* eine Korrektur angebracht zu sein: Selbst bei sonst strenger Handhabung des Prinzips positiver Gesetzmäßigkeit sollte eine Verwaltung, die innerhalb einer vertraglichen Abmachung nur über Gegenstände verfügt, zu denen sie entweder kraft ihrer schlicht-hoheitlichen Tätigkeit auch ohne Gesetz befugt ist bzw. hinsichtlich derer sie sich in der Wahl ihrer Mittel in nichts von einem privaten Vertragspartner unterscheidet, auch von einer schwächeren Legitimationsquelle befreit sein. Sobald nämlich ein streng gesetzesakzessorischer Verwaltungsakt die Ausgangsposition für eine Subventionierung geschaffen und innerhalb der ersten Stufe für klare Verhältnisse gesorgt hat, kann ein demokratischer Rechtsstaat kein Interesse mehr haben, auch die einzelnen Modalitäten der nachfolgenden Beziehung noch positivrechtlich in einer Dispositivnorm ausgestaltet zu wissen. Für derartige Absprachen vermag deshalb die negative Gesetzmäßigkeit eine ausreichende Limitation und Kontrolle zu bieten[26].

---

[22] Die Mitwirkung des Bürgers im Verwaltungsverfahren ist vor Abschluß eines Vertrages keine andere als vor Erlaß eines Verwaltungsakts, vgl. Martens, JuS 1978, S. 607 f.

[23] Maunz, BayVBl. 1962, S. 1 ff., 3.

[24] Stern, JZ 1960, S. 562.

[25] Ganz abgesehen davon betonen insb. Bleckmann, VerwArch 63 (1972), S. 412 und Ossenbühl, JuS 1979, S. 683 trotz der Bestimmung des § 54 S. 2 VwVfG den Vorrang des Verwaltungsakts gegenüber dem Verwaltungsvertrag, da dieser als „typischer Ausdruck hoheitlich handelnder Verwaltung erscheint".

[26] Dieses Ergebnis deckt sich vollinhaltlich mit der Wesentlichkeitsrechtsprechung des BVerfG, derzufolge die sekundäre vertragliche Abmachung

2. Die Subventionsvergabe auf gewohnheitsrechtlicher Grundlage durch das mit Antragstellung vorausgegangene tatsächliche Sich-Begeben des Subventionspetenten in ein besonderes Gewaltverhältnis

Nachdem das Subventionsverhältnis ausnahmslos durch die Initiative des Subventionsbewerbers in Gestalt der Antragstellung an die Vergabebehörde, die den Beginn des internen Verwaltungsverfahrens einleitet und die Behörde zur Entschließung über den Antrag veranlassen soll, begründet wird[27], ließ sich in der Tat bei diesem Vorgang eine Parallele des Sich-Begebens in die exekutive Organisation der staatlichen Subventionsverwaltung ziehen, den das überkommene Verwaltungsrecht unter der Terminologie „freiwillige Unterwerfung unter die Anstaltsgewalt in der Inanspruchnahme ihrer Leistungen" kannte, obwohl die Subventionsverwaltung nicht anstaltlich organisiert war. Deshalb erschien es aus der Überlegung heraus, daß der Subventionspetent sich zur Staatsverwaltung in eine Beziehung gesteigerter Abhängigkeit begibt, die über das Abhängigkeitsverhältnis, das seitens des Staates gegenüber allen Bürgern ausgeübt wird, weit hinausgeht, keinesfalls abwegig, im Subventionsverhältnis einen der heterogenen Sondertypen des besonderen Gewaltverhältnisses zu erkennen[28], mit der Folge, daß die hoheitliche Subventionsvergabe in Form eines Verwaltungsakts allein auf Grund einer gewohnheitsrechtlichen Ermächtigung durch die Verwaltungsbehörde legitim erfolgen konnte, soweit und solange sich der Gesetzgeber der Materie noch nicht bemächtigt hatte.

Das besondere Gewaltverhältnis diente einst im klassischen vorkonstitutionellen Verwaltungsrecht weithin als rechtstechnischer Kunstgriff, mit dem der Bürger der Rechtssphäre entzogen und der Verwaltung integriert wurde. Das Dogma vom Verzicht des Gesetzesvorbehalts, von der Nichtgeltung der Grundrechte bzw. von der Versagung jeglichen Rechtsschutzes im besonderen Gewaltverhältnis selbst entstammte als Relikt des absoluten Staates der Vorstellung einer unbeschränkten von der Zustimmung des Parlaments unabhängigen Machtposition der Verwaltung[29]. Als solches konnte es sich über die Zeit eines Staates, der im Prinzip der Gewaltenteilung dem Parlament nur eine beschränkte Zuständigkeit zuwies und dessen konstitutioneller Verfassungsaufbau mit der Vorstellung vom Hausgut der Verwaltung durchaus vereinbar

---

sowohl im Hinblick auf den Gesetzesvorbehalt wie die Grundrechte als unwesentlich zu qualifizieren ist.

[27] So Ipsen, Öfftl. Subv. Privater, S. 61; vgl. hierzu ferner Schetting, Rechtspraxis der Subventionierung, Kap. ‚Der Begründungsprozeß', S. 295 ff.

[28] Nach Zacher, VVDStRL 25, S. 332 f. verrät es sogar Gespür, im Subventionsverhältnis eine vom besonderen Gewaltverhältnis erfaßte Sonderstatusrelation zu erkennen.

[29] Vgl. O. Mayer, Verwaltungsrecht I, S. 101; ders., Verwaltungsrecht II, S. 284.

schien, unbeanstandet retten[30]. Mit der Ablehnung der These von der Möglichkeit eines durch Gewohnheitsrecht legitimierten ursprünglich rechtsfreien Zustands, die nur einer Progression der gesetzesfreien Machtausübung der Exekutive durch scheinbares Gewohnheitsrecht die Wege bahnte, war wegen des Wandels der Verfassungsstruktur und der damit bedingten veränderten Betrachtung des Vorbehaltsprinzips immer mehr auch im besonderen Gewaltverhältnis das staatsrechtliche Problem der Grenzziehung von parlamentarischer und exekutiver Zuständigkeit zueinander gestellt. Während man anfänglich nur Beziehungen mit einer persönlich starken Eingliederung in das Gefüge des Staats- und Verwaltungsapparats dem besonderen Gewaltverhältnis zurechnete, wie dies beispielsweise für das Strafgefangenen-, Wehrpflicht-, Beamten- und Schulverhältnis kennzeichnend war, hat man versucht, dieser Sphäre auch den Verwaltungszweig zuzuordnen, deren Inhalt vorwiegend in der Erbringung bestimmter Leistungen an die Bürger bestand. So hat in der Tat das OVG Rheinland-Pfalz[31] nachdrücklich hervorgehoben, daß sich der Bürger, der vom Staat zusätzliche Leistungen begehrt, auf die er keinen Anspruch hat, wegen des sich aus diesem Umstande ergebenden besonderen Verhältnisses zum Staat eine Einschränkung seiner allgemeinen grundrechtlichen Freiheiten gefallen lassen muß.

Nachdem es bereits seit dem Grundsatzreferat von *Ule*[32] auf der Staatsrechtslehrertagung zu Mainz im Jahre 1956 der ganz herrschenden Auffassung entsprach, neben dem allgemeinen Gewaltverhältnis ein besonderes zu statuieren, wobei innerhalb des letzteren hinsichtlich des Rechtsschutzes nach einem Grund- und Betriebsverhältnis zu differenzieren sei, dürften nunmehr insbesondere seit den Beschlüssen des 2. Senats des Bundesverfassungsgerichts vom 14. 3. 1972[33] bzw. vom 28. 10. 1975[34] auch die Kontroversen[35] und Fragenkomplexe einer Vereinbarkeit eingriffsbezogener und Grundrechte tangierender Verwaltungsakte kraft Gewohnheitsrechts im Rahmen eines besonderen Gewaltverhältnisses mit der der Sicherung derjenigen Grundrechte konstituierten Bestimmung des Art. 19 Abs. 1 GG, wonach die im Grundgesetz durch einen speziellen Vorbehalt ausgewiesenen Grundrechte nur

---

[30] Zur Entstehung und Entwicklung der Lehre vom besonderen Gewaltverhältnis: Ronellenfitsch, DÖV 1981, S. 933 ff.

[31] Urteil vom 8. 6. 1954, JZ 1955, S. 17 = DVBl. 1955, S. 159.

[32] Ule, VVDStRL 15, S. 133 ff., 184 (Leitsatz 7).

[33] BVerfGE 33, S. 1 ff., 10 f.

[34] BVerfGE 40, S. 237 ff., 253 f.; vgl. auch den Beschluß des 1. Senats des BVerfG vom 27. 1. 1976, BVerfGE 41, S. 251 ff., 259.

[35] Vgl. hierzu Krebs, Vorbehalt des Gesetzes und Grundrechte, Kap. ‚Die Geltung der Gesetzesvorbehalte der Grundrechte in den sog. besonderen Gewaltverhältnissen', S. 127 ff.

durch Gesetz oder auf Grund eines Gesetzes eingeschränkt werden können, endgültig erledigt sein. Denn wenn in Art. 1 Abs. 3 GG die umfassende Bindung der gesamten Staatsgewalt an die Grundrechte postuliert ist[36] und damit spezifisch die Gesetzgebung, die vollziehende Gewalt und die Rechtsprechung zu Grundrechtsverpflichteten[37] erklärt sind, können Einschränkungen von dieser Bindung wiederum nur in den dafür verfassungsrechtlich vorgesehenen Formen geschehen[38]. Das Bonner Grundgesetz hat diese Befugnis aber ausschließlich dem Gesetzgeber überantwortet und sie offensichtlich der Exekutive entzogen.

Indes besteht zu einer vorschnellen und undifferenzierten Verabschiedung[39] von der Rechtsfigur des besonderen Gewaltverhältnisses keinerlei Anlaß[40]. Wenngleich nunmehr das besondere Gewaltverhältnis als verfassungsrechtliche Kategorie endgültig entwurzelt ist[41], so bleibt der Begriff des besonderen Gewaltverhältnisses als Kategorie für einige, bestimmte rechtliche Gemeinsamkeiten aufweisende Rechtsverhältnisse brauchbar[42]. Zum einen existieren einen Sonderstatus begründende, an einer gemeinsamen Zweckverwirklichung ausgerichtete Zusammenordnungen von Personen, die Eigengesetzlichkeiten folgen, als soziologische Phänomene und als von der Rechtsordnung anerkannte Institute, zum anderen sind selbst im geltenden Bundesverfassungsrecht diverse besondere Gewaltverhältnisse als Sonderstatusrelationen institutionalisiert[43], was zugleich die Vermutung rechtfertigt, daß damit auch die für die Aufrechterhaltung der Funktionsfähigkeit oder -tüchtigkeit dieser besonderen Gewaltverhältnisse unerläßlichen Befugnisse als notwendige Instrumente geschaffen wurden[44]. Daß mit der verfas-

---

36 Auf diesen Gesichtspunkt hat das BVerfG in E 33, S. 11 ganz besonders hingewiesen.

37 Vgl. Maunz / Dürig, GG-Komm., Rz. 100 zu Art. 1 Abs. 3 GG.

38 Daß dabei keine Rolle spielen kann, ob grundrechtlich verbürgte Freiheiten im Rahmen des aus dem staatsbürgerlichen Status resultierenden allgemeinen Gewaltverhältnisses zur ungeteilten Staatsgewalt oder innerhalb des durch das Faktum der verschärften Abhängigkeit gekennzeichneten besonderen Gewaltverhältnisses zum exekutiven Staatsorgan beschnitten werden, ergibt sich auch nach den Grundsätzen der sog. Wesentlichkeitsrechtsprechung des BVerfG, die bekanntlich nicht nach dem Status differenziert, sondern allein auf das Merkmal der Wesentlichkeit einer Regelung, die im allgemeinen wie im besonderen Gewaltverhältnis gleich zu bewerten ist, abstellt.

39 Vgl. z. B. Maetzel (Anm. zu E 33, S. 1 ff. in DÖV 1972, S. 561 ff., 563).

40 Zutr. v. Münch in Erichsen / Martens, Allgem. VerwR S. 48 f. und Ronellenfitsch, DÖV 1981, S. 937 ff., 938.

41 Vgl. hierzu grundlegend Ronellenfitsch, DÖV 1981, S. 941.

42 v. Münch (Anm. 40).

43 Z. B. in Art. 7 GG das Schulverhältnis, in Art. 17 a GG das Wehrdienst-/Ersatzdienstverhältnis, in Art. 33 GG das Beamtenverhältnis, in Art. 104 GG das Strafgefangenenverhältnis.

44 Auch aus diesen Überlegungen könnte für diese unwesentlichen Be-

sungsgesetzlichen Legitimierung diverser besonderer Gewaltverhältnisse nicht notwendig auch eine Anerkennung der historischen Eigengesetzlichkeiten dieser Institutionen verbunden war, sollte nach der Entstehungsgeschichte und dem Verfassungsverständnis des Bonner Grundgesetzes wohl selbstverständlich sein.

Darf daher von der Weitergeltung des Rechtsinstituts des besonderen Gewaltverhältnisses als „unersetzliche verwaltungsrechtliche Kategorie[45]" ausgegangen werden, so kann kein Zweifel daran bestehen, daß diese Rechtsfigur mit den Problemen des Subventionsrechts nichts gemein hat. Bereits im Jahre 1955 hat *Krüger* die essentielle Differenz zwischen dem besonderen Gewaltverhältnis und dem Subventionsverhältnis im Ansatz erkannt und in scharfer Kritik zum genannten Urteil des Rheinland-Pfälzischen Oberverwaltungsgerichts ausgeführt: „Es muß nicht mit geringerem Nachdruck hervorgehoben werden, daß genau das Gegenteil richtig ist. Es ist schlimm genug, daß Wohltaten die Unabhängigkeit in viel gefährlicherer und wirksamerer Weise beeinträchtigen können als Eingriffe. Um so weniger geht es an, aus dieser tatsächlichen Abhängigkeit noch eine rechtliche capitis deminutio entstehen zu lassen ... Die Tendenz müßte gerade die entgegengesetzte sein, nämlich trotz einer durch Wohltat faktisch herbeigeführten Abhängigkeit die rechtliche Freiheit nicht nur im Prinzip zu wahren, sondern auch soweit wie möglich praktisch zu erhalten und durchzusetzen. Die Grundrechte lassen sich weder abkaufen noch verkaufen[46]."

Nachdem das Subventionsverhältnis somit keine Rechtsbeziehung verkörpert, die sich typologisch als Sonderstatusrelation von der Art eines besonderen Gewaltverhältnisses qualifizieren ließe, fehlte es im Subventionsrecht auch zu den Zeiten, als dieses Institut noch eine verfassungsrechtliche Kategorie war, an den Voraussetzungen, die den Verwaltungsträger per se berechtigt hätten, verwaltungsaktlich zu handeln. Diesem Dilemma versuchte das Bundesverwaltungsgericht[47] durch die Konstruktion eines Verwaltungsakts auf Unterwerfung zu entfliehen. Danach soll die fehlende gesetzliche Ermächtigung durch das Moment der Unterwerfung surrogiert werden.

---

reiche eine originäre Rechtssetzungsbefugnis der Exekutive durch Verwaltungsvorschriften anerkannt werden.

[45] Vgl. Ronellenfitsch, DÖV 1981, S. 938 ff.

[46] Krüger, DVBl. 1955, S. 453.

[47] Urteil vom 28. 6. 1968, NJW 1969, S. 809 f.

3. Der Ersatz der fehlenden gesetzlichen Legitimation bei Vergabe von Subventionen durch das Institut eines Verwaltungsakts auf Unterwerfung seitens des Subventionspetenten

Nach allgemeiner Auffassung entsteht das Subventionsrechtsverhältnis, in dem sich der fördernde Hoheitsträger und der geförderte Subventionsbewerber erstmals begegnen, mit Stellung des Antrags an die Subventionsbehörde durch den Subventionsanwärter. Sobald diese dann den Antrag geprüft und hinsichtlich der Subventionswürdigkeit bzw. -bedürftigkeit ihr Ermessen ausgeübt hat, verbescheidet sie sowohl nach der hier vertretenen öffentlich-rechtlichen Betrachtungsweise gemäß der Lehre von *Maunz* und *Stern* als auch nach der gemischten Konstruktion i. S. der Zweistufentheorie *Ipsen*scher Prägung den Antragsteller bezüglich der Bewilligung oder Ablehnung der Subvention nach ganz h. M. mit einem materielle Wirkung entfaltenden Verwaltungsakt[48]. Das Recht der Exekutive, Verwaltungsakte zu erlassen, muß jedoch eindeutig — von einigen Ausnahmefällen abgesehen, die hier nicht vorliegen — auf eine gesetzliche Ermächtigung zurückführbar sein[49]. Dieses strenge Legitimationspostulat im sog. ersten Stadium der Subventionsvergabe könnte durch das Institut des Verwaltungsakts auf Unterwerfung[50] durchbrochen sein, wenn der Bürger in der Lage wäre, durch seine Zustimmung im Einzelfall der Verwaltung ohne ausdrückliche gesetzliche Grundlage zum Erlaß eines Verwaltungsakts zu verhelfen[51].

Diese auf *Otto Mayer* zurückgehende Konstruktion des Verwaltungsakts auf Unterwerfung hat sich bis heute in ihrer Mehrdeutigkeit erhalten und bedeutete einstmals synonym in etwa dasselbe, was wir heute unter einem mitwirkungsbedürftigen Verwaltungsakt verstehen[52]. Diesen Sinn scheint *Bachof*[53] auch heute noch dieser Figur zuzuweisen. Von einem mitwirkungsbedürftigen Verwaltungsakt sollte man jedoch nur dann sprechen, wenn die Mitwirkung des einzelnen als Bedingung der Rechtmäßigkeit oder der Wirksamkeit des Verwaltungsakts zum Ausdruck kommen soll, wie dies typisch für den Fall der Beamtener-

[48] Vgl. Zuleeg, S. 64; ferner Schetting, S. 295 ff.; teilweise a. A. Götz, S. 42: „Von den Fällen abgesehen, in denen die Verwaltung nach ihrem im Einzelfall ausgeübten Ermessen bei der Subventionsbewilligung rechtliche Maßgaben mit Dauerwirkung anordnet, besitzt daher der Akt der Subventionsbewilligung nicht die materielle Wirkung, ein Subventionsverhältnis zur Entstehung zu bringen."

[49] Vgl. etwa Schick, JuS 1971, S. 1 ff.

[50] Vgl. hierzu neuerdings Weides, NJW 1981, S. 841 ff., 842 f.

[51] Siehe zum Problem: Schetting, S. 329 f. und Bleckmann, S. 96.

[52] O. Mayer, Verwaltungsrecht I, S. 98; ders., Verwaltungsrecht II, S. 221, 260 ff.

[53] Wolff / Bachof, VerwR I, § 48 III (ebenso wie bereits die von Wolff bearbeiteten Vorauflagen).

nennung gilt. Hier dagegen geht es jedoch zweifellos um eine andere Frage, nämlich ob die freiwillige Unterwerfung durch den Bürger die gesetzliche Ermächtigung ersetzen oder als Rechtfertigungsgrund für nichtgesetzesakzessorisches belastendes Verwaltungshandeln fungieren kann.

Für die Idee des Verwaltungsakts auf Unterwerfung hatte wieder einmal das berühmte volenti non fit iniuria Pate stehen müssen. Wer durch tatsächliches Unterwerfen einen freiwilligen Verzicht auf seine Rechtsposition offenbart und damit über seine Rechtsstellung frei verfügt, wie sollte dem Unrecht geschehen. Dabei glaubte man unbeschadet des Unterschieds von öffentlichem und privatem Recht einen Verzicht auf Rechte nach Vorbild der zivilrechtlich zulässigen Dispositionsfreiheit durch einen vollgeschäftsfähigen Bürger unbedenklich auf das öffentlich-rechtlich strukturierte Verhältnis des Bürgers gegenüber der Verwaltung übertragen zu können. Gegen eine derartige Auffassung bestehen jedoch erhebliche Bedenken.

Das öffentliche Recht ist prinzipiell ius strictum, das dem einzelnen in gleicher Weise wie der Verwaltung — sofern die Behörde verwaltungsaktlich administriert — jede freie Dispositionsmöglichkeit verbietet. Wenn ein Hoheitsträger durch Verwaltungsakt handelt, so offenbart sich gerade die dem öffentlichen Recht immanente subordinationsrechtliche Machtverteilung der an diesem Rechtsverhältnis beteiligten wirtschaftlich auf erheblich ungleicher Stufe stehender Partner im besonderen Maße. Auf das starke Angewiesen- und Abhängigsein des modernen an der Wirtschaftsordnung partizipierenden Menschen auf die Leistungen der Verwaltung ist schon wiederholt hingewiesen worden.

In einem Staat konstitutioneller Prägung vermochte der Satz volenti non fit iniuria auch im öffentlichen Recht gelten. Der Gedanke von dem einstmals starken Monarchen zur Zeit des Absolutismus, der bei Eingriffen in Freiheit und Eigentum von der Zustimmung des den Betroffenen repräsentierenden Parlaments abhängig war, konnte leicht zu der Vorstellung verleiten, daß der einzelne durch Unterwerfung an Stelle des Parlaments seine Einwilligung geben konnte. Dies umso mehr, als diese Ära vom idealistischen Menschenbild ausging, das in den Begriffen Willensfreiheit und Einsichtsfähigkeit die entscheidenden Elemente und Kriterien der menschlichen Persönlichkeit erkannte[54].

---

[54] Diese vom Gedanken des Indeterminismus getragene historische Epoche findet in zahlreichen Werken der deutschen Literatur ihren charakteristischen Ausdruck. So kommt es dem großen Dichter und Philosophen G. E Lessing (1729 - 1781) in seinem dritten großen Drama Nathan der Weise (1779) in der Gestalt Nathans des Weisen nicht etwa darauf an, die Wirklichkeit zu be-

In einer parlamentarischen Demokratie dagegen kann der Bürger sich einer den Staat repräsentierenden Verwaltung nicht mehr unterwerfen. Infolge der grundlegenden Änderung im Verhältnis von Gesellschaft und Staat ist nunmehr das Parlament als politisches Leitungsorgan des Staates zur Gestaltung der sozialen Wirklichkeit berufen. Zugleich aber ist damit die Aussage getroffen, daß sich der Bürger unter dem Einfluß der Verwaltung nicht mehr seiner Freiheit begeben kann, die die Verfassung und die Gesetze gerade schützen wollen.

Die Unterwerfung des Bürgers würde auch einem Verzicht seiner Grundrechte gleichkommen. Die Grundrechte als solche sind aber unverzichtbar. Zwar ist es möglich, daß der einzelne das Grundrecht im Einzelfall nicht geltend macht und die Rechte, die aus dem Grundrecht entfließen, nicht realisiert. Dies stellt aber keinen Verzicht auf die Grundrechte selbst dar. Vielmehr gehört die Unverzichtbarkeit mit in den Bereich der Sicherungen der Grundrechte gegen die Gefährdung ihres Bestandes[55].

Erfreulicherweise hat das Bundesverwaltungsgericht[56] festgestellt, daß am strengen Rechtsstaatsprinzip festgehalten werden müsse ohne Rücksicht auf eine freiwillige Unterwerfung seitens des Subventionspetenten, sofern diese im ersten Stadium der Subventionsvergabe, d. h. im Verlauf des Zeitraums ab Antragstellung bis zur tatsächlichen Gewährung der Subvention an den Empfänger, erklärt worden ist, andernfalls gegen Art. 20 Abs. 3 GG verstoßen würde. Soweit das hohe Gericht aber in den Entscheidungsgründen weiter ausführt, daß sich bei nichtgesetzlicher Subventionsregelung eine Verpflichtung des Staatsbürgers erst im zweiten Stadium aus dem Gesichtspunkt der Unterwerfung dann ergeben könne, wenn die Subventionsgewährung von ihr abhängig gemacht worden ist, kann ihm nicht mehr gefolgt werden, nachdem durch diese Unterwerfung ja gerade wieder die fehlende gesetzliche Ermächtigung ersetzt werden soll. Im übrigen lassen sich keine Gründe dafür denken, aus welchen Überlegungen heraus eine differenzierte Betrachtung gerechtfertigt sein könnte für eine jeweils gleich motivierte Unterwerfung, nur weil sie zu verschiedenen Zeitpunkten der Subventionierung erklärt wurde.

Es darf heute als gesichert gelten, daß nur das Gesetz, niemals aber der Bürger die Verwaltung zum Erlaß von Verwaltungsakten ermächti-

---

schreiben, sondern — wie er selbst sagt — das Ideal des Menschenbildes zu verkünden, vgl. dazu Störig, S. 262 ff.

[55] So zutreffend Maunz, Staatsrecht, § 17 IV und Starck, JuS 1981, S. 237 ff.

[56] Urteil vom 28. 6. 1968, JZ 1969, S. 69; vgl. dazu die Besprechung von Menger / Erichsen, VerwArch Bd. 61 (1970), S. 174 ff. bzw. Renck, JuS 1971, S. 77 ff.

gen kann. Die Unterwerfung kann niemals eine gesetzlich gebotene Ermächtigung surrogieren.

4. Das Haushaltsgesetz bzw. der Haushaltsplan als Gesetz i. S. des Art. 20 Abs. 3 GG

Kaum ein Problem rechtfertigt die Notwendigkeit einer Beleuchtung des historischen verfassungsrechtlichen Hintergrunds für das Verständnis der modernen Vorbehalts- und Gesetzesproblematik in gleich hohem Maße als die ständige Frage nach der Rechtsnatur des Haushaltsrechts, dessen Entwicklung und politische Funktion in dem immerwährenden Kampf zwischen Parlament und Regierung widerspiegelt[57]. Bekanntlich bildete der preußische Budget-Konflikt[58] mit dem Sieg der monarchischen Exekutive über das Parlament den Hintergrund der dualistischen Lehre[59] vom Gesetz im materiellen und formellen Sinne mit der Zuweisung des Haushaltsgesetzes in den Bereich des nur formellen Gesetzes, um die Regelungsbereiche, die dem materiellen Gesetzesbegriff entzogen waren, aber dennoch „in Gesetzesform" zu regeln waren, dogmatisch zu systematisieren und die Kompetenzüberschreitung des Parlaments im Fall reiner Verwaltungsangelegenheiten zu manifestieren. Während die *Laband*[60]-*Anschütz*sche[61] These und die vor einigen Jahren noch auf dem Boden der traditionellen Doktrin argumentierende h. M. den Rechtsnormcharakter des Haushaltsgesetzes negierte, weil dieses keine Außenwirkung gegenüber dem Staatsbürger besitze, sondern nur interne Wirkungen zeitige, ist nach dem heutigen Verständnis des modernen Gesetzesbegriffes das Haushaltsgesetz als eine innerorganisationsrechtliche Rechtsnorm zu begreifen, die nicht an den einzelnen Staatsbürger adressiert ist und ihm gegenüber Rechte und Pflichten erzeugen will, sondern im Gefüge des formellen Verwaltungsrechts ihren Standort hat[62]. Wer heute noch von der Behauptung *Labands* ausgeht, daß der Etat bloßes Zahlenwerk sei, das als solches keine Regeln, am wenigsten Rechtsregeln enthalte, sondern nur Auskunft über bereits erfolgte oder künftige Ausgaben und Einnahmen gebe, und deshalb dem Haushaltsgesetz bzw. dem Haushaltsplan die Normqualität abspricht, dem würde sich nicht nur die neue Beurteilung des Haushaltsrechts als wirtschaftliches Instrumentarium gesamtpolitischer Grundsatzentscheidungen des modernen Sozialstaates

---

[57] Vgl. hierzu die grundlegende Schrift von Friauf, Staatshaushaltsplan (1968).

[58] Vgl. zum Problem Laband, Budgetrecht (1871).

[59] Vgl. Laband, Staatsrecht, Bd. 2, S. 181 und Haenel, Studien, Bd. II (1888).

[60] Laband, Staatsrecht, Bd. 2, S. 187.

[61] Anschütz, Kritische Studien (1913).

[62] Vgl. Giacometti, S. 81 ff., 242 ff.

und als Mittel der konjunkturellen Wirtschaftslenkung verschließen. Seine Ansicht müßte nach *Jesch*[63] zu Recht als anachronistisch qualifiziert werden.

Es entspricht dem Wesen und der Rechtsnatur des Haushaltsgesetzes, in ihm zwar prinzipiell ein Gesetz im formellen Sinn zu erkennen. In gleicher Weise aber wie früher das Haushaltsrecht entsprechend den begrenzten Vorstellungen hinsichtlich der Funktion der öffentlichen Haushalte primär als formelles bzw. als Verfahrensrecht zu verstehen war und inzwischen zum Inbegriff von Rechtsnormen geworden ist, die sich auch auf die Haushaltswirtschaft beziehen[64], wozu insbesondere die Vorschriften für eine konjunkturgerechte Bewirtschaftung der Haushalte und über die Finanzplanung gehören, deren Grundsätze im Stabilitätsgesetz vom 8. 6. 1967[65] niedergelegt sind, ist diese Entwicklung auch für das Haushaltsgesetz mitbestimmend gewesen. Durch diese Funktionserweiterungen der öffentlichen Haushalte hat das Haushaltsrecht ebenso wie das Haushaltsgesetz materiell-rechtliche Charakterzüge angenommen. Während das Haushaltsrecht im Gegensatz zu seinen früheren Bestimmungen rein organisatorischer Natur in bezug auf die Mittelverwaltung heute zahlreiche Regelungen über die konkreten intentionalen Verwendungsmodalitäten kennzeichnen, enthalten die Haushaltsgesetze der letzten Jahre häufig Ermächtigungen an die Regierung, Bürgschaften und Gewährleistungen zu übernehmen, Anleihen aufzunehmen et cetera.

Insofern als damit das Haushaltsgesetz in die Nähe eines materiellen Gesetzes rückt, könnte es eine taugliche Ermächtigungsgrundlage sein, soweit sich derartige Regelungen im Rahmen der Vorschriften halten, die sich auf die Einnahmen und Ausgaben des Bundes und auf den Zeitraum beziehen, für den das Haushaltsgesetz beschlossen wird. Das in Art. 110 Abs. 4 S. 1 GG niedergelegte Bepackungsverbot erklärt nur außerhalb dieser Grenzen befindliche Teile des Haushaltsgesetzes für nichtig[66]. Sollten deshalb ermächtigende Subventionsbestimmungen Bezug nehmen auf die Einnahme- und Ausgabeseite des Haushaltsgesetzes, so könnte auch das Bepackungsverbot deren Aufnahme nicht verhindern[67].

Die durch Art. 110 Abs. 4 S. 1 GG aufgezeichnete Limitation läßt sich bekanntlich sehr weit ausdehnen. Nachdem nunmehr auch Art. 110 Abs. 2 S. 1 GG vom traditionellen Grundsatz der einjährigen Haus-

63 Jesch, S. 185.

64 Vgl. Piduch, Bundeshaushaltsrecht, Art. 109 GG, Rz. 53; ders., Haushaltsreform, S. 121 ff.

65 BGBl. I, S. 582, zul. g. 18. 3. 1975 (BGBl. I, S. 710).

66 Vgl. Maunz / Dürig, GG-Komm., Art. 110 Rz. 27, 43 ff.

67 Dazu Schick, JZ 1967, S. 273.

haltsplanung abweicht und § 12 BHO[68] die Aufstellung eines Zweijahreshaushaltsplans zuläßt, lassen sich keine Schwierigkeiten mehr erkennen, auch längerfristige Subventionsermächtigungen jeweils nach Ablauf eines oder mehrerer Rechnungsjahre erneut wieder befristet in das Haushaltsgesetz aufzunehmen. Der Beweis, daß Subventionen mit Ausgaben nicht in Zusammenhang stehen, dürfte m. E. nicht leicht zu führen sein.

Aber auch der durch das Haushaltsgesetz festgestellte Haushaltsplan, dessen Inhalt Veranschlagungen von Einnahmen und Ausgaben für den jeweiligen Zeitabschnitt sind, ist als Gesetz im formellen Sinn nach Maßgabe des Haushaltsgesetzes zu qualifizieren, das heute aus Gründen der Verfahrensbeschleunigung gemäß Art. 110 Abs. 3 GG abweichend vom normalen Gesetzgebungsverfahren beschlossen und verkündet wird. Selbst wenn er keine Rechte und Pflichten im Verhältnis des Staates zum Bürger begründet[69], so kommt ihm doch nach dem heutigen Verfassungsverständnis die Funktion einer Verwaltungsrechtsnorm zu, die zugleich die normative Grundlage des administrativen Handelns bilden kann. Er ist nach h. M. der staatsleitende Akt schlechthin, der die Ermächtigung des Parlaments zur Vergabe der bewilligten Mittel durch die Regierung enthält[70], auch wenn er in mancherlei Hinsicht einer Maßnahme der Volksvertretung für den Einzelfall gleicht. Durch das Haushaltsgesetz wird nämlich nicht nur eine Feststellung getroffen, daß der von der Volksvertretung gebilligte Haushaltsplan zum Gesetz erhoben wird. Vielmehr stellt die durch das Gesetz ausgewiesene „Bewilligung“ der im Haushaltsplan ausgeworfenen Mittel zugleich die Ermächtigung an die Regierung dar, diese Mittel für die festgelegten Zwecke auszugeben[71].

Diese Betrachtungsweise kann jedoch nur dann richtig sein, wenn eine derartige Ermächtigung das Spezifizierungsgebot des Art. 80 GG beachtet. Denn außerhalb von Art. 80 stehende „Ermächtigungsbestimmungen“, die nichts weiter sind als nur vage Generalklauseln, können niemals in rechtsstaatlich zulässiger Weise zu etwas ermächtigen. In diesem Sinn wird man auch die Rechtsprechung des Bundesverfassungsgerichts zu interpretieren haben[72]. Ob allerdings der Haushalts-

---

68 Bundeshaushaltsordnung v. 19. 8. 1969 (BGBl. I, S. 1284), g. 23. 12. 1971 (BGBl. I, S. 2133).

69 Vgl. § 3 Abs. 2 des Gesetzes über die Grundsätze des Haushaltsrechts des Bundes und der Länder (Haushaltsgrundsätzegesetz) v. 19. 8. 1969 (BGBl. I, S. 1273, zul.g. 21. 12. 1974, BGBl. I, S. 3656), der insoweit den gleichlautenden § 24 RHO abgelöst hatte.

70 Vgl. § 3 Abs. 1 HGrG.

71 Mit dieser Feststellung hat das BVerfG im Parteifinanzierungsurteil (E 20, S. 93) den ermächtigenden Charakter des Haushaltsplans bejaht; vgl. hierzu ferner Vialon, S. 556 sowie Frömel, DVBl. 1974, S. 65.

plan diesen Anforderungen genügt, wird noch im Rahmen der gegenständlichen Untersuchung zu klären sein. Der Verfasser stimmt deshalb vollkommen überein mit *Cronau*[73], daß der Haushaltsplan eine hinreichende Ermächtigungsgrundlage darstellen würde, wenn er die notwendige Bestimmtheit[74] der Ermächtigung enthielte.

Der Rechtsnormcharakter des Haushaltsplans wird nun häufig mit dem Hinweis verneint, daß er zwischen dem Parlament und der vollziehenden Gewalt nur beschränkte Rechtswirkungen erzeuge, weil er die Exekutive nicht verpflichtet, von der Ausgabenermächtigung Gebrauch zu machen. Es mag nun dahingestellt sein, inwieweit man es gemäß der traditionellen Auslegung als eine politische Entscheidung der Regierung anzusehen hat, ob sie von der Ermächtigung Gebrauch macht bzw. eine dem Parlament erwünschte Initiative entfaltet. Die Zahl derjenigen, die eine Aktionspflicht der Verwaltung bejahen, ist ohnedies nicht mehr zu übersehen[75]. Aber auch wenn man der Ansicht folgt, die keine Rechtspflicht der Regierung anzunehmen bereit ist, dann ist damit keinesfalls die Normqualität des Etats in Frage gestellt. Die Rechtslage gleicht hier vielmehr dem Fall, wo der Gesetzgeber zu administrativem Ermessen ermächtigt. Bisher hat sich aber noch niemand gefunden, der den Ermessensnormen ihren Rechtscharakter absprechen wollte.

Die Eignung des Etats als gesetzliche Grundlage der Subventionierung hat *Stern*[76] damit zu widerlegen versucht, daß er unter Zugrundelegung der Auffassung *Heckels*[77] dem Etat eine die Vollziehungsmacht der Exekutive beschränkende Funktion zuwies und zwar in der Weise, daß nur eine budgetmäßige Haushaltsführung staatsrechtlich einwandfrei ist. Aus dieser Überlegung heraus gelangten *Stern*[78] und *Bellstedt*[79] weiter zu dem Schluß, daß der Etat den Rechtsgrund für die Ausgabenleistung der Regierung voraussetze und keine neuen Aufgaben entstehen lassen könne. Für diese Ansicht spricht aber weder die Rechtsentwicklung des Haushaltsrechts noch die positivrechtliche Ausgestaltung des Etatrechts durch das Grundgesetz. Daß es sich einmal bei der ge-

[72] Vgl. hierzu zuletzt BVerfGE 56, S. 12 ff. sowie BVerfGE 58, S. 257 ff., 261.

[73] Cronau, S. 76 ff., 89 ff., 176 f.

[74] Zur Problematik dieses Erfordernisses im Bereich des Wirtschaftsrechts vgl. den Beschluß des 2. Senats des BVerfG v. 19. 4. 1978, E 48, S. 210 ff., 216 ff.

[75] So insb. Henrichs, Art. 113 GG, S. 22 ff., 60, 253 ff.; Hamann / Lenz, Grundgesetz, Art. 110 Rz. 4; Hettlage, VVDStRL 14, S. 2, 11; Maunz, VVDStRL 14, S. 39; vgl. ferner Maunz / Dürig, GG-Komm., Art. 110 Rz. 10 ff. und schließlich zum Ganzen Frömel, DVBl. 1974, S. 65 ff. mit weiteren Nachweisen.

[76] Stern, JZ 1960, S. 518 ff., 522.

[77] Heckel, Reichshaushaltsgesetz, Bd. II, S. 374 ff., 391.

[78] Stern, JZ 1960, S. 522.

[79] Bellstedt, DÖV 1961, S. 170 f.

nannten Beschränkung um eine solche des Rechts und nicht der Moral oder Ethik handelt, hat *Rupp*[80] eindrucksvoll klargestellt. Zum anderen aber wird man die Auffassung *Heckels* wohl so verstehen müssen, daß das Moment, das darüber Aufschluß gibt, ob die Haushaltsvergaben in staatsrechtlich einwandfreier Weise erfolgt sind oder nicht, nur ein ermächtigendes Vorbehaltsgesetz sein kann.

Die Normqualität des Haushalts kann auch nicht aus dem Gesichtspunkt mangelnder Publizität in Abrede gestellt werden, auch wenn die Einzelpläne, die zusammen mit dem Gesamtplan den Haushaltsplan ergeben[81], nicht in der von Art. 82 GG geforderten Form veröffentlicht werden. Gewiß erscheint der Verzicht auf ihre ordnungsgemäße Verkündung rein formal und kaum überzeugend, wenn man ihn allein damit zu rechtfertigen sucht, einer übermäßigen Belastung des Gesetzblattes vorzubeugen[82]. Trotzdem wird man eine dem Art. 82 Abs. 1 GG genügende Verkündung auch der Einzelpläne dann anzunehmen haben, wenn man mit dem Bundesverfassungsgericht[83] die Aufnahme des Haushaltsgesetzes und des diesem als Anlage beigefügten Gesamtplans im Verkündungsblatt unter Verweisung derselben auf die Einzelpläne sowie deren tatsächliches Zugänglichmachen an die Öffentlichkeit als den Anforderungen des Art. 82 GG genügende Publikation für ausreichend hält. Zudem entspricht es alter Überlieferung, welcher auch die heutige Praxis Rechnung zu tragen hat, die gesamten Einzelpläne in die Kraft eines Gesetzes einzubeziehen.

Steht somit fest, daß sowohl das Haushaltsgesetz als auch der Haushaltsplan als ausreichende normativ bindende Ermächtigungsgrundlage für Subventionierungen fungieren können[84], so hat eine weitere Untersuchung zu klären, ob diese nach der heutigen Verfassungslage die an eine ermächtigende Vorbehaltsnorm zu stellenden Anforderungen erfüllen. Erheben sie nämlich den Anspruch, in die Rangstufe eines Vorbehaltsgesetzes erhoben zu werden, das Ausdruck des Grundsatzes positiver Gesetzmäßigkeit ist, so kann für die Qualifikation gewiß nicht allein entscheidend sein, daß im Fall der potentiell in Freiheit und Eigentum eingreifenden Verwaltung überhaupt ein Gesetz vorhanden ist. Vielmehr enthält das Prinzip des Gesetzesvorbehalts gerade die entscheidende Aussage, daß diese gesetzliche Ermächtigung eine hin-

---

[80] Vgl. Rupp, NJW 1966, S. 1098.

[81] Vgl. § 10 Abs. 1 HGrG.

[82] So aber Vialon, S. 202, 492 und Leibholz / Rinck, Grundgesetz, Anm. zu Art. 82.

[83] BVerfGE 20, S. 93.

[84] Dies hat das BVerwG in seinem Urteil vom 26. 4. 1979 — 3 C 111/79 —, NJW 1979, S. 2059 f., neuerdings noch einmal klargestellt; vgl. zu dieser Problematik Stern, Das Staatsrecht der BRD, Bd. I, § 20 IV 4 und Eyermann, WuV 1978, S. 149 ff., 151, 154 jeweils mit ausf. Nachweisen.

reichende inhaltliche Bestimmtheit aufweisen muß, um die Unterordnung der vollziehenden Gewalt unter den Gesetzgeber und die Berechenbarkeit der Gesetzesausführung sicherzustellen. Damit soll keinesfalls zum Ausdruck gebracht sein, daß an die gesetzgeberische Detaillierungskunst bei den zu regelnden Subventionsermächtigungsnormen gleichhohe Anforderungen zu stellen sind wie bei den typischen Fällen notwendiger gesetzlicher Spezifizierung. Vielmehr wird man dem Gesetzgeber, wenn er „aus freier Entschließung" durch finanzielle Zuwendungen ein bestimmtes Verhalten der Bürger fördert, das ihm aus wirtschafts-, sozial- oder gesellschaftspolitischen Gründen erwünscht ist, auch eine freizügigere Entscheidung über Einsatz, Verteilung und Ausmaß der Mittel zubilligen müssen[85]. Mit dieser Konzession dürften aber die äußersten Grenzen des von Art. 80 Abs. 1 S. 2 GG aufgestellten und an einen strengen Maßstab zu messenden Prinzips klarer Gesetzespräzision erreicht sein. Fest steht jedenfalls, daß das verfassungsrechtliche Gebot der gesetzlichen Ermächtigung eine generelle Rechtsgrundlage für die Subventionen erfordert, die wohl allgemeiner und atypischer gehalten werden kann als beim Rechtseingriff, sich gleichwohl aber noch konkret aus der Rechtsordnung nachweisen lassen muß[86]. Das Haushaltsgesetz und ebenso der Haushaltsplan könnten dann keine tauglichen Ermächtigungsbestimmungen mehr sein, wenn dem Vollzugsempfänger die Entscheidung überlassen bliebe, was er regeln will und wie er es regeln will[87]. Schließlich soll Art. 80 GG den Gesetzgeber zwingen, die für die Ordnung eines Lebensbereiches entscheidenden Vorschriften selbst zu setzen[88].

Um nun zu ermitteln, inwieweit der Gesetzgeber seiner Verpflichtung nachgekommen ist, bedarf es zunächst einer Klärung, welche Hauptpunkte eines Lebenssachverhalts Art. 80 GG zur gesetzlichen Aus-

---

[85] So BVerfGE 48, S. 216 f.; vgl. auch Badura, AöR Bd. 92, S. 382 und insb. den lesenswerten Aufsatz von Spanner in DÖV 1972, S. 217 ff. zum Problem der Weite an Gestaltungsfreiheit des Gesetzgebers bei Schaffung wirtschaftspolitischer Gesetze in puncto Zielsetzung und Wahl der zur Erreichung zulässiger Ziele zu ergreifenden Mittel.

[86] Interessant hierzu ist das Urteil des VG Berlin vom 31. 10. 1973, DÖV 1974, S. 100 ff. bzw. die Entscheidung des OVG Berlin vom 25. 4. 1975, JZ 1976, S. 402 (vgl. hierzu die Besprechung von Krebs, DVBl. 1977, S. 632 ff.), wonach die Subventionierung der Presse nur dann als verfassungsrechtlich zulässig zu qualifizieren ist, wenn sie ihre Grundlage mindestens in einem allgemeinen Gesetz i. S. d. Art. 5 Abs. 2 GG hat, als welches auch der Haushaltsplan — sofern er als Ausgabetitel hinreichend konkretisiert ist — fungieren kann.

[87] BVerfGE 18, S. 52 ff., 60 f.

[88] Vgl. BVerfGE 7, S. 301. Ebenso Leitsatz 2 des Urteils des VG Berlin (Anm. 86), demzufolge im Fall der Pressesubventionierung das allgemeine Gesetz i. S. d. Art. 5 Abs. 2 GG der Verwaltung bei der Feststellung der Förderungstatbestände keinen Spielraum der Beurteilung oder des Ermessens belassen darf.

normierung im Einzelfall vorschreibt. Bezeichnenderweise geben uns gerade die wichtigsten nichtgesetzlichen, aber durch Verwaltungserlasse minutiös ausnormierten Subventionsrichtlinien hierauf Antwort. Ein dem Art. 80 GG genügendes Ermächtigungsgesetz müßte also zumindest Bestimmungen über Ziel und Zweck, Höhe und Empfängerradius der Subventionierung sowie die zuständige Vergabebehörde und deren übergeordnete Stelle als Kontrollorgan enthalten. Dieser Regelungsgegenstand muß als „wesentlich" im Sinne der Rechtsprechung des BVerfG (E 49, S. 89 ff.) angesehen werden, weil allein er die grundlegende Ordnung in den Bereichen, in denen Subventionen gewährt werden, schafft[89].

Die bisherigen Haushaltsgesetze und -pläne (ebenso die Einzelpläne) lassen aber nicht einmal diese Mindestanforderungen gesetzlicher Spezifizierung erkennen. Das Haushaltsrecht ist in sich viel zu unbestimmt, als daß man daran rechtliche Folgerungen knüpfen könnte. Vielmehr mußte der Vollzugsadressat durch Verwaltungsrichtlinien bestimmt werden. War dies endlich geschehen, so hatte die Vergabebehörde prinzipiell allein die Entscheidung darüber zu treffen, wem sie aus dem möglichen Empfängerkreis eine Subvention zuwenden wollte. Daß dieses Verfahren nicht einmal mehr einen Restgehalt von Art. 80 GG übrigläßt, bedarf keiner weiteren Erörterung. Die administrative Richtlinienpraxis hat das deutlich bewiesen.

Zeigt sich nun, daß die staatliche Wirtschaftsförderung an Art. 80 GG keinesfalls gemessen werden kann, so versucht *Ipsen*[90] auf Grund einer dem sich vollziehenden Bedeutungswandel des Haushaltsplanes angepaßten verfassungsrechtlichen Bewertung des Haushaltsgesetzes diesen Zustand mit dem Hinweis zu rechtfertigen, daß Art. 110 GG insoweit die speziellere Regelung im Vergleich zu Art. 80 GG sei. Von einer Verdrängung infolge Spezialität sollte man jedoch überhaupt nur dann sprechen, wenn von mehreren möglichen Rechtsnormen, die auf einen Lebenssachverhalt tatbestandlich zutreffen, einer genauer auf die Konturen der in Frage stehenden Regelung zugeschnitten ist. Gerade hieran fehlt es aber, nachdem Art. 110 GG kein konzentrischer Kreis innerhalb der von Art. 80 GG limitierten Peripherie ist, sondern im Gegenteil nur die von Art. 80 GG eng gezogenen Grenzen verwischt.

Wenn der VII. Senat des Bundesverwaltungsgerichts[91] die etatmäßige Bereitstellung der zur Subventionierung erforderlichen Mittel für ver-

---

89 Der Wesentlichkeitstheorie mit Sicherheit nicht gerecht wird die Auffassung von Eyermann, WuV 1978, S. 149 ff., 156, wonach „zu hoffen bleibe, daß auch nach Ansicht des BVerfG bei der Gewährung von Subventionen ‚wirklich wichtig' nur die Bestimmung von Zweck und Ziel ist".

90 Ipsen, VVDStRL 25, S. 290.

91 BVerwGE 6, S. 282 ff., 287.

waltungsmäßiges Handeln als ausreichende Legitimation gelten läßt, so machen die vorstehenden Ausführungen eine Rechtsprechung transparent, die prinzipiell die rechtliche Funktion des Haushaltsplans verkannt hat und an der Existenz des Art. 80 GG vorbeigegangen ist.

Weder das Haushaltsgesetz noch der Haushaltsplan können in ihrer derzeitigen Ausformung die staatliche Subventionsvergabe durch die Exekutive rechtfertigen.

5. Fallenlassen bzw. Einschränkung des sog. Bepackungsverbots nach Art. 110 Abs. 4 S. 1 GG als rechtspolitisches Postulat an den Gesetzgeber zwecks Legitimierung der exekutiven Subventionierung

Hält man sich nochmals vor Augen, daß an eine subventionsrechtliche Ermächtigungsnorm sowohl inhaltlich wie gesetzestechnisch nur sehr geringe Ansprüche zu stellen sind, so kann das Haushaltsgesetz allein unbedenklich deren Funktion übernehmen und verfassungsrechtlichen Anforderungen nachkommen, sofern man trotz des sog. Bepackungsverbots die Aufnahme der wichtigsten und elementaren an ein Subventionsermächtigungsgesetz zu stellenden Minimalanforderungen in ihm für möglich hält. Schließlich dürfte es sich bei derartigen materiell-rechtlichen Bestimmungen eindeutig um einnahme- und ausgabebezogene Normen handeln.

Für denjenigen, der jedoch durch das Bepackungsverbot des Art. 110 Abs. 4 S. 1 GG eine unüberschreitbare Barriere aufgebaut sieht, die dem Haushaltsgesetz prinzipiell die Aufnahme, das Abändern bzw. die Aufhebung materieller Regelungen verbietet, beginnt hier die Notwendigkeit, für deren Beseitigung — oder doch zumindest für deren Einschränkung — einzutreten, wollte er dennoch im Ergebnis mit den Interpreten obiger Auffassung übereinstimmen und das Haushaltsgesetz als tauglichen Legitimationstopos für Subventionsmaßnahmen begreifen. Als Hauptverfechter der These, mit dem Bepackungsverbot Schluß zu machen, ist *Franz Mayer* zu nennen[92].

Geht man nun von der Annahme aus, daß dem Bepackungsverbot die Aufgabe zukomme, die Aufnahme materieller Bestimmungen in das Haushaltsgesetz zu verhindern, dann könnte deren Beseitigung allerdings nur im Wege einer Verfassungsänderung erfolgen, da ja das Haushaltsgesetz durch das Einverleiben materiell-rechtlicher Ermächtigungsbestimmungen als nur formelles Gesetz sodann in seinem Wesensgehalt geändert würde. Würde der Gesetzgeber Art. 110 Abs. 4 S. 1 GG jedoch — wie *Franz Mayer* — verstanden und ihm die Funktion einer solchen Sperrwirkung zugewiesen haben, um das Haushaltsgesetz

---

[92] F. Mayer, Verwaltungsrecht, S. 217 f.

als nur formelles Gesetz zu erhalten, so hätte er im Zuge der Finanzreform bei Neufassung des Art. 110 GG durch das 20. Änderungsgesetz[93] zum Grundgesetz vom 12. 5. 1969 hinreichend Gelegenheit gehabt, dem Art. 110 Abs. 4 S. 1 GG eine Fassung zu geben, die in dieser Richtung eine eindeutige Rechtslage schafft. Daß der Gesetzgeber hierzu keine Veranlassung sah und die von *Franz Mayer* im Jahre 1966 de lege ferenda aufgestellte Forderung[94], das Bepackungsverbot ersatzlos zu streichen, nicht realisierte, sondern im Gegenteil an der — allerdings anders gearteten — Sperrfunktion des Bepackungsverbots festgehalten hat, erklärt sich allein daraus, daß er das Haushaltsgesetz nur von einnahme- und ausgabefremden materiellen Bestimmungen freigestellt wissen und dem Haushaltsgesetz nur Vorschriften zugänglich machen wollte, bei denen sich in bezug auf die etatrechtliche Einnahme- und Ausgabeseite ein konkreter innerer Zusammenhang nicht leugnen läßt. Zur Verwirklichung dieses Ziels schien dem Gesetzgeber die Belassung des Bepackungsverbots auch weiterhin gerechtfertigt.

Eine derartige Auslegung läßt sich noch mit dem Hinweis erhärten, daß der Gesetzgeber bereits mit Art. 109 GG durch das 15. Gesetz[95] zur Änderung des Grundgesetzes vom 8. 6. 1967, dessen Absatz 3 noch durch die 20. Änderungsnovelle zum Grundgesetz eine Ergänzung erfuhr (vgl. Anm. 93), eine Funktionserweiterung der öffentlichen Haushalte geschaffen und die Aufnahme materieller Verwendungszwecknormen auch in das Haushaltsgesetz begünstigt hat.

Schließt man sich deshalb der Auffassung an, daß die Aufnahme materieller Bestimmungen im aufgezeigten Sinn in das Haushaltsgesetz trotz des Bepackungsverbots zulässig ist, dann scheint die Frage nach einer Abschaffung bzw. Einschränkung des Bepackungsverbots — auch de lege ferenda — endgültig aus der Welt geschafft zu sein.

6. Die Sozialstaatsklausel in Verbindung mit dem Rechtsstaatsprinzip als gesetzliche Grundlage für die staatliche Subventionsvergabe

Als eine Form der Legitimationsbegründung staatlicher exekutiver Subventionierung könnte weiter noch an die Verfassungsaufträge und die Staatszielbestimmungen der Sozialstaatsklausel und des Rechtsstaatsprinzips in ihrem Zusammenwirken zu denken sein. Um nun diesem Problem näherzukommen, hat man häufig versucht, zunächst die rechtliche Bedeutung dieser beiden Prinzipien zu klären und im Anschluß daran deren Verhältnis zueinander zu untersuchen, da man

93 BGBl. I, S. 357.

94 F. Mayer, Diskussionsbeitrag, VVDStRL 25, S. 433 f., 434. Ihm widersprechend Ehmke, Diskussionsbeitrag, VVDStRL 25, S. 434.

95 BGBl. I, S. 581.

glaubte, auf diesem Weg eine eindeutige Antwort auf die Frage zu erhalten, ob etwa jeder Begriff für sich allein oder ob nur beide zusammen eine gesetzliche Grundlage für die Leistungsform der modernen Subventionsverwaltung in der Weise ergeben können, daß man der Sozialstaatlichkeit zwar die Funktion einer Ermächtigungsnorm zukommen läßt, diese aber durch das Rechtsstaatsprinzip begrenzt.

Die Auffassungen über die rechtliche Tragweite der Sozialstaatlichkeit in der wissenschaftlichen Lehre reichen in spektraler Homogenität von Auslegungen, die darin minimal wesensgehaltsmäßig nur ein ethisches Postulat des Verfassungsgesetzgebers erkennen[96], bis hin zu Meinungen maximalen Gehalts und Ausmaßes, die in diesem Verfassungsbekenntnis eine hinreichende Legitimation für das Tätigwerden der Verwaltung wegen seiner unmittelbar geltenden Verfassungsrechtsqualität bejahen[97]. Daneben besteht Streit, welchen von diesen beiden Verfassungsgrundsätzen auf Grund der zwischen ihnen bestehenden Antinomie, die innerhalb dieser Prinzipien ein gewisses Spannungsverhältnis geschaffen hat, nach der Ordnung des Grundgesetzes der primäre Wert zuzusprechen ist[98].

All diese Überlegungen laufen Gefahr, die von der Verfassung intentional gleichgewichtig gegenübergestellten Prinzipien, die Art. 28 Abs. 1 GG sogar unlöslich zueinander zum sozialen Rechtsstaat verbindet, in ihrer funktionellen Aufgabe zu verschieben und den Weg zu einer nonverfassungskonformen Auslegung zu bahnen, wenn man sich nicht zuvor darauf besinnt, eine tragfähige Basis als Ausgangspunkt für die weiteren Überlegungen darin zu finden, daß man sich die Frage nach der teleologischen vom Verfassungsgesetzgeber geschaffenen Intention derartiger Verfassungsgrundsätze stellt. Das Problem läßt sich m. E. auch nicht einfach damit lösen und abtun, daß man den Sozialstaatsauftrag als Aktionsermächtigung für die wirtschaftsgestaltende und wirtschaftspolitische Tätigkeit betrachtet und mit der Rechtsstaatlichkeit diesen so weit gespannten Rahmen begrenzt[99], bzw. mit dem Hinweis, daß der Liberalität die Sozialität nicht gleichgewichtig und gleichrangig

[96] Etwa Forsthoff, VVDStRL 12, S. 8 ff.

[97] So insb. Gerber, AöR Bd. 81, S. 30; E. Huber, Wirtschaftsverwaltungsrecht I, S. 36 f.; Hamann, S. 46 ff., 77 ff.; als Hauptverfechter der These vom Ermächtigungscharakter der Sozialstaatsklausel gilt Bachof, VVDStRL 12, S. 37 ff., 43, 63; ders., VVDStRL 19, S. 269 f.

[98] Vgl. z. B. Forsthoff, VVDStRL 12, S. 25 f., 29, 34 (Leitsatz IV), der eine Synthese von Rechts- und Sozialstaat auf der Verfassungsebene für unmöglich hält, bezeichnet den Rechtsstaat im Gefüge des Grundgesetzes für den primären Wert; v. Münch in Erichsen / Martens, Allgem. VerwR S. 42 hingegen sieht den Rechtsstaatsgedanken in engem Zusammenhang mit dem sozialstaatlichen; siehe zum Problem ferner Maunz / Dürig, GG-Komm., Art. 20, Rz. 33, 34 zu VIII.

[99] So aber Stern, JZ 1960, S. 523.

gegenübergestellt werden kann[100]. Vielmehr haben beide Prinzipien ihre Daseinsberechtigung und ihren vom Verfassungsgesetzgeber konzeptionierten Wirkungs- und Aufgabenbereich. Der Verfassungsgeber hat nämlich dem Rechtsstaat funktionell die Abwehr als Erhaltung des Existenten, dem Sozialstaat dagegen die Planung zugeordnet, weil dieser das schon unmittelbar Bestehende nicht bereits um seiner selbst willen uneingeschränkt hinzunehmen bereit war[101]. Geht man nun zutreffend davon aus, daß die Sozialstaatsklausel und das Rechtsstaatsprinzip Staatszielbestimmungen verkörpern, so ist die Frage gestellt, wen die Verfassung als Adressaten zur Vollziehung derartiger Aufträge berufen hat.

Verfassungsaufträge richten sich ausschließlich an den Gesetzgeber[102], da allein er zu einer annähernd gleichmäßigen Förderung des Wohles aller Bürger und annähernd gleichmäßigen Verteilung der Lasten mit dem erstrebten Ideal der sozialen Demokratie in der Form des Rechtsstaates in der Lage ist.

Die im Begriff des Sozialen eingeschlossenen Ziele der materiellen Teilhabe und des gesellschafts- und wirtschaftspolitischen Ausgleichs dürfen auf keine andere Weise verwirklicht werden als auf den Wegen und in den Formen des Rechtsstaats, der seinen Gravitationspunkt im Gesetz findet[103]. Durch die enge Verbindung, die das Grundgesetz mit seiner Terminologie „sozialer Rechtsstaat" herstellt, erklärt es nämlich das Gesetz zum überragenden Instrumentarium einer hoheitlichen Gestaltung der Sozialordnung. Der soziale Rechtsstaat gebietet deshalb, daß aller sozialen Administration soziales Recht zugrunde zu liegen hat[104].

Der Verwaltung kann es niemals von sich aus gelingen, die aus der Vielzahl der dem Sozialstaatsprinzip entspringenden unübersehbaren Maßnahmen ohne gesetzliche Grundlage in einer rechtsstaatlich zulässigen Weise zu formieren und in den Griff zu bekommen. Eine der Exekutive zur Subventionsvergabe zustehende Ermächtigung aus dem Sozialstaatsprinzip zugestehen, hieße der Verwaltung extra constitutionem die Sicherung des sozialen Status des Bürgers in einem Bereich weitestgehend divergierender Interessen zu überlassen und ihren usurpierten Verwaltungszweig mit dem Hinweis zum unmittelbaren Verfas-

---

100 Stern, DÖV 1961, S. 325 ff., 327.

101 Krause, Festschrift, S. 437.

102 Diese Auffassung entspricht der herrschenden Meinung. Vgl. hierzu insb. Bachof, VVDStRL 12, S. 37; Abendroth, Festschrift, S. 1 ff.; Nipperdey, S. 805 f.; E. Huber, Rechtsstaat und Sozialstaat, S. 13 ff.; Hamann, S. 46 f.; vgl. dens., DVBl. 1963, S. 486 ff.

103 Vgl. Forsthoff, Rechtsfragen, S. 47.

104 So Götz, S. 285.

sungsvollzug kraft der Ermächtigung aus der Sozialstaatsklausel zu legalisieren, obwohl dies ausdrücklich im Widerspruch zur Etathoheit des Parlaments und zu der Eigenart der Subventionierung stünde, nämlich als Ausgabe oder Bindung öffentlicher Haushaltsmittel zu wirken, zu der die Exekutive erst durch parlamentarische Haushaltsbewilligung ermächtigt werden kann. Die Subventionsverwaltung hat aus dem Sozialstaatsprinzip allein einen Maßstab zudiktiert erhalten, der ihr zur Auslegung bereits existenter Normen an die Hand gegeben ist und die Zulässigkeit der Subventionsvergabe überhaupt begründet. Deshalb erscheint es nur folgerichtig und logisch, daß gegenüber der Forderung nach einer rechtlichen Beleuchtung und Durchdringung der so dunklen Subventionsverwaltung durch den Gesetzgeber die Argumentation aus dem Sozialstaatsprinzip derjenigen aus dem Rechtsstaatsprinzip zu weichen hat.

7. Legitimation der administrativen Subventionsvergabe kraft Gewohnheitsrechts

Angesichts der Notwendigkeit einer Ersetzung legislativer durch gewohnheitsrechtliche Ermächtigung, die insbesondere beim Wechsel einer Staatsform aus Gründen der Kontinuität und Anpassung des Gesetzgebers an die neuen verfassungsrechtlichen Verhältnisse einmal für alle Lebensbereiche ihre Rechtfertigung hatte, heute dagegen nur noch für bestimmte Sparten anzunehmen ist, könnte in Absehung des strengen Postulats formalgesetzlicher Ermächtigung im Subventionsrecht eine gewohnheitsrechtliche Legitimation an deren Stelle als ebenbürtige Rechtsquelle getreten sein. Selbst wenn man hypothetisch den Standpunkt derjenigen Auffassungen zugrunde legt, die auch Verfassungsrecht longa consuetudine et opinione iuris communis der Entstehung von Gewohnheitsrecht zugänglich machen wollen[105], so lassen sich dennoch nicht die allgemein anerkannten Entstehungsvoraussetzungen für die Bildung von Gewohnheitsrecht auf den Subventionsbereich übertragen. Bevor nun eine den heutigen Verhältnissen der modernen staatlichen Wirtschaftsförderung allein adäquate Rechtsauffassung zu diesem Problem vorgetragen wird, mögen zunächst einige Gründe genügen, die These von der gewohnheitsrechtlichen Legitimation innerhalb der Subventionspraxis selbst unter Zugrundelegung der herkömmlichen Doktrin zu widerlegen.

Die Bildung von Gewohnheitsrecht setzt ihrem Wesen nach eine längerdauernde tatsächliche, nicht bloß vorübergehende gleichmäßige Übung innerhalb einer Rechtsgemeinschaft (longa consuetudo), sowie

[105] So BVerfGE 1, S. 18 (Leitsatz 27); Friauf, Gewohnheitsrecht, Sp. 686; Thoma, Grundbegriffe, S. 230 Fußn. 25. Unter Verfassungsrecht soll hier spezifisch der Vorbehalt des Gesetzes angesprochen sein.

eine derartige Übung im Sinne einer allgemein anerkannten Überzeugung, daß das Geübte Recht als auch für die Zukunft maßgebende Verhaltensnorm (opinio iuris communis) sein soll, zwingend voraus[106]. Von beiden Essentialien befindet sich die Subventionsverwaltung weit entfernt.

Eine longa consuetudo konnte sich im Rahmen von Subventionierungsmaßnahmen bisher niemals bilden, da die darauf bezogenen Regelungen ihrer Natur gemäß schon immer nur als temporäre Hilfsmaßnahmen kurzfristiger Art gedacht und nur bis zum Eintritt des verfolgten Zweckes angelegt waren[107]. Eine augenblickliche Notsituation, etwa zur Wiederherstellung des regulären Zustands, bei jeweils anders gelagertem Sachverhalt kann nur eine vorübergehende, niemals aber eine gleichmäßige Verwaltungspraxis anbahnen. Auch eine gewohnheitsrechtliche Vergabe von geplanten und gezielten Wirtschaftssubventionen dürfte am Merkmal der Stetigkeit und Homogenität einer seit Inkrafttreten des Grundgesetzes noch nicht ausgereiften Verwaltungsübung scheitern[108]. Man sollte deshalb überhaupt nur auf eine gewisse Dauer angelegte, gleichmäßig praktizierte Lebenssachverhalte einer Prüfung am Maßstab der longa consuetudo unterziehen, und nicht rein abstrakt, wie *Ernst Höhn* es demonstriert, auf die Dichte und Häufigkeit eines weitgefaßten und undifferenzierten Normverhaltens abstellen[109].

Daneben fehlt es — und das dürfte m. E. das Entscheidende sein — an den elementaren Voraussetzungen für das Merkmal der opinio iuris communis im Bereich der gesetzesfreien Subventionen. Dabei kann es dahingestellt bleiben, ob eine von Anfang an rechtswidrig gehandhabte Praxis contra legem der Bildung von Gewohnheitsrecht überhaupt zugänglich ist[110], da gerade das wichtigste Element der opinio, nämlich das Erwachsen des Gewohnheitsrechts media ex societate iuris bei den Subventionen nicht erfüllt ist. Man muß deshalb ganz genau den essentiellen Unterschied zweier Rechtsvorgänge beachten: Einmal den, daß der Gesetzgeber infolge gänzlicher Vorenthaltung normativer Aus-

---

106 Vgl. BVerfGE 22, S. 114 ff., 121 sowie Ossenbühl in Erichsen / Martens, Allgem. VerwR S. 95.

107 Dies folgt schon daraus, daß budgetabhängige Geldausgaben infolge des in Art. 110 GG aF grundgesetzlich fixierten Annuitätsprinzips auf Grund der jeweiligen Finanzlage jedes Jahr eine neue Prüfung und Beurteilung der Ausgabenseite notwendig machte und eine kontinuierliche Praxis nicht erlaubte. Für einen Mehrjahreshaushalt hätte es einer Grundgesetzänderung bedurft, vgl. Patzig, VerwArch Bd. 58 (1967), S. 1 ff., 22 ff.

108 In diese Richtung tendiert auch das Urteil des BVerwG vom 5. 11. 1965, DVBl. 1966, S. 567.

109 Vgl. Höhn, S. 44.

110 Dieses Problem ist überaus umstritten. Ablehnend Jesch, S. 236. Bejahend Wolff / Bachof, VerwR I, § 25 III.

gestaltung in bezug auf bestimmte Lebenssachverhalte eine Situation der Notwendigkeit geschaffen hat, die von der Rechtsgemeinschaft allgemein anerkannten Rechtszustände aufrechtzuerhalten und weiterzuführen, zum anderen den, in welchem der Gesetzgeber zwar die äußeren Voraussetzungen für einen Lebenssachverhalt in Form einer Willensäußerung geschaffen hat, es aber versäumte, als weitere Konsequenz auch noch die dazugehörigen Gesetze zu erlassen. Dieses bislang noch nie beobachtete Phänomen erlaubt keine Eingruppierung in die bisher dagewesenen Fälle der Entstehung und Entwicklung von Gewohnheitsrecht. Es offenbart vielmehr nur eine noch nie aufgetretene Erscheinung, wie der Gesetzgeber die Verwaltung in einen Zustand der Illegalität drängen kann, weil staatliche Initiative und Aktivität dringend geboten ist.

Wenn *Ossenbühl*[111] jedoch die opinio iuris communis durch die Inauguration des Gesetzgebers, durch die ständige (rechtswidrige) Rechtsprechung des obersten Verwaltungsgerichts bezüglich der Frage nach der Legitimation staatlicher Subventionierung, sowie durch den die Subventionsrichtlinien vollziehenden Beamten als optimal realisierte Überzeugungen aus der Mitte der Rechtsgemeinschaft, daß das so Geübte Recht ist, hinstellt, so könnte man fragen, ob zur Rechtsgemeinschaft nicht auch die führenden Vertreter der rechtswissenschaftlichen Lehre gehören, die in überwiegender Anzahl nunmehr seit über zwei Jahrzehnten in umfassenderer und rechtlich bei weitem fundierterer Weise gegen die Zulässigkeit der gesetzesfreien Subventionen ankämpfen. Es bliebe weiter zu fragen, ob die oben genannten Repräsentanten der Rechtsgemeinschaft das bisher Geübte als auch für die Zukunft maßgebende Verhaltensnorm ansehen wollen.

Der Versuch, gewohnheitsrechtliche Grundsätze auf den Subventionsbereich zu übertragen und damit eine Legitimationsquelle für administratives Subventionieren zu schaffen, scheint m. E. nur solange angebracht gewesen zu sein, als man in der Subventionsvergabe einen speziellen Unterfall der Leistungsverwaltung mit ausschließlich begünstigender Wirkung erkannte. Nur dann nämlich konnte die Frage nach einer gewohnheitsrechtlichen Legitimation der Subventionsverwaltung überhaupt aktuell und diskussionsfähig sein.

Nachdem es inzwischen seit langem zum festen Bestand einer gesicherten Erkenntnis gehört, daß Subventionen Wirkungen ausstrahlen, die — wenn auch nur ungezielt, so doch in ihrer Auswirkung auf die vermögensrechtliche Sphäre der Betroffenen — in Freiheit und Eigentum des Bürgers eingreifen können, dann erscheint es eigentlich verwunderlich, daß bisher noch niemand auf den entscheidenden Ge-

---

[111] Ossenbühl, S. 248.

sichtspunkt hingewiesen hat, der die Diskussion um die verfassungsrechtliche Zulässigkeit gewohnheitsrechtlich legitimierter Subventionierung rasch zu Ende führen könnte:

Es entspricht den allgemeinen Grundsätzen des Staatsrechts, daß sich neue gewohnheitsrechtliche Ermächtigungen für die Exekutive zu Eingriffen in die Individualsphäre des Bürgers — ganz gleich, ob gezielt oder ungezielt — nach Einführung des Vorbehalts des Gesetzes im Umfang seiner Reichweite nicht mehr bilden konnten[112]. Denn von nun an sollten alle derartigen Normen allein dem Parlament unterstellt sein. Eine aus Gründen gleichmäßig geübter Verwaltungspraxis die Entstehung von gewohnheitsrechtlichen Ermächtigungen bejahende Ansicht im Eingriffsbereich widerspräche nicht nur dem positiven Gesetzmäßigkeitsprinzip und damit einem Grundgedanken des Rechtsstaats überhaupt, sondern liefe außerdem auch Gefahr, wieder zu dem Zustand zurückzukehren, den das Vorbehaltsprinzip ein für allemal beseitigt wissen wollte, nämlich sich unkontrollierten, effektiven und grenzenlosen Machtbefugnissen der Exekutive nach Vorbild des absoluten Staates beugen zu müssen[113]. In einer parlamentarischen Demokratie ist deshalb bei Sachverhalten, deren Ausgestaltung aus Gründen der positiven Gesetzmäßigkeit Aufgabe des Gesetzgebers ist, auch nicht mehr danach zu fragen, welche Repräsentanten der Gesellschaft für eine Rechtsüberzeugung als Voraussetzung für Gewohnheitsrecht maßgeblich sind.

Der Sinn und Zweck des Gesetzesvorbehalts muß heute grundsätzlich in einer strikten Grenzziehung zwischen gesetzgebender und vollziehender Gewalt gesehen werden. Durch Schaffung dieses Prinizps sollte die Exekutive bei Eingriffen in Freiheit und Eigentum des Bürgers allein auf die Funktionen beschränkt sein, die ihr der Gesetzgeber kraft Gesetzes zugewiesen hat. Daraus ergeben sich auch die Gründe, daß es unserer Verfassung ganz eindeutig zuwiderlaufen würde, der Eingriffsverwaltung gewohnheitsrechtliche Ermächtigungen von Verfassungsrang zuzugestehen. Schließlich soll dem Gesetzgeber nicht erlaubt sein, durch permanente Untätigkeit einen Rechtszustand zu schaffen, der selbst im Eingriffsbereich weitgehend von Gewohnheitsrecht beherrscht wird, obwohl er zu einer Ausnormierung dieser Materie jederzeit in der Lage ist. Man sollte deshalb ganz entschieden — sofern man innerhalb einer Übergangszeit nach dem Wechsel einer Staatsform die Entstehung von Gewohnheitsrecht überhaupt anzunehmen bereit ist — diese Übergangsperiode prinzipiell nur mit der Entstehung von ausschließlich begünstigendem Gewohnheitsrecht in Berührung bringen, ganz abgesehen davon, daß eine Übergangszeit in der Regel nur auf

[112] Vgl. Jesch, S. 114.
[113] So Thoma, Polizeibefehl, S. 104 ff.

einen relativ so kurzen Zeitraum angelegt sein wird, daß sich Gewohnheitsrecht wohl schwerlich wird bilden können.

8. Hinnahme der gegenwärtig rechts- und damit verfassungswidrig geübten Subventionspraxis während einer derzeit noch bestehenden Übergangszeit bis zur endgültigen Ausnormierung durch den Gesetzgeber

Haben sich die Rechtsprechung und die Literatur langsam zu der Erkenntnis vorgerungen, daß die bisher praktizierte nichtgesetzesakzessorische Subventionsverwaltung, sofern sie einseitig hoheitlich Subventionen verabreicht, jenseits der normtranszendenten Grenze des nach positivem Verfassungsrecht normativ Gesollten liegt, so muß mit Erstaunen registriert werden, daß sowohl die Verwaltungsjudikatur[114] als auch Anhänger der wissenschaftlichen Lehre[115] dafürhalten, einen augenblicklich rechts- und damit verfassungswidrigen Zustand bis zu einem Zeitpunkt, in welchem der Gesetzgeber diese Materie endgültig an sich gezogen habe, gleichsam als Übergangslösung ad infinitum hinnehmen zu müssen. Dabei befremdet es um so mehr, daß derartige Erwägungen gerade von Vertretern der Ansicht vorgetragen werden, die dem geltenden Verfassungsrecht einen Totalvorbehalt für den gesamten Verwaltungsressort entnehmen[116]. Auch der Hinweis von *Franz Mayer*[117], für eine Übergangszeit könne man allenfalls rechtsgrundlagenmäßig nicht abgesicherte Subventionen aus einem Übergangsrecht rechtfertigen, ähnlich wie dies im vorigen Jahrhundert, als das Polizeirecht noch nicht perfekt rechtsstaatlich positiviert war, sogar mit dem polizeilichen Rechtseingriff praktiziert wurde, vermag nicht darüber hinwegzutäuschen, daß mit solchen Argumentationen der Boden des Verfassungsrechts eindeutig und endgültig verlassen wird. Man kann es offensichtlich nicht laut und oft genug aussprechen, daß verfassungs-

---

[114] Vgl. etwa das Urteil des BayVGH vom 24. 11. 1969, der damit auf eine ständige Rechtsprechung zurückblicken kann.

[115] Vgl. insb. Jesch, S. 234 ff.; Rupp, S. 127; F. Mayer, Verwaltungsrecht, S. 43, 217 f.

[116] Jesch (Anm. 115); Rupp (Anm. 115); vgl. dens., insb. NJW 1970, S. 412 f.

[117] F. Mayer (Anm. 115). Der Übergang von der absoluten zur konstitutionellen Monarchie machte als Folge eines Übergangsrechts eine Einschränkung vom strengen Prinzip der formalgesetzlichen positiven Gesetzmäßigkeit und qualifizierte sogar Eingriffe in Freiheit und Eigentum allein auf Grund alten Gewohnheitsrechts als rechtmäßig. Zwar ist die Übergangszeit von der konstitutionellen Monarchie zur parlamentarischen Demokratie von der Vorbehaltsproblematik her gesehen dem obigen historischen Vorgang durchaus gleichzusetzen. Eine aus Gründen des verfassungsrechtlichen Kontinuitätsprinzips gerechtfertigte Übergangszeit sollte jedoch nicht der Aufrechterhaltung und Perpetuierung verfassungswidriger Zustände dienen, sondern allein dem Gesetzgeber eine allmähliche Anpassung an die neue Verfassungsrechtslage ermöglichen.

widrige Zustände niemals hingenommen werden können. Da nun nicht davon ausgegangen werden kann, daß die obengenannten Autoren diese elementaren Grundkenntnisse übersehen haben, bleibt nur zu folgern, daß es sich hier um eine Kapitulation vor der normativen Kraft des Faktischen handelt, die keine Zweifel offenläßt, daß es nur darum geht, das Recht mit einer rechtswidrigen Praxis in Einklang zu bringen.

Sollte nämlich die oben aufgezeigte These richtig sein, so bleibt nur noch zu fragen, ob es nicht langsam sinnvoll sei, die als Leistungsverwaltung getarnte und belastende Wirtschaftsinterventionsverwaltung in Form der Subventionierung von verfassungsrechtlichen Anforderungen überhaupt freizustellen und sie von den Fesseln der Rechtsordnung zu befreien, wenn sie diese „rechtsfreie" Übergangszeit, über deren Laufzeit die unterschiedlichsten Meinungen bestehen, dazu nutzen kann, alle nichtgesetzlich geregelten Materien, welche trotz ihrer Notwendigkeit noch keine normative Gestalt gefunden haben, an sich zu ziehen und in diesen Gebieten dann nach Belieben rechtswidrig zu schalten und zu walten. Bis sich dann der Gesetzgeber bequemt hat, diese Bereiche gesetzlich auszunormieren, erscheint es m. E. nur noch eine Frage der Zeit zu sein, wann sich die Rechts- und Sittenordnung von selbst durch Korruption, Willkür und Protektion aufgelöst hat[118].

Doch der Polemik genug! Auch der Verwaltung kann keinesfalls in jedem Fall vorgeworfen werden, daß sie rechtswidrig handeln will. Vielmehr ist es zwangsläufig eine Folge unserer heutigen pluralistischen Massengesellschaft, daß sich niemals in vollem Umfang alle Geschehnisse und Möglichkeiten vorhersehen und ausnormieren lassen, die eine staatliche Hilfe erfordern. Daneben lassen sich innerhalb der modernen Wirtschaftsstruktur häufig Erkenntnisse gewinnen, die die herkömmlichen binnen kurzer Zeit verdrängen. Würde hier keine Kompetenz der Verwaltung existieren, so könnten oftmals neu auftretende Probleme und Aufgaben nicht bewältigt werden, die aber von einer leistenden Wirtschaftsverwaltung zwecks Erhaltung des Staatswesens zu erfüllen sind, obwohl die Voraussetzungen der positiven Gesetzmäßigkeit nicht vorliegen[119]. In diesen Bereichen jeweils erst abzuwarten, bis der Gesetzgeber die Exekutive zur Erfüllung dieser Aufgaben ermächtigt hat, würde eine flexible Verwaltung weitgehend vereiteln. Gleichwohl ist zu betonen, daß derartige Fälle nur die Ausnahme bilden können. In der Regel werden jedoch solche nichtgesetzesbezogene

---

118 So bereits Augustinus, in: De civitate Dei, Liber IV, 4: „Remota ... iustitia quid sunt regna nisi magna latrocinia? quia et latrocinia quid sunt nisi parva regna? manus et ipsa hominum est, imperio principis regitur, pacto societatis adstringitur, placiti lege praeda dividitur."

119 Auf diesen Gesichtspunkt hat Eyermann, WuV 1978, S. 149 ff., 154 ff. aus der Sicht des Pragmatikers zutreffend hingewiesen.

Verwaltungshandlungen — sofern eine Dringlichkeit nicht ersichtlich ist — als rechtswidrig zu qualifizieren sein. Da sich im Grundgesetz kein dem Art. 100 GG vergleichbarer Fall für die Exekutive bei nachkonstitutionellem Unterlassen des förmlichen Gesetzgebers finden läßt[120], hat die Verwaltung nur die Möglichkeit, auf ein Gesetz hinzuwirken, das sie zum Erlaß von Verwaltungsakten ermächtigt.

Der Gesetzgeber andererseits darf sich nicht damit begnügen, die Rechtsordnung in dem Zustand zu erhalten, wie er sie bei der Schaffung seiner Verfassung vorgefunden hat. Es besteht für ihn vielmehr eine Verpflichtung, der Entwicklung der wirtschaftlichen Lage zu folgen, wobei sich in einer Zeit, in der wirtschaftliche Veränderungen durchaus nicht atypisch sind, ein gewisses zeitliches „Nachhinken" des Gesetzgebers nicht vermeiden lassen wird. Entscheidend dürfte allerdings in jedem Falle sein, daß nur eine kurzfristige Überbrückungszeit in Kauf genommen werden kann, da Veränderungen innerhalb der Wirtschaftslage nicht sofort einen Niederschlag in Rechtsvorschriften finden können[121].

Eine Notkompetenz der Exekutive im Bereich der leistenden Wirtschaftsverwaltung kann deshalb — von den erwähnten Ausnahmefällen abgesehen — unter keinen Umständen anerkannt werden. Mit dem

---

[120] Vgl. zum Problem und zur Vorlagepflicht der Judikative bei verfassungswidrigem Unterlassen des nachkonstitutionellen Gesetzgebers Lerche, AöR Bd. 90, S. 341 ff., 353.

[121] Leibholz / Rinck, Grundgesetz, Art. 3 Rz. 12. Nach der Rechtsprechung des Bundesverfassungsgerichts und des Bundesverwaltungsgerichts (vgl. z. B. BVerfGE 33, S. 1 ff., 12; E 40, S. 276 ff., 283 betr. Eingriffe in die Grundrechte von Strafgefangenen ohne gesetzliche Grundlage sowie BVerfGE 41, S. 251 ff., 266 f. betr. Ausschluß aus der Schule ohne notwendige Gesetzesgrundlage. Ferner BVerwGE 41, S. 261 ff., 266; E 42, S. 296 ff., 301 f.; E 48, S. 305 ff., 312 f.; E 54, S. 155 ff., 161) ist das Fehlen einer notwendigen gesetzlichen Grundlage unter bestimmten Voraussetzungen für eine Übergangszeit verfassungsrechtlich hinzunehmen, um dem Gesetzgeber Gelegenheit zu einer rechtsförmigen Regelung zu geben. Die Notwendigkeit solcher Übergangsfristen wurde anerkannt, um eine sonst eintretende Funktionsunfähigkeit staatlicher Einrichtungen (Schule, Strafanstalt) zu vermeiden, die der verfassungsmäßigen Ordnung noch ferner stünde als der bisherige Zustand.

Diese am verfassungsrechtlichen Verhältnismäßigkeitsprinzip orientierten Grundsätze für die geordnete Weiterführung eines funktionsfähigen Betriebes lassen sich nicht ohne weiteres auf das Subventionswesen übertragen. Einmal handelt es sich bei der staatlichen Subventionierung nicht um eine anstaltlich organisierte Institution, in welcher in zulässiger Weise die Grundrechte der Subventionsadressaten tangiert werden dürfen, weil dies unerläßlich ist, um die Subventionierung aufrechtzuerhalten und geordnet durchzuführen. Zum andern aber — und dies dürfte das entscheidende sein — hat das BVerfG immer nur äußerst kurze Übergangsfristen als hinnehmbar konzediert (in E 40, S. 276 ff., 283 lediglich 14 Monate) und jeweils klargestellt, daß dem Gesetzgeber ein schuldhaftes Zögern vorzuwerfen wäre, wenn er bis zur Verabschiedung des erforderlichen Gesetzes mehrere Jahre verstreichen ließe.

Bundestag ist ein zuständiges und auch handlungsfähiges Regelungsorgan geschaffen, so daß es an einer Kompetenznot fehlt, die eine Notkompetenz möglicherweise begründen könnte. Die Untätigkeit eines verfassungsmäßig zuständigen Organs ist ferner nach den Grundsätzen des Staatsrechts kein hinreichendes Argument dafür, die Zuständigkeit eines sonst unzuständigen Organs zu begründen. Der Begriff der Notkompetenz impliziert bei streng verfassungsrechtlicher Betrachtung, daß das zuständige Organ durch bloßes Nichtstun, ja sogar durch pflichtwidriges Unterlassen ein ansonsten imkompetentes Organ ermächtigen könnte. Eine solche Art der Ermächtigung, insbesondere als Ermächtigung zur Gesetzgebung, verbietet sich jedoch von selbst, weil durch sie ansonsten die ganze staatliche Zuständigkeitsordnung aus den Angeln gehoben werden könnte.

An diesem Ergebnis vermag auch die Rechtsnotwendigkeit der Ordnungsbefugnis, auf die *Ossenbühl*[122] aufmerksam macht, nichts zu ändern. Sein Hinweis, daß ein Kompetenzübergang für staatliche Maßnahmen vom Parlament auf die Exekutive im Falle des Fehlens gesetzlicher Rechtsmaßstäbe zwangsläufig erfolgen müsse, wobei rechtssetzende und rechtsanwendende Macht auf sie übergehe[123], mit der weiteren Folge, daß die von ihr erlassenen Richtlinien gleichsam stellvertretend in die Nähe förmlicher Gesetze rücken[124], fügt sich zweifellos nahtlos in die Reihe derjenigen, die die Metamorphose von Richtlinie zur bindenden Norm bereits vorexerziert haben[125]. Er stellt gleichwohl nur einen Versuch dar, jenem zwielichtigen Übergangsstadium, in dem die Verwaltung zwischen Verfassungswidrigkeit und Staatsnotwendigkeit Kompetenzen in Anspruch nimmt und auch ausfüllt, trotz ihres insgesamt verfassungswidrigen Zustandes im System des verfassungsrechtlich garantierten Rechtsschutzes einen Platz zuzuweisen. Die in der Tat heute existente Spannungslage zwischen Verfassungsrecht und Verfassungswirklichkeit, die nirgendwo in dieser Form kompakter ausgeprägt ist als gerade im Subventionsrecht, scheint sich damit ungeachtet des dogmatischen Unterschieds von Recht und Wirklichkeit in einen Pyrrhussieg der nichtgesetzesakzessorischen Subventionsverwaltung aufzulösen.

Endlich aber müßte diese Übergangsperiode, die nach den oben zitierten Ansichten zu dulden sei, im Subventionsbereich für die Verwaltung schon längst abgelaufen sein[126]. Dem Gesetzgeber stand schließlich seit

[122] Ossenbühl, S. 551.

[123] Ossenbühl, S. 551 im Anschluß an Höhn, S. 22.

[124] Ossenbühl, S. 552.

[125] Vgl. etwa Selmer, VerwArch 59 (1968), S. 114.

[126] Vgl. Ipsen, Rechtsgutachten 1951, wo er die bislang finanzwissenschaftliche Erörterung über die Subventionen in den Gesichtskreis juristischer Be-

dem Inkrafttreten des Bonner Grundgesetzes im Jahre 1949 Zeit genug zur Verfügung, das Subventionswesen rechtlich in den gehörigen Formen zu ordnen. Die Scheu des Gesetzgebers vor Fragen wirtschaftspolitischer und wirtschaftsverfassungsrechtlicher Natur ist kein rechtlich erheblicher Grund für das Andauern einer Übergangszeit.

trachtungen treten ließ und dieses Instrumentarium (auch) dem Gesetzgeber in juristischem Gewande vorstellte.

Schlußbetrachtung

Aufgabe der vorliegenden Untersuchung war es, zu analysieren, ob die heutige Subventionsverwaltung, wenn sie nichtgesetzesakzessorisch in hoheitlicher Form Subventionen vergibt, mit den im Bonner Grundgesetz statuierten Ordnungsvorstellungen in Einklang steht. Haben die vorstehend gemachten Ausführungen im Ergebnis gezeigt, daß dieser gegenwärtig praktizierte Administrationszweig und das vom positiven Verfassungsrecht normativ akzentuierte Ordnungsmodell nicht korrelativ aufeinander reflektieren, sondern sich kategorial antithetisch in Norm und staatlicher bzw. gesellschaftlicher Wirklichkeit scheiden, und damit die an den Anfang der Arbeit gestellte *Ossenbühl*sche These in vollem Umfang bestätigt, so hat die getroffene Überprüfung gleichzeitig eine Verfassungswirklichkeit beleuchtet, deren rechtsstaatlich-demokratische Defizite besonders schwer wiegen, weil sie faktisch zwingend rechtsnormativ Gesolltem nicht entspricht. Andererseits ist neben dieser unübersehbaren Inkongruenz zwischen Verfassungsrecht und Subventionswirklichkeit deutlich geworden, daß der Akt der Subventionsvergabe ganz auf die Problemebene einer Spannungslage zwischen Effizienz der Rechtsordnung und Funktionsfähigkeit des geltenden Herrschaftssystems verlagert ist.

In der Tat muß in einer Gesellschaft der Interessengegensätze und des Parteienpluralismus angesichts des durch den technischen Fortschritt beschleunigten Tempos im sozialen Wandel und einer nahezu totalen Interdependenz der privaten, wirtschaftlichen, gesellschaftlichen und politischen Bereiche im Hinblick auf das Phänomen der zunehmenden gesellschaftlichen Selbstregulierung ein Indiz für Dezentralisierung und nicht mehr vorhandene Monopolstellung des Gesetzgebers sprechen, zumal dem Parlament weithin Flexibilität und Unfähigkeit in Fragen des Wirtschaftsinterventionismus sowie der Wirtschaftspolitik vorgeworfen wird. Dies um so mehr, als eine zu Recht als Sozialwissenschaft konzipierte Rechtswissenschaft sich vom Verständnis des Rechts als „spezifisch juristischer" Wesenheit lösen und das Recht nach Inhalt und Form in seiner konkreten gesellschaftlichen Bedingtheit begreifen muß, mit der weiteren Folge, daß sich „das Juristische" von rein logisch-geisteswissenschaftlich-hermeneutischer Norminterpretation zu rechtlich-politischer Programmkonkretisierung verlagert, die sich an der Verfassung legitimieren und demokratisch kontrollieren lassen muß, je mehr der Gesetzgeber sich auf die Setzung von Programmzielen beschränkt[1]. Zu einer solchen Schlußfolgerung bestand indes in bezug auf den Untersuchungsgegenstand keinerlei Veranlassung, weil dem parlamentarischen Gesetzgeber die staatliche Subventionierungsgewalt verfassungsrechtlich wie verfassungspolitisch zugewiesen ist und diesem insoweit fundamentale sachliche Qualifikation attestiert werden muß. Die wenigen vorhandenen Subventionsgesetze sind deutlicher Ausdruck des Potentials legislatorischer Spezifizierungskunst.

Die gegenständliche Betrachtung ist nicht der Versuchung anheimgefallen, durch ein einfaches „Zurück zum Gesetz" das Parlament als einzige subventionäre Normsetzungsinstanz zu reaktivieren, weil ein solcher fürwahr sehr verlockender Weg die Komplexität der heutigen Gesellschaft unterschätzt hätte. Deshalb hat sie prinzipiell davon abgesehen, in blindem Normpurismus die existente gesellschaftliche Verfassungswirklichkeit ganz aus ihrem Blickwinkel zu eliminieren.

Das eingangs erwähnte Zitat von *Ossenbühl* deutete bereits an, daß die starren, statisch gegenüberstehenden Pole zwischen Verfassungsrecht und Subventionswirklichkeit entsprechend heutigem Verfassungsverständnis näher gebracht werden müssen: An beiden Enden ist anzusetzen, und diese sind partiell aufeinander zuzuführen, wobei beiderseitiges Nachgeben erforderlich ist. Eine lediglich in programmatischen Rahmen- bzw. Plangesetzen zum Ausdruck kommende Initiative des Gesetzgebers würde dann zu dem vorstehenden Kompromiß beider Polaritäten führen und einen tauglichen Legitimationstopos subventionären Administrierens abgeben, wenn der Gesetzgeber die staatliche Subventionierung nicht in den Griff bekommen könnte, weil insoweit das Postulat einer Verortung dieser Materie beim Parlament sinnlos und unhaltbar wäre. Daß dies jedoch nicht der Fall ist, ist hinreichend aufgezeigt. Abgesehen davon, daß anhand der aktuellen Geltung des Bonner Grundgesetzes der Nachweis parlamentarischer Kompetenz für wichtige und tragende Entscheidungen erbracht wurde und daß allein Gesetzen die Vermutung für Wesentliches und Dauerhaftes zukommt, drängt selbst eine differenzierte und pluralistische Gesellschaft auf die Entscheidung des parlamentarischen Gesetzgebers bezüglich wichtiger und gemeinschaftsformender Belange.

Die verfassungsrechtliche und verfassungspolitische Ordnung des Bonner Grundgesetzes gibt uns die Antwort, wie sie dialektische Vermittlung zwischen Norm und Subventionswirklichkeit verstanden wissen will: Die dualistischen Antagonismen von Sollen und Sein im Bereich staatlicher Subventionierung sind partiell dem rechtsstaatlich-demokratischen Gesetz zuzuführen. Der einzige Schritt, den das Ver-

[1] Vgl. Rinken, Der neue Jurist, S. 21 f.

fassungsrecht der Subventionswirklichkeit entgegengeht, besteht in einer freizügigeren Entscheidung des Parlaments über Einsatz, Verteilung und Umfang der Mittel, welche subventionäre Administration rechtsgrundlagenmäßig zumindest auf der Basis einer Rechtsverordnung[2] legalisiert.

Eines der Anliegen dieser Arbeit war es auch, davor zu warnen, der gefährlichen Irrlehre von der Normativität des Faktischen Einlaß in das Verfassungsrecht, wo sie am allerwenigsten angebracht wäre[3], zu gewähren. Dies um so mehr, als eine Beleuchtung und kritische Überprüfung der aus Kreisen der wissenschaftlichen Lehre und Rechtsprechung zur Rechtfertigung der verwaltungsaktlichen Vergabe von Subventionen außerhalb einer gesetzlichen Ermächtigung vorgeschobenen Argumente ergab, daß selbst diese für die Bildung einer herrschenden Meinung ausschlaggebenden und anerkannten Autoritäten teilweise der Versuchung unterlegen waren, aus einem faktischen, die Praxis weithin beherrschenden Zustand dem positiven Gesetzmäßigkeitsprinzip scheinbar äquivalente Legitimationsquellen anzubieten. Der Vorwurf, der Wissenschaft und Jurisdiktion deshalb treffen könnte, wäre bestimmt gewichtig, wollte man ihnen damit unterstellen, daß sie den essentiellen Aufgaben und den zugrundeliegenden Werten der Rechtsordnung auf dem wirtschaftspolitischen Sektor untreu wären und damit in einem ganz erheblichen Teilbereich zu ihrer Auflösung beitrügen, würde sich nicht von selbst verstehen, daß diese Konstruktionen nur die Folgen der Kapitulation vor der normativen Kraft des Faktischen sind. Daß

[2] Musterbeispiele solcher Rechtsgrundlagen aus jüngerer Zeit sind etwa: Beihilfenverordnung-Magermilch v. 31. 3. 1977 (BGBl. I, S. 792), zul.g. 1. 2. 1978 (BGBl. I, S. 249). — Verordnung über die Gewährung von Beihilfen für die private Lagerhaltung von Fleisch und Fleischerzeugnissen von Schweinen und Rindern vom 15. 3. 1978 (BGBl. I, S. 411). — Verordnung über die Gewährung von Beihilfen für die private Lagerhaltung von Butter, Rahm und lagerfähigen Käsesorten vom 20. 2. 1979 (BGBl. I, S. 224). — Verordnung über die Beihilfe für bestimmte Ölsaaten (Raps-Beihilfe-Verordnung) v. 27. 6. 1979 (BGBl. I, S. 828), geänd. durch Verordnung v. 8. 12. 1980 (BGBl. I, S. 2254). — Verordnung über die Gewährung von Übergangsvergütung für Getreide v. 9. 7. 1979 (BGBl. I, S. 1021). — Verordnung über Sondermaßnahmen für Sojabohnen v. 12. 12. 1979 (BGBl. I, S. 2327). — Verordnung über die Gewährung einer Prämie für die Erhaltung des Mutterkuhbestandes v. 11. 8. 1980 (BGBl. I, S. 1364), geänd. durch Verordnung vom 23. 10. 1980 (BGBl. I, S. 2031).

Auch das Bundesverwaltungsgericht betont die Möglichkeit rechtssatzmäßiger Regelungen durch Rechtsverordnungen, s. Urteil vom 14. 7. 1978 — 7 C 11.76 — JZ 1978, S. 680, 681. Rechtsverordnungen schaffen die notwendige Rechtsklarheit, ohne daß sich der Gesetzgeber in Details verlieren muß.

Zum Problem der verfassungsrechtlich gebotenen gesetzlichen Regelungsdichte, d. h. in welcher Verdichtung zur Verwaltung durch den Gesetzgeber selbst die Regelung durch oder auf Grund Gesetzes zu erfolgen hat, vgl. z. B. BVerfGE 33, S. 11; BVerfGE 48, S. 216 f.; BVerwGE 47, S. 198, 205; BayVGH, BayVBl. 1981, S. 430.

[3] Hamann / Lenz, Grundgesetz, S. 43.

man solchen Entwicklungen nicht schon längst entgegengetreten ist, findet seine Ursache allein darin, daß die Rechtsordnung im staatlichen Subventionsbereich notgedrungen aus Toleranzgründen wesentlicher Interessen willen derartige Erscheinungen als geringeres Übel hinnehmen mag. Bedenkt man aber, daß allein das Recht und nicht die Faktizität die existentielle Grundlage des Staates bildet[4], dann folgt daraus schon logischerweise, daß hiermit keinerlei Sanktionierung verbunden ist. Gerade deshalb, weil das Prinzip positiver Gesetzmäßigkeit die einseitig hoheitliche Vergabe von Wirtschaftssubventionen durch die öffentliche Hand ihrer unabdingbaren Gesetzesherrschaft unterstellt, muß jede nicht an ihr orientierte verwaltungsautoritative Tätigkeit der staatlichen Subventionsbehörde als Verstoß gegen die freiheitliche demokratische und rechtsstaatliche Ordnung der geltenden Verfassung erscheinen und damit als rechtlich unzulässig deklariert werden.

Nicht nur im philosophischen, sondern auch im Rechtssinne handelt und entscheidet, wer unentschieden und untätig das Eingreifen vermeidet[5]. Sieht deshalb der Gesetzgeber weiterhin der rechtswidrigen Administration im Subventionsbereich ungeachtet dieser nur von ihm zu lösenden Ordnungsaufgabe zu, dann bedeutet dieser Verzicht der Legislative auf Ausnormierung der so undurchsichtigen Subventionsmaterie, daß infolge verfassungswidrigen Unterlassens und Fehlens verfassungsrechtlicher Garantien eine Rechtsverwirklichung auf diesem wichtigen Teilgebiet der öffentlichen Wirtschaftsordnung auch künftig nicht gewährleistet sein wird. Soll sich aber die Subventionsverwaltung auf Dauer gesehen als praktikabel erweisen, so kann eine gesetzgeberische Entscheidung nicht mehr länger auf sich warten lassen.

---

4 Hamann / Lenz, Grundgesetz, S. 56 und Luhmann, S. 12.

5 Hartmann, S. 208.

Literaturverzeichnis

Abendroth, Wolfgang: Zum Begriff des demokratischen und sozialen Rechtsstaates im Grundgesetz der BRD, in: Festschrift für Bergstraesser (1954) (zit.: Festschrift).

Achterberg, Norbert: Probleme der Funktionenlehre, München 1970.

Albers, Willi: Subventionen, in: Staatslexikon, Bd. VII, Sp. 833 ff., 6. Auflage, Freiburg 1962.

Anschütz, Gerhard: Kritische Studien zur Lehre vom Rechtssatz und formellen Gesetz, 1. Auflage, Halle 1891 (2. Auflage, Berlin 1913) (zit.: Kritische Studien).

Apelt, Willibalt: Der verwaltungsrechtliche Vertrag. Ein Beitrag zur Lehre von der rechtswirksamen Handlung im öffentlichen Rechte, Leipzig 1920 (zit.: Vertrag).

— Der verwaltungsrechtliche Vertrag, AöR Bd. 84 (1959), S. 249 ff. (zit.: Verwaltungsvertrag).

Bachof, Otto: Verwaltungsakt und innerdienstliche Weisung, in: Verfassung und Verwaltung, Festschrift für Laforet (1952) (zit.: Festschrift).

— Begriff und Wesen des sozialen Rechtsstaats, Mitbericht, VVDStRL 12 (1953), S. 37 ff.

— Die Rechtsprechung des Bundesverwaltungsgerichts, JZ 1966, S. 11 ff., 58 ff., 436 ff.

— Verfassungsrecht, Verwaltungsrecht, Verfahrensrecht in der Rechtsprechung des Bundesverwaltungsgerichts, Tübingen 1966/1967, Bd. I (BVerwGE 1 - 12) und Bd. II (BVerwGE 13 - 19) (zit.: VerfR I, II).

Badura, Peter: Die Daseinsvorsorge als Verwaltungszweck der Leistungsverwaltung und der soziale Rechtsstaat, DÖV 1966, S. 624 ff.

— Die Rechtsprechung des Bundesverfassungsgerichts zu den verfassungsrechtlichen Grenzen wirtschaftspolitischer Gesetzgebung im sozialen Rechtsstaat, AöR Bd. 92 (1967), S. 382 ff.

— Gesetzgeber und Grundrechtsschutz wirtschaftlicher Tätigkeit, BayVBl. 1971, S. 7 ff.

— Verfassungsfragen der Finanzplanung, in: Festschrift für Maunz (1971) (zit.: Festschrift).

— Grundprobleme des Wirtschaftsverfassungsrechts, JuS 1976, S. 205 ff.

— Das Subventionsverhältnis. Wirtschaft und Verwaltung. Vierteljahresbeilage zum Gewerbearchiv, Jahrgang 1978, S. 137 ff. (zit.: WuV).

— Wirtschaftsverwaltungsrecht, in: von Münch, Besonderes Verwaltungsrecht, 5. Auflage, Berlin 1979, S. 241 ff.; Kap. Wirtschaftsverfassung, S. 260 ff.
(zit.: von Münch, Bes. VerwR).

Ballerstedt, Kurt: Wirtschaftsverfassungsrecht, in: Die Grundrechte, Bd. III, S. 1 ff., herausgegeben von Bettermann / Nipperdey / Scheuner, Berlin 1958.

Baur, Fritz: Neue Verbindungslinien zwischen Privatrecht und öffentlichem Recht, JZ 1963, S. 41 ff.

Bellstedt, Christoph: Bedürfen Subventionen gesetzlicher Grundlage?, DÖV 1961, S. 161 ff.

Bernhardt, Rudolf: Zur Anfechtung von Verwaltungsakten durch Dritte, JZ 1963, S. 302 ff.

Bethge, Herbert: Abschied von der Zweistufentheorie, JR 1972, S. 139 ff.

Bleckmann, Albert: Subordinationsrechtlicher Vertrag und Gesetzmäßigkeit der Verwaltung, VerwArch Bd. 63 (1972), S. 404 ff.

— Subventionsrecht, Stuttgart 1978.

Bochenski, Josef-Maria: Die zeitgenössischen Denkmethoden, München 1954.

Böckenförde, Ernst-Wolfgang: Gesetz und gesetzgebende Gewalt, Berlin 1958
(zit.: Gesetz).

— Die Organisationsgewalt im Bereich der Regierung, Berlin 1964
(zit.: Die Organisationsgewalt).

— Die Methoden der Verfassungsinterpretation. Bestandsaufnahme und Kritik, NJW 1976, S. 2089 ff.

Boehme, Heinar: Preissubventionen. Ein Beitrag zur Theorie der Ausgabeninzidenz. Finanzwissenschaftliche Forschungsarbeit, Berlin 1959.

Buddeberg, Theodor: Rechtssoziologie des öffentlich-rechtlichen Vertrages, AöR Bd. 8 n. F. = Bd. 47 a. F. (1925), S. 85 ff.

Bullinger, Martin: Vertrag und Verwaltungsakt, Stuttgart 1962.

Colm, Gerhard: Volkswirtschaftliche Theorie der Staatsausgaben, Tübingen 1927.

Cronau, Günter: Der Haushaltsplan als Ermächtigungsgrundlage für die sozialgestaltende Verwaltung, Diss. Münster 1962.

Dahrendorf, Ralf: Über den Ursprung der Ungleichheit unter den Menschen, 2. Auflage, Tübingen 1966.

Eichler, Friedrich: Verwaltungsverfahrensgesetz, Kommentar (Stand: 1. 4. 1982)
(zit.: VwVfG).

Engisch, Karl: Die Relativität der Rechtsbegriffe. Deutsche Landesreferate zum V. Internationalen Kongreß für Rechtsvergleichung in Brüssel 1958, S. 59 ff., herausgegeben von Murad Ferid, Berlin 1958.

— Festschrift für Eberhard Schmidt (1961)
(zit.: Festschrift).

Erichsen, Hans-Uwe / *Martens,* Wolfgang: Allgemeines Verwaltungsrecht, 5. Auflage, Berlin 1981
(zit.: Allgem. VerwR).

Esser, Josef: Vorverständnis und Methodenwahl in der Rechtsfindung, 2. Auflage, Frankfurt 1972.

Eyermann, Erich: Subventionen im Rechtsstaat: Gesetzmäßigkeit — Rechtmäßigkeit. Wirtschaft und Verwaltung. Vierteljahresbeilage zum Gewerbearchiv, Jahrgang 1978, S. 149 ff.
(zit.: WuV).

Eyermann, Erich / *Fröhler,* Ludwig: Verwaltungsgerichtsordnung, Kommentar, 8. Auflage, München 1980
(zit.: VwGO).

Fischer, Jörg: Subventionen als Rechtsbegriff, BB 1962, S. 1185 ff.

Flehinghaus, Wolfgang: Die Bundesfondsverwaltung, Diss. München 1962.

Fleiner, Fritz: Institutionen des Deutschen Verwaltungsrechts, 8. Auflage, Tübingen 1928 (Neudruck Scientia Aalen 1960).

Flessa, Richard: Das Wesen der Staatsbürgschaft, NJW 1964, S. 538.

— Schuldverhältnisse des Staates auf Grund Verwaltungsakts, DVBl. 1957, S. 81 ff. und 118 ff.

Forsthoff, Ernst: Die Verwaltung als Leistungsträger, Berlin 1938
(zit.: Die Verwaltung als Leistungsträger).

— Begriff und Wesen des sozialen Rechtsstaates, Bericht, VVDStRL 12 (1953), S. 8 ff.

— Rechtsfragen der leistenden Verwaltung, Stuttgart 1959
(zit.: Rechtsfragen).

— Verfassungsprobleme des Sozialstaats, 1. Auflage, Münster 1954 (2. Auflage 1961)
(zit.: Verfassungsprobleme).

— Lehrbuch des Verwaltungsrechts, Bd. 1, Allgemeiner Teil, 10. Auflage, München 1973
(zit.: Lehrbuch).

Freudenberg, Hans-Erich: Die Subventionen als Kreislaufproblem in Marktwirtschaft und Staatswirtschaft, Tübingen 1934.

Friauf, Karl Heinrich: Artikel Gewohnheitsrecht, in: Evangelisches Staatslexikon, Stuttgart 1966
(zit.: Gewohnheitsrecht).

— Bemerkungen zur verfassungsrechtlichen Problematik des Subventionswesens, DVBl. 1966, S. 729 ff.

— Der Staatshaushaltsplan im Spannungsfeld zwischen Parlament und Regierung, Bad Homburg v. d. H. 1968
(zit.: Staatshaushaltsplan).

— Urteilsanmerkung, DVBl. 1969, S. 368 ff.

Friesenhahn, Ernst: Die rechtsstaatlichen Grundlagen des Verwaltungsrechts, in: Recht-Staat-Wirtschaft, Bd. II, Stuttgart 1950, S. 239 ff.

Frömel, Roland: Der Haushaltsplan im Kräftefeld von Parlament und Regierung, DVBl. 1974, S. 65 ff.

Fromm, Günter: Verwaltungsakte mit Doppelwirkung, VerwArch Bd. 56 (1965), S. 26 ff.

Gadamer, Hans-Georg: Wahrheit und Methode. Grundzüge einer philosophischen Hermeneutik, 4. Auflage, Tübingen 1975.

Gallois, Hermann: Die wachsende Bedeutung der Verkehrssitte und ihre Einwirkung auf das nachgiebige Recht, NJW 1954, S. 293 ff.

Gerber, Hans: Die Sozialstaatsklausel des Grundgesetzes, AöR Bd. 81 (1956), S. 1 ff.

Giacometti, Zaccaria: Allgemeine Lehren des rechtsstaatlichen Verwaltungsrechts (Allgemeines Verwaltungsrecht des Rechtsstaates), 1. Bd., Zürich 1960.

Göldner, Detlef: Gesetzmäßigkeit und Vertragsfreiheit im Verwaltungsrecht, JZ 1976, S. 352 ff.

Götz, Volkmar: Recht der Wirtschaftssubventionen, Berlin 1966.

— Hauptprobleme des verwaltungsrechtlichen Vertrages, JuS 1970, S. 1 ff.

— Das neue Verwaltungsverfahrensgesetz, NJW 1976, S. 1425 ff.

Haas, Diether: Das Verwaltungsprivatrecht im System der Verwaltungshandlungen und der fiskalische Bereich, DVBl. 1960, S. 303 ff.

Habermas, Jürgen: Strukturwandel der Öffentlichkeit. Untersuchungen zu einer Kategorie der bürgerlichen Gesellschaft, Neuwied/Berlin 1962.

Haenel, Albert: Studien zum Deutschen Staatsrechte, Bd. II. Das Gesetz im formellen und materiellen Sinn, Leipzig 1888
(zit.: Studien).

Hamann, Andreas: Öffentliche Kredite und Bürgschaften, BB 1953, S. 865.

— Deutsches Wirtschaftsverfassungsrecht, Neuwied/Berlin 1968.

— Zur Problematik des Subventionsrechtes, DVBl. 1963, S. 486 ff.

Hamann, Andreas / *Lenz,* Helmut: Das Grundgesetz für die Bundesrepublik Deutschland vom 23. Mai 1949, Kommentar, 3. Auflage, Neuwied/Berlin 1970
(zit.: Grundgesetz).

Hansmeyer, Karl-Heinrich: Subventionen in der Bundesrepublik Deutschland, Berlin 1963.

Hartmann, Nikolai: Zur Grundlegung der Ontologie des Rechts, 3. Auflage, Meisenheim 1948.

Haueisen, Fritz: Verwaltung und Bürger. Die Rechtsformen des Handelns der Verwaltung gegenüber dem Bürger, DVBl. 1961, S. 833 ff.

— Der Verwaltungsakt im Lichte neuer Überlegungen, DÖV 1961, S. 121 ff.

— Die Bestandskraft verwaltungsgerichtlicher Vergleiche, DVBl. 1968, S. 287.

— Zur Zulässigkeit, Wirksamkeit und Nichtigkeit des öffentlich-rechtlichen Vertrags, NJW 1969, S. 122 ff.

Heckel, Johannes: Einrichtung und rechtliche Bedeutung des Reichshaushaltsgesetzes, in: Handwörterbuch des Deutschen Staatsrechts, Bd. II (1932), S. 374 ff.
(zit.: Reichshaushaltsgesetz, Bd. II).

Heckel, Max von: Das Budget (1898).

Henrichs, Wilhelm: Art. 113 des Grundgesetzes und verwandte Bestimmungen, Bonn 1958
(zit.: Art. 113 GG).

Henze, Karl-Otto: Verwaltungsrechtliche Probleme der staatlichen Finanzhilfe zugunsten Privater, Heidelberg 1958.

Herzog, Roman: Subsidiaritätsprinzip und Staatsverfassung, in: Der Staat, 2. Bd., Berlin 1963, S. 399 ff.

— Gesetzgeber und Verwaltung, Mitbericht, VVDStRL 24 (1965), S. 183 ff.

Hesse, Konrad: Grundzüge des Verfassungsrechts der Bundesrepublik Deutschland, 12. Auflage, Karlsruhe 1980.

Hettlage, Karl-Maria: Die Finanzverfassung im Rahmen der Staatsverfassung, Bericht, VVDStRL 14 (1955), S. 2 ff.

Höhn, Ernst: Gewohnheitsrecht im Verwaltungsrecht, Bern 1960.

Huber, Ernst-Rudolf: Wirtschaftsverwaltungsrecht, I. Bd., 2. Auflage, Tübingen 1953
(zit.: Wirtschaftsverwaltungsrecht I).

— Rechtsstaat und Sozialstaat in der modernen Industriegesellschaft, Oldenburg 1962
(zit.: Rechtsstaat und Sozialstaat).

Huber, Konrad: Maßnahmegesetz und Rechtsgesetz. Eine Studie zum rechtsstaatlichen Gesetzesbegriff, Berlin 1963
(zit.: Maßnahmegesetz).

Imboden, Max: Das Gesetz als Garantie rechtsstaatlicher Verwaltung, 2. Auflage, Basel 1962.

— Der verwaltungsrechtliche Vertrag, Basel 1958 = Zeitschrift für Schweizer Recht 77, S. 160 a ff.

Ipsen, Hans-Peter: Rechtsgutachten über das Verfahren und den Rechtsschutz bei Gewährung und Verweigerung von Ausfallbürgschaften des Bundes für Filmproduktionskredite vom 17. 12. 1951 (unveröffentlicht)
(zit.: Rechtsgutachten 1951).

— Gleichheit, in: Die Grundrechte, Bd. II: Die Freiheitsrechte in Deutschland, Berlin 1954, S. 111 ff.
(zit.: Gleichheit).

— Öffentliche Subventionierung Privater, Berlin 1956
(zit.: Öfftl. Subv. Privater).

— DVBl. 1956, S. 461 ff.; 498 ff.; 602 ff.
(zit.: Subventionierung).

— Verwaltung durch Subventionen, Bericht, VVDStRL 25 (1966), S. 257 ff.

Isensee, Josef: Subsidiaritätsprinzip und Verfassungsrecht, Berlin 1968.

Jahr, Günther: Implikationen eines anhaltenden Geldwertschwundes in der Rechtsordnung der BRD, in: Expansion und Stabilität. Jahresgutachten 1966/67 des Sachverständigenrates zur Begutachtung der gesamtwirtschaftlichen Entwicklung.

Jarass, Hans: Das Recht der Wirtschaftssubventionen, JuS 1980, S. 115 ff.

Jellinek, Georg: Gesetz und Verordnung, Freiburg 1887.

Jellinek, Walter: Verwaltungsrecht, 3. Auflage, Berlin 1931 (Neudruck Offenburg 1948).

Jesch, Dietrich: Gesetz und Verwaltung, 2. Auflage, Tübingen 1961.

Kegel, Gerhard: Rohstoff- und Rüstungskredite. Rechtsfragen ihrer Abwicklung, JZ 1951, S. 385.

Kisker, Gunter: Neue Aspekte im Streit um den Vorbehalt des Gesetzes, NJW 1977, S. 1313 ff.

Kopp, Ferdinand: Der Rechtsschutz im Subventionsrecht. Wirtschaft und Verwaltung. Vierteljahresbeilage zum Gewerbearchiv, Jahrgang 1978, S. 175 ff.
(zit.: WuV).

— Verwaltungsverfahrensgesetz, Kommentar, 2. Auflage, München 1980
(zit.: VwVfG).

— Verwaltungsgerichtsordnung, Kommentar, 5. Auflage, München 1981
(zit.: VwGO).

Köttgen, Arnold: Subventionen als Mittel der Verwaltung, DVBl. 1953, S. 485 ff.

— Fondsverwaltung in der Bundesrepublik. Zur Rolle des Haushalts in einem Verwaltungsstaat, res publica Beiträge zum Öffentlichen Recht, Bd. 14, herausgegeben von Forsthoff, Stuttgart 1965.

Kratzer, Jakob: Die Bundesoberbehörde, DÖV 1950, S. 529 ff.

— Zustimmungsgesetze, AöR Bd. 77 (1951/1952), S. 266 ff.

Krause, Hermann: Festschrift für Hueck (1959)
(zit.: Festschrift).

Krebs, Walter: Vorbehalt des Gesetzes und Grundrechte, Berlin 1975.

— Grundrechtlicher Gesetzesvorbehalt und Pressesubventionierung, DVBl. 1977, S. 632 ff.

— Zur Rechtsetzung der Exekutive durch Verwaltungsvorschriften, VerwArch 70 (1979), S. 259 ff.

Krüger, Herbert: Grundgesetz und Kartellgesetzgebung, Göttingen 1950.

— Die staatliche Intervention im Bereich der Wirtschaft, Diskussionsbeitrag, VVDStRL 11 (1952), S. 137 ff.

— Die Auflage als Instrument der Wirtschaftsverwaltung, DVBl. 1955, S. 380 ff.; 450 ff.; 518 ff.

— Das besondere Gewaltverhältnis, Bericht, VVDStRL 15 (1956), S. 109 ff.

Küchenhoff, Günter: Einwirkungen des Verfassungsrechts auf das Arbeitsrecht, in: Festschrift für Nipperdey (1965)
(zit.: Festschrift).

Laband, Paul: Das Budgetrecht nach den Bestimmungen der Preußischen Verfassungsurkunde unter Berücksichtigung der Verfassung des Norddeutschen Bundes, Berlin 1871
(zit.: Budgetrecht).

— Das Staatsrecht des Deutschen Reiches, Bd. 1 - 4, 5. Auflage, Tübingen 1911 - 1914
(zit.: Staatsrecht).

Larenz, Karl: Methodenlehre der Rechtswissenschaft, 4. Auflage, Berlin 1979.

Laubinger, Hans-Werner: Der Verwaltungsakt mit Doppelwirkung, Göttingen 1967.

Leibholz, Gerhard: Die Gleichheit vor dem Gesetz und das Bonner Grundgesetz, DVBl. 1951, S. 193 ff.

— Die Gleichheit vor dem Gesetz. Eine Studie auf rechtsvergleichender und rechtsphilosophischer Grundlage, 2. Auflage, München 1959
(zit.: Gleichheit).

Leibholz, Gerhard / *Rinck*, Hans-Justus / *Hesselberger*, Dieter: Kommentar zum Grundgesetz an Hand der Rechtsprechung des Bundesverfassungsgerichts, 6. Auflage, Köln ab 1979
(zit.: Grundgesetz).

Lerche, Peter: Übermaß und Verfassungsrecht. Zur Bindung des Gesetzgebers an die Grundsätze der Verhältnismäßigkeit und Erforderlichkeit, München 1961.

— Selbstverwaltungsangelegenheiten kraft Bundesrechts, BayVBl. 1965, S. 145 ff.

— Das Bundesverfassungsgericht und die Verfassungsdirektiven. Zu den nichterfüllten Gesetzgebungsaufträgen, AöR Bd. 90 (1965), S. 341 ff.

Link, Ewald: Das Subsidiaritätsprinzip. Sein Wesen und seine Bedeutung für die Sozialethik, Freiburg 1955.

Lorenz, Dieter: Der Rechtsschutz des Bürgers und die Rechtsweggarantie, München 1973.

— Grundrechte und Verfahrensordnungen, NJW 1977, S. 865 ff.

Luhmann, Niklas: Grundrechte als Institution, 2. Auflage, Berlin 1974.

Mallmann, Walter: Schranken nichthoheitlicher Verwaltung, Bericht, VVDStRL 19 (1960), S. 165 ff.

Marcic, René: Vom Gesetzesstaat zum Richterstaat. Recht als Maß der Macht. Gedanken über den demokratischen Rechts- und Sozialstaat, Wien 1957.

Martens, Joachim: Einführung in die Praxis des Verwaltungsverfahrens, JuS 1978, S. 607 ff.

— Fehlentwicklung einer Subvention im Steuerrecht, ZRP 1981, S. 104 ff.

Masoin, Maurice: Die öffentlichen Ausgaben, in: Handbuch der Finanzwissenschaft, Bd. II, 2. Auflage, Tübingen 1956.

Maunz, Theodor: Die Finanzverfassung im Rahmen der Staatsverfassung, Mitbericht, VVDStRL 14 (1955), S. 37 ff.

— Die staatliche Verwaltung der Zuschüsse und Subventionen, BayVBl. 1962, S. 1 ff.

— Wirtschaftsverwaltungsrecht, in: Mang / Maunz / Mayer / Obermayer, Staats- und Verwaltungsrecht in Bayern, 4. Auflage, München 1975, S. 694 ff.
(zit.: Wirtschaftsverwaltungsrecht).

— Deutsches Staatsrecht, 23. Auflage, München 1980
(zit.: Staatsrecht).

Maunz, Theodor / *Dürig*, Günter / *Herzog*, Roman: Grundgesetz, Kommentar (Stand: September 1981)
(zit.: GG-Komm.).

Mayer, Franz: Das verfassungsrechtliche Gebot der gesetzlichen Ermächtigung, in: Festschrift für Hermann Nottarp (1961)
(zit.: Festschrift).

— Allgemeines Verwaltungsrecht, 4. Auflage, Stuttgart 1977
(zit.: Verwaltungsrecht).

Mayer, Otto: Deutsches Verwaltungsrecht, Bd. I und II, 3. Auflage, München 1924
(zit.: Verwaltungsrecht I, II).

— Zur Lehre vom öffentlich-rechtlichen Vertrage, AöR Bd. 3 a. F. (1888), S. 1 ff.

Meinhold, Wilhelm: Subventionen, in: Handwörterbuch der Sozialwissenschaften, Bd. 10 (1959), S. 236 ff.

Meister, Hans: Subventionen der öffentlichen Hand außerhalb gesetzlicher Regelung, DVBl. 1972, S. 593 ff.

Menger, Christian-Friedrich: Rechtssatz, Verwaltung und Verwaltungsgerichtsbarkeit, DÖV 1955, S. 587 ff.

— Die Bestimmung der öffentlichen Verwaltung nach den Zwecken, Mitteln und Formen des Verwaltungshandelns, DVBl. 1960, S. 297 ff.

— Höchstrichterliche Rechtsprechung zum Verwaltungsrecht, VerwArch Bd. 52 (1961), S. 196 ff., 305 ff.; Bd. 53 (1962), S. 275 ff., 390 ff.

Möller, Alex: Gesetz zur Förderung der Stabilität und des Wachstums der Wirtschaft und Art. 109 GG, Kommentar, 2. Auflage, Hannover 1969
(zit.: StabG).

Müller, Friedrich: Normstruktur und Normativität. Zum Verhältnis von Recht und Wirklichkeit in der juristischen Hermeneutik, entwickelt an Fragen der Verfassungsinterpretation, Berlin 1966.

Münch, Ingo von: Staatliche Wirtschaftshilfe und Subsidiaritätsprinzip, JZ 1960, S. 303 ff.

— Die Bindung des Gesetzgebers an den Gleichheitssatz bei der Gewährung von Subventionen, AöR Bd. 85 (1960), S. 270 ff.

— Verwaltung und Verwaltungsrecht im demokratischen und sozialen Rechtsstaat, in: Erichsen / Martens, Allgem. VerwR, S. 1 ff.

Nawiasky, Hans: Allgemeine Rechtslehre als System der rechtlichen Grundbegriffe, 2. Auflage, Köln 1948
(zit.: Allgemeine Rechtslehre).

— Die Grundgedanken der Reichsverfassung, München 1920
(zit.: Grundgedanken).

Nipperdey, Hans Carl: Freie Entfaltung der Persönlichkeit, in: Bettermann / Nipperdey, Bd. IV, 2. Halbband, Berlin 1962.

Ossenbühl, Fritz: Verwaltungsvorschriften und Grundgesetz, Bad Homburg v. d. H. 1968.

— Die Interpretation der Grundrechte in der Rechtsprechung des Bundesverfassungsgerichts, NJW 1976, S. 2100 ff.

— Die Handlungsformen der Verwaltung, JuS 1979, S. 681 ff.

— Die Quellen des Verwaltungsrechts, in: Erichsen / Martens, Allgem. VerwR, S. 55 ff.

Patzig, Werner: Probleme einer Neuordnung des Finanz- und Haushaltsrechts, VerwArch Bd. 58 (1967), S. 1 ff.

Peters, Hans: Verwaltung ohne gesetzliche Ermächtigung? Verfassungsrecht und Verfassungswirklichkeit, in: Festschrift für H. Huber (1961) (zit.: Festschrift).

Pfeffer, Rupert: Staatliche Wirtschaftsförderung und rechtsstaatliche Verwaltung, BayVBl. 1967, S. 253 ff.

Piduch, Erwin Adolf: Haushaltsreform in der Diskussion, in: Der Gemeindehaushalt (1969), S. 121 ff.
(zit.: Haushaltsreform).

— Bundeshaushaltsrecht, Kommentar (Stand: Januar 1981)
(zit.: Bundeshaushaltsrecht).

Preuß, Ulrich: Zum staatsrechtlichen Begriff des Öffentlichen, untersucht am Beispiel des verfassungsrechtlichen Status kultureller Organisationen, Stuttgart 1969.

— Legalität und Pluralismus, 1. Auflage, Frankfurt 1973 (edition suhrkamp 626)
(zit.: Legalität und Pluralismus).

Radbruch, Gustav: Die Natur der Sache als juristische Denkform, in: Festschrift für Rudolf Laun (1948)
(zit.: Festschrift).

Rasch, Ernst: Die Behörde. Begriff, Rechtsnatur, Errichtung, Einrichtung, VerwArch Bd. 50 (1959), S. 1 ff.

Renck, Ludwig: Bestandskraft verwaltungsrechtlicher Verträge, NJW 1970, S. 737 ff.

— Verwaltungsakt und verwaltungsrechtlicher Vertrag, JuS 1971, S. 77 ff.

Reuß, Wilhelm: Wirtschaftsverwaltungsrecht I, Bd. VIII, 1. Halbband der Verwaltungsgesetze des Bundes und der Länder, Köln 1963.

Rickert, Heinrich: Zur Lehre von den Definitionen, Tübingen 1915.

Rinken, Alfred: Das Öffentliche als verfassungstheoretisches Problem, Berlin 1971.

— Der neue Jurist. Das Juristenausbildungsgesetz — Grundriß und Rahmen einer Reform als Planungs- und Lernprozeß, Sammlung Luchterhand 109 (1973), S. 11 - 36
(zit.: Der neue Jurist).

Römer, Hans: Abwicklung reichsverbürgter Kredite, BB 1950, S. 97 ff.

Ronellenfitsch, Michael: Das besondere Gewaltverhältnis — ein zu früh totgesagtes Rechtsinstitut, DÖV 1981, S. 933 ff.

Rosin, Heinrich: Gesetz und Verordnung nach badischem Staatsrecht (1911).

Rüfner, Wolfgang: Formen öffentlicher Verwaltung im Bereich der Wirtschaft. Untersuchungen zum Problem der leistenden Verwaltung, Berlin 1967.

Rupp, Hans-Heinrich: Verwaltungsakt und Vertragsakt, DVBl. 1959, S. 81 ff.

— Grundfragen der heutigen Verwaltungsrechtslehre, Tübingen 1965.

— Verfassungsgerichtliche Überprüfung des Haushaltsgesetzes im Wege der „abstrakten Normenkontrolle", NJW 1966, S. 1097 ff.

— Ermessensspielraum und Rechtsstaatlichkeit, NJW 1969, S. 1273 ff.

— Ministerial-Erlasse. — Ausdruck originärer Rechtssetzung der Exekutive, NJW 1970, S. 412 f.

Salzwedel, Jürgen: Die Grenzen der Zulässigkeit des öffentlich-rechtlichen Vertrages, Berlin 1958
(zit.: Grenzen der Zulässigkeit).

— Die Lehre vom Verwaltungsakt in der Rechtsprechung des Bundessozialgerichts, in: Rechtsschutz im Sozialrecht. Beiträge zum ersten Jahrzehnt der Rechtsprechung des BSG, herausgegeben von Weber / Ule / Bachof (1965)
(zit.: Lehre vom Verwaltungsakt).

Sauer, Wilhelm: Juristische Methodenlehre, Stuttgart 1940.

Sauermann, Heinz: Einführung in die Volkswirtschaftslehre, Bd. 1, Wiesbaden 1960.

Schaumann, Wilfried: Grundrechtsanwendung im Verwaltungsprivatrecht, Korreferat, JuS 1961, S. 110 ff.

— Gleichheit und Gesetzmäßigkeitsprinzip, JZ 1966, S. 721 ff.

Schenke, Wolf-Rüdiger: Der rechtswidrige Verwaltungsvertrag nach dem Verwaltungsverfahrensgesetz, JuS 1977, S. 281 ff.

Schetting, Gerd: Rechtspraxis der Subventionierung, Berlin 1973.

Scheuner, Ulrich: Die staatliche Intervention im Bereich der Wirtschaft, Bericht, Rechtsformen und Rechtsschutz, VVDStRL 11 (1952), S. 1 ff.

— Grundrechtsinterpretation und Wirtschaftsordnung, DÖV 1956, S. 65 ff.

Schick, Walter: Haushaltsplan und Haushaltsgesetz vor Gericht, JZ 1967, S. 271 ff.

— Notwendigkeit und Funktion der Begründung bei Verwaltungsakten, JuS 1971, S. 1 ff.

Schilling, Karl-Jürgen: Rechtsfragen der Fondswirtschaft, BayVBl. 1962, S. 196 ff.

Schindler, Dietrich: Die Bundessubventionen als Rechtsproblem, Diss. Zürich/Aarau 1951.

Schlichter, Otto: Klageformen bei der verwaltungsgerichtlichen Durchsetzung von Subventionsansprüchen, DVBl. 1966, S. 738 ff.

Schmidt, Reiner: Die Bindung des Gesetzgebers an den Gleichheitssatz in der Rechtsprechung des Bundesverfassungsgerichts, Diss. Würzburg 1963
(zit.: Gleichheitssatz).

— Der Rechtsschutz des Konkurrenten im Verwaltungsprozeß, NJW 1967, S. 1635 ff.

— Natur der Sache und Gleichheitssatz, JZ 1967, S. 402 ff.

— Klagebefugnis des Konkurrenten bei Subvention an Wettbewerber, BB 1969, S. 652 ff.

— Wirtschaftspolitik und Verfassung, Würzburg 1971
(zit.: Wirtschaftspolitik).

Schmitt, Carl: Nehmen, Teilen, Weiden, in: Verfassungsrechtliche Aufsätze, Berlin 1958, S. 489 ff.

Schmölders, Günter: Finanzpolitik, 3. Auflage, Berlin 1970.

Schneider, Hans: Körperschaftliche Verbundverwaltung. Verfassungsrechtliche Betrachtung über die Bildung von landesunmittelbaren und bundesunmittelbaren Verwaltungsträgern durch Bundesgesetz, AöR Bd. 83 (1958), S. 1 ff.

Scholz, Rupert: Urteilsanmerkung, NJW 1969, S. 1044 f.

Schüle, Adolf: Die staatliche Intervention im Bereich der Wirtschaft, Mitbericht, VVDStRL 11 (1952), S. 75 ff.

Sellmann, Klaus-Albrecht: Die Problematik der Verwaltungsakte mit Doppelwirkung, NJW 1964, S. 1545 ff.

— Der schlichte Parlamentsbeschluß, Berlin 1966.

Selmer, Peter: Rechtsverordnung und Verwaltungsvorschrift, VerwArch Bd. 59 (1968), S. 114 ff.

— Der Vorbehalt des Gesetzes, JuS 1968, S. 489 ff.

— Urteilsanmerkung, NJW 1969, S. 1266 f.

Sendler, Horst: Subventionen in der höchstrichterlichen Rechtsprechung. Wirtschaft und Verwaltung. Vierteljahresbeilage zum Gewerbearchiv, Jahrgang 1978, S. 156 ff.
(zit.: WuV).

Siebert, Wolfgang: Festschrift für Niedermayer (1953)
(zit.: Festschrift).

— Zur neueren Rechtsprechung über die Abgrenzung von Zivilrechtsweg und Verwaltungsrechtsweg, DÖV 1959, S. 733.

Spanner, Hans: Verhandlungen des 43. Deutschen Juristentages (München 1960), Bd. I (Gutachten), 2. Teil A, Tübingen 1960.

— Zur Verfassungskontrolle wirtschaftspolitischer Gesetze. Eine „Economical-Question-Doktrin" des BVerfG, DÖV 1972, S. 217 ff.

Starck, Christian: Die Grundrechte des Grundgesetzes, JuS 1981, S. 237 ff.

Stein, Ekkehart: Der Verwaltungsvertrag und die Gesetzmäßigkeit der Verwaltung, AöR Bd. 86 (1961), S. 320 ff.

— Lehrbuch des Staatsrechts, 7. Auflage, Tübingen 1980.

Stelkens, Paul / *Bonk*, Heinz / *Leonhardt*, Klaus: Verwaltungsverfahrensgesetz, Kommentar, München 1978
(zit.: VwVfG).

Stern, Klaus: Zur Grundlegung einer Lehre des öffentlich-rechtlichen Vertrages, VerwArch Bd. 49 (1958), S. 106 ff.

— Rechtsfragen der öffentlichen Subventionierung Privater, JZ 1960, S. 518 ff., 557 ff.

— Gedanken über den wirtschaftslenkenden Staat aus verfassungsrechtlicher Sicht, DÖV 1961, S. 325 ff.

— Verwaltungsprozessuale Grundprobleme, JuS 1965, S. 270 ff.

— Das Staatsrecht der Bundesrepublik Deutschland, Bd. I: Grundbegriffe und Grundlagen des Staatsrechts, Strukturprinzipien der Verfassung, München 1977
(zit.: Das Staatsrecht der BRD, Bd. I).

— Das Staatsrecht der Bundesrepublik Deutschland, Bd. II: Staatsorgane, Staatsfunktionen, Finanz- und Haushaltsverfassung, Notstandsverfassung, München 1980
(zit.: Das Staatsrecht der BRD, Bd. II).

Störig, Hans-Joachim: Weltgeschichte der Philosophie, 11. Auflage, Köln/Mainz 1970.

Thoma, Richard: Grundbegriffe und Grundsätze. Handbuch des Deutschen Staatsrechts, 2. Bd., Tübingen 1932, S. 108 ff.
(zit.: Grundbegriffe).

— Der Polizeibefehl im Badischen Recht, Tübingen 1906
(zit.: Polizeibefehl).

Ule, Carl Hermann: Das besondere Gewaltverhältnis, Mitbericht, VVDStRL 15 (1956), S. 133 ff.

— Besprechung des Beitrages von Franz Mayer zur Festschrift für Hermann Nottarp, DVBl. 1962, S. 190.

Vialon, Friedrich Karl: Haushaltsrecht, Kommentar, 2. Auflage, Berlin/Frankfurt 1959.

Vogel, Klaus: Gesetzgeber und Verwaltung, Bericht, VVDStRL 24 (1965), S. 125 ff.

— Verfassungsfragen der Investitionszulage und verwandte Vergünstigungen, DÖV 1977, S. 837 ff.

Weides, Peter: Widerruf und Rückforderung von Zuwendungen des Bundes und der Länder, NJW 1981, S. 841 ff.

Welter, Hilarius: Subventionen als Rechtsbegriff, BB 1962, S. 493 ff.

Wessels, Theodor: Subventionen, in: Handwörterbuch der Betriebswirtschaft, 3. Auflage, Stuttgart 1960, Bd. III, S. 5321.

Wieacker, Franz: Zur praktischen Leistung der Rechtsdogmatik, Festschrift für Hans-Georg Gadamer (1970 II).
(zit.: Festschrift).

Wolff, Hans Julius / *Bachof,* Otto: Verwaltungsrecht. Bd. I, 9. Auflage, München 1974. Bd. II, 4. Auflage, München 1976. Bd. III, 4. Auflage, München 1978
(zit.: VerwR I, II, III).

Zacher, Hans: Verwaltung durch Subventionen, Mitbericht, VVDStRL 25 (1966), S. 308 ff.

Zeidler, Karl: Schranken nichthoheitlicher Verwaltung, Mitbericht, VVDStRL 19 (1960), S. 165 ff.

— Einige Bemerkungen zum Verwaltungsrecht und zur Verwaltung in der Bundesrepublik seit dem Grundgesetz, in: Der Staat, 1. Bd., Berlin 1962, S. 321 ff.

Zuck, Rüdiger: Subsidiaritätsprinzip und Grundgesetz, München 1968.

Zuleeg, Manfred: Die Rechtsform der Subventionen, Berlin 1965.

FSC
www.fsc.org
MIX
Papier | Fördert
gute Waldnutzung
FSC® C083411

Kolibri 360 GmbH
Ferdinand-Jühlke-Straße 7
99095 Erfurt, Deutschland
produktsicherheit@kolibri360.de

Druck:
CPI Druckdienstleistungen GmbH
im Auftrag der
Kolibri 360 GmbH
Ferdinand-Jühlke-Str. 7
99095 Erfurt